이제 문명의 조우이다

인문학과 사회과학의 대화

김인중 • 박장호 외 공저

서울경제경영

서문

이 책은 어떻게 읽어야 하나?

20세기 최고의 역사가라고 할 수 있는 페르낭 브로델은 그의 대작 『물질문명과 자본주의』를 집필한 연후에 그 책을 알기 쉽게 설명해달라는 요청에 따라 미국의 존 홉킨스대학에서 강연을 한 바 있다. 그 강연 말미에서 브로델은 우리가 발견하지 못한 신대륙은 아직 많이 남아 있으며, 20세기에는 위대한 문명들이 역사상 처음으로 본격적으로 만남으로써 이러한 신대륙을 발견할 수 있는 가능성이 높아졌다고 말한 바 있다. 입만 열면 세계화를 외치며 지구가 좁아졌다고 야단인 지금에 와서 이 말을 새겨보면, 문명의 충돌이라는 급박하고 정치화된 표현보다는 문명들의 만남이라는 객관적인 표현이 얼마나 점잖은 것인지, 그리고 인류의 지식이 아무리 급속도로 증가한다 하더라도 우리가 알고 있는 것이 모르는 것에 비해 얼마나 형편없이 적은지를 절히하게 깨닫게 된다. 아울러 우리의 지식을 크게 넓히는 비밀이 바로 위대한 문명들의 만남에 숨어있다는 누구나 다 아는 사실도 새삼스럽게 되새기게 된다. 다만 브로델이 이러한 깨달음을 학문적으로 구명(究明)하는 데 망설임이 없었다면 그리하여 인간과학의 이름으로 인문학과 사회과학의 통합을 서슴지 않았다면, 우리는 21세기가 10년이나 지난 지금도 학문별로 높은 장벽을 치고 우물 안 개구리 노릇을 하는 어리석음을 계속하고 있다는 차이가 있을 뿐이라고 하겠다.

이런 어리석음에서 벗어나려면, 거창한 제도적 변화를 주창(主唱)하는 것보다 주변현실의 변화를 예민하게 포착하여 안으로 반성하는 자세가 더 필요하다. 외형의 변화로 내용의 변화를 도모하는 시도는 이미 물리도록 경험했기 때문에 또 누가 그런 주장을 한다고 귀를 기울일 사람도 없을 터이니 말이다. 그렇다면 주변현실의 변화를 학문적 인식의 변화의 계기로 삼을 만큼 광범위하면서도 그리 심각하게 인식되지는 않는 변화는 무엇일까? 필자는 그런 변화의 하나로 평등화를 초들기에 주저치 않는다. 엄부자모(嚴父慈母)를 당연시했던 50대의 아버지세대가 자식들 특히 딸(들)과 친하다 못해 반말로 대화하고 (핸드폰) 문자를 주고받는 것을 아무렇지 않게 여기게 된 변화를 어찌 주목하지 않을 수 있겠는가? 젊은 처녀와 그의 할아버지뻘 되는 노인이 전철 안에서 서로 언성을 높여도 누구도 간섭치 않고 방관하는 세태의 변화를 어찌 무시할 수 있겠는가? 어쨌든 두 경우 모두 인간 사이의 격의가 없어지고 인간관계가 그야말로 평등해졌다는 공통점이 있다. 평등이야말로 이 시대의 대세인 것이다.

그런데 토크빌을 굳이 들먹이지 않더라도 이런 평등화는 민주주의의 산물이고, 또 우리의 현대사를 산업화 시대와 민주화 시대로 나누는 것이 이미 통념이 되어버렸다면, 그리하여 전철 안에서 벌어진 싸움을 많은 사람들이 산업화와 민주화 이전의 가치와 그 이후의 가치 간의 충돌로 설명한다면, 우리는 평등화라는 주변현실의 변화에서 우리의 산업화와 민주화 그리고 이 양자를 가능케 한 이데올로기로서의 민족주의(nationalism)를 금방 우리의 공통의 학문적 연구과제로 떠올리지 않을 수 없다. 왜냐하면, 산업화와 민주화라는 복잡한 역사현상을 제대로 설명하려면 각각의 현상을 자세히 분석하는 것이 물론 필요하지만 그것 못지 않게 중요한 것은 양자를 크게 묶어 긴 시간대 위에 올려놓고 그 시종(始終)을 멀리서 바라다 보는 성찰적 태도도 필요하기 때문이다. 이럴 경우 민족주의가 중요해지는데, 왜냐하면 산업화와 민주화를 아우를 수 있는 개념을 (자본주의적) 근대(화, 성)라고 할 때 이러한 근대(성)를 만들어낸 중요한 힘의 하나가 바로 민족주의이기 때문이다. 요컨대 최근의 민족주의 연구는 민족주의를 그것의 근대성에 의해 정의하기보다는 근대가 민족주의에 의해 정의된다고 주장할 정도로 근대와 민족주의의 연관관계를 강조한다.

그러나 민족주의는 수많은 형태를 지니고 있고, 또 이 땅의 민족주의는 밖으로부터 수입된 것으로서 일반적이라기보다는 예외적인 경우에 가깝다. 그러므로 민족의 개념부터 살펴보아야 할 것이고, 이런 점에서 조홍식의 <민족의 개념에 관한 정치사회학적 고찰>을 먼저 살펴보는 것은 자연스럽다 하겠다. 왜냐하면 민족을 "세계의 다양성을 대변하면서도 세계를 하나의 동질적 단위로 구성하는 보편화나 세계화의 한 동학"이라고 규정하면서, 민족에 관한 다양한 사례연구를 통해 민족이 "시민사회나 국가와는 다른 차원의 현실을 포착할 수 있도록 도와주는 요긴하면서도 풍부한 개념"이라고 주장하는 조홍식의 논지는 동양학과 서양학, 인문학과 사회과학의 만남을 통해 우리의 지평을 넓혀야 한다는 이 책의 취지에 잘 부합될 뿐만 아니라 의외로 '민족'이 새롭게 발견될 신대륙의 안내자 역할을 할지도 모른다는 기대를 갖게 하기 때문이다.

그러나 조홍식의 글을 읽기 전에 중국의 제자백가 시대 못지 않게 말의 성찬으로 특징지어지는 오늘날 사람의 말을 제대로 알아듣기 위해서는 어떤 자세가 필요한지를 두루 검토하고 있는 곽신환의 글을 먼저 읽고 호흡을 길게 가다듬는 일이 선행되어야 할 것 같다. 이는 이 책이 산업화와 민주화에 대한 허다한 말에 또 하나의 말을 보태려는 것이 아니라 지혜와 통찰을 얻기 위함에 근본 목적이 있으며, 그런 목적이 '지언(知言)'을 '지인(知人)'을 하나로 보았던 유가전통을 바탕으로 해야 이뤄질 것이 거의 분명하기 때문이다. 산업화와 민주화를 겪은 "사람들의 마음의 지향을 정확하게 읽어내"지 못한 상태에서 아무리 산업화와 민주화 과정을 현란하게 분석해본들 무슨 소용이 있겠는가? 그런 분석은 오히려 그런 연구들을 다른 목적에 이용하려는 세력들을 돕는 결과를 낳을 뿐이 아닐까?

그렇다면 우리가 겪은 산업화와 민주화를 가능한 한 객관적으로 평가하고 이해하는 노력이 무엇보다 먼저 선행되어야 하는 바, 이상은의 <빈곤과 빈곤정책의 동향과 이슈>는 흔히 압축 성장으로 요약되는 우리의 산업화의 사회적 결과를 가늠하는 중요한 지표를 제시한다. "2005년 현재 빈곤율은 약 11% 수준이고, 절대적 빈곤율은 1982년 이후 급속히 감소하다가 1997년 IMF위기 이후 일시적으로 증가하다가 그 이후에는 다시 감소하였으며, 상대적 빈곤율은 1980년대 후반과 1990년대 초반에 감소하다가 IMF 무렵에 증가되고 2000년대에 다시 완화되었으며, 특히 상대적 빈곤율은 절대적 빈곤율과는 달리 그 추세에 큰 변화가 없다."는 연구결과는 한강의 기적으로 묘사되는 우리의 산업화가 대체로 성공적이었다는 세간의 평가를 확인해주며, 그것은 우리 경제의 미래에 대한 낙관론이 단순한 정치적 도구가 아니라 상당한 역사적 근거를 지닌 것임을 보여준다. 아울러 빈곤을 경험하지 못한 우리의 젊은 세대의 현재주의적인 행태도, 그것을 어떻게 평가해야 하는가의 문제와는 별개로, 얼마든지 역사적으로 설명될 수 있는 것임을 깨닫게 한다. 그러나 그러한 성공의 역사는 이미 1970년대 중반부터 경제적 무(無)성장 시대를 한 세대 이상 경험해온 선진국 국민들의 마음의 지향과는 달리 우리의 마음의 시야를 가로막고 있다는 것이 필자의 판단이다. 경제가 더 이상 문제해결의 열쇠가 될 수 없는 시대에 새로운 대통령 선출의 기준이 결국은 오로지 경제로 귀착되는 편협함을 드러낸 지난 대선의 결과가 그 단적인 예다. 이런 점에서 필자는 이상은의 글에서 우리의 산업화에 대한 긍정적 평가를 확인하는 데 그칠 것이 아니라 그러한 산업화가 가져온 그리고 가져올 편협함에서 벗어나야 한다는 메시지까지 읽어내야 한다고 주장하는 바이며 앞으로의 그의 "보다 다양한 검토연구"에 기대를 걸어본다.

우윤석의 <감성지능적 정부>론은 논어 안연(顔淵)편에서 자공이 정치를 묻자, 정치란 '양식을 풍족하게 하고(足食), 군비를 충분하게 하고(足兵), 백성이 믿는 것(民信)인데, 이 중 부득이하게 하나를 버린다면 군비이고 나머지 가운데 부득이하게 하나를 또 버린다면 양식이라고 하면서 만일 백성의 믿음이 없으면 정부는 유지될 수 없다(民無信不立)' 고 하신 공자의 말씀을 곧바로 떠올리게 하는 글이다. 즉 지금까지의 정부가 하이테크를 중시하는 전자정부였다면 앞으로의 정부는 하이터치를 중시하는 감성지능적 정부여야 하고, 그러한 정부는 "정책대상자와 외떨어져 있는 존재가 아닌 감정이입석으로 동질화된 상태에서 평가대상자의 경험을 공유할 수 있어야 한다."는 것인데, 이런 주장은 사람들의 마음의 지향을 정확하게 읽어내려는 노력이 매우 중요하며 그러기 위해서는 동양학과 서양학, 인문학과 사회과학의 만남을 통해 우리의 지평을 넓혀야 한다는 이 책의 논지의 정당성을 구체적으로 입증해주는 것이라고 하겠다.

한편, 이 책에 실린 11편의 글 중 사이버 공간과 인터넷에 관한 글이 3편이나 되는 것은 인터넷으로 대표되는 사이버공간이 그만큼 중요해졌다는 의미일 터인데, 그 가운데서 사회자본의 유형화와 분석을 목표로 사회자본과 인터넷의 관계를 검토한 배영의 글은 신뢰의 중요성을 강조함으로써 정치에서 백성의 믿음을 가장 중시한 공자의 판단이 여전히 유효하다는 사실과 함께 유가적 전통의 연속성이 생각보다 강하다는 사실을 새삼 깨닫게 해준다. 그런데 이 글에서 특히 흥미로운 부분은 연고주의에 대한 국내 학자들의 상반된 해석과 "한국사회에서 영향을 미치고 있는 사회자본의 형태나 요소는 수평적 단체에 대한 참여가 아니라 수직적 단체에 대한 참여가 긍정적인 역할을 한다."는 사실인데, 내셔널리즘의 출현이 지위에 대한 몰두(preoccupation with status)와 관련되어 있으며 근대 세계의 정치적 현실 그리고 경제적 현실조차도 상당한 정도로 지위에 대한 그 같은 몰두에서 태어난 내셔널리즘에 의해 형체를 갖추었다고 주장하는 그린펠드의 해석을 감안하면, 우리의 연고주의가 우리의 내셔널리즘의 독특한 전개 과정과 맞물려있다는 점을 어렵지 않게 유추해낼 수 있다. 우리나라 사람 대부분이 비행기 입국카드에 자신의 nationality를 묻는 빈칸에 여전히 Korean이 아니라 Korea라고 쓴다는 사실은, 우리의 가장 근본적인 정체성이 아직은 민족적 정체성 즉 국적이 아니라는 것을 보여주며, 이것은 우리의 민족국가 만들기(nationalism)가 아직 완성되지 않았음을 보여준다. 배영도 "사회자본 연구에 있어 서구의 기준에 따라 성급한 일반화의 오류를 범하지 않기 위해서는 우리가 가진 역사적 경험"을 먼저 이해해야 한다고 지적함으로써 이 문제에 주의를 환기시키고 있다.

박창호의 <사이버공간의 사회적 관계와 자율성>은 사이버공간을 "근대세계의 한계를 극복하는 변화의 공간이며 동시에 근대사회의 변화를 몰고 올 변화의 수행자"로 파악하면서, 사이버공간에 익숙한 신세대의 자아정체성이 '분열적'이기는 하지만, 사이버공간에서 인간의 자아정체성은 무한히 확장되고 그래서 결국 그것은 "다양한 사회관계를 만들어내고 이 때문에 정치 경제 문화 등에서 (사이버민주주의, 플래쉬몹 같은) 새로운 현상을 우리는 경험하게 된다."는 말로 끝을 맺는다. 김사승의 <인터넷뉴스 생산메커니즘의 변화>도 "인터넷뉴스의 생산이 뉴스조직 내부의 커뮤니케이션 체제를 비롯해 뉴스조직의 운영과 관련된 많은 요소들, 다시 말해 뉴스조직문화의 전반적인 변화를 초래할" 것이고 따라서 "인터넷뉴스 생산을 위한 조직적 변화를 실증적으로 분석할 때 이런 점에 초점을 맞추는 것이 중요하다"고 결론을 맺는다. 역사의 가속화라는 명제를 떠올리게 하는 이런 결론들은 지금 우리사회의 각 부문에서 일어나고 있는 변화가 얼마나 엄청난 것인지 일단 확인해볼 필요를 느끼게 한다. 그러나 예컨대, 1970년대 이후 프랑스인들이 농민층의 급감, 드골 이후 시대의 도래, 혁명적 마르크스주의의 붕괴, 이류 국가로의 국제적 지위하락, 경제적 무(無)성장 시대로의 진입 등의 변화를 겪으면서 자아 상실감, 과거로부터 찢겨져 나온 느낌, 영원히 분리된 느낌을 갖게 되고, 이를 극복하기 위해 기억을 문제 삼고 성찰적 민족주의로 회귀하면서 역사의 재창조를 외치고 있다면, 우리는 탈근대의 문턱에서 오히려 우리가 스스로 버린 전통과 과거를 재발견함으로써 미래를 모색하는 차이를 보인다. 그만큼 근대에 대한 저들과 우리의 경험이 달랐다는 의미이고, 다른 그만큼 '근대세계의 한계를 극복하는 변화의 공간이며 동시에 근대사회의 변화를 몰고 올 변화의 수행자'인 인터넷이 우리 사회와 역사에서 갖는 의미도 다를 것이다. 요컨대 인터넷이 일으키는 변화들에 대한 일반적인 이론적 검토를 통해 앞으로 다가올 변화를 예상하고 준비하는 것도 중요하지만, 압축성장적인 산업화와 민주화 과정에서 급조된 우리 사회의 구조적 특징은 무엇이고, 우리가 등한시해 왔던 우리의 오랜 전통과 역사에 비추어 바람직한 변화의 방향을 모색하는 성찰적 태도도 중요하다고 할 것이다.

이런 성찰적 태도를 강조하는 글이 서병훈의 <매디슨의 지혜>와 김선욱의 <아렌트의 내러티브와 의사소통적 합리성>인데, 우선 서병훈의 글은 필자가 앞서 언급한 "이 시대의 대세인 평등"을 낳은 "민주주의를 부정하지는 않지만 그것을 흔쾌하게 받아들이지도 못하는" 사상가들을 살펴봄으로써 이 시대의 문제를 정면으로 성찰해나가는 과감함을 보인다. 요컨대 이 글은 "시민이 선출한 소수의 대표에게 정부를 위임"하되 "우월한 사람들에게 권력이 위임되는 '공화주의적 대표성'을 강조하는" 대의제 공화국을 주장하고 실천한 미국의 제4대 대통령 매디슨의 대의 민주주의(=자유주의)가 현대 서구사회의 주류 정치철학이라는 점을 부각시키면서, "민주주의의 억제"의 필요성을 역설한다. 흥미로운 점은 저자가 자유주의와 민주주의가 일정 부분 배치되는 것을 부인할 수는 없지만 "자유주의와 민주주의를 상반된 이념체계로 치부하는 것 역시 단순논리라는 비판을 피하기 어렵다. … 인민주권론과 자유론은 같은 뿌리요 같은 지향 위에 서 있는 것이다."라고 결론지으면서도 정치는 현실에 바탕을 두어야 한다는 이유로 결국은 자유주의의 손을 들어주고 있다는 사실인데, 이런 결론은 우리 사회, 특히 중산층이 박정희의 이른바 개발독재를 겪으면서 개인의 인권과 시민권을 토대로 한 자유주의를 자기 것으로 만들지 못했다는 사실과 무관하지 않을 듯싶다.

결국 서병훈은 우리가 '매디슨 민주주의' 즉 자유주의의 깊은 뜻을 헤아릴 수 있어야 비로소 우리사회의 민주주의도 살아남을 수 있다는 메시지를 전하고 있는 셈인데, 전체주의를 파헤침으로써 근대성을 비판하고 있는 아렌트에 관한 김선욱의 글도, 맥락과 강조점은 다르지만, 아렌트가 "말의 힘을 통해 … 정치영역의 회복을 추구"했고 이는 결국 서양의 자유주의 전통의 유연함을 확인해주는 것이라는 점에서 서병훈의 글과 동일 선상에 있다고 할 수 있다. 그러나 김선욱의 주된 관심은 하버마스의 의사소통적 합리성과 대비되는 아렌트의 내러티브이고, 아렌트의 내러티브에서 사용된 언어가 "일상의 삶에서 형성되는 언어의 힘이 상실되지 않도록 하는 노력을 통해 인간적 가치를 유지한 언어 사용"이라고 한다면, 김선욱도 "사람들의 마음의 지향을 정확하게 읽어"내는 것이 중요하며 이를 위해서는 동양학과 서양학, 인문학과 사회과학의 만남을 통해 우리의 지평을 넓혀야 한다는 이 책의 취지에 적극 동의하리라고 본다. 아울러 "문학 및 철학 운동으로서의 계몽주의는 합리성의 직선적이고 연속적인 발전이라는 의미의 진보가 아니라 오히려 여러 모순과 상호보완 및 대립적 경향을 나타내는 그런 진보를 이룬다."는 어느 문학사가의 말을 결론으로 삼고 있는 김대권의 글도 결국은 서양의 근대가 무조건 따라가야 할 우리의 목표가 아니라는 점을 되새기게 해준다. 그리고 이 책 마지막에 실린 김인중의 글은 이 책 처음에 실린 조홍식의 글과 함께 민족과 민족주의의 문제가 현재진행형의 문제이면서 아주 많은 내용을 담고 있는 골칫거리임을 확인시켜주지만,

민족과 내셔널리즘에 관한 문제를 풀었다기보다는 그것들과 관련된 문제들을 본격적으로 제기했다는 의미가 있을 것이다.

숭실대학교에 신축된 조만식 기념관 입사(入舍)를 기념하기 위해 인문대학과 사회대학 교수들이 함께 이틀간 세미나를 가진 것은 결코 쉬운 일이 아니었다. 누구나 그 필요를 인정하지만 막상 이루어지지 않고 있는 인문학과 사회과학 간의 대화가 이 책의 출판을 계기로 앞으로도 계속되기를 바라며, 끝으로 어려운 시기에 이 책의 출판을 맡아준 도서출판 서울경제경영의 김은중 대표에게 감사의 뜻을 전하고 싶다.

2009년 5월
김인중

목차

Part 1

계몽에서 민족으로

18세기 후반 계몽담론과 독일 문학

아렌트의 내러티브와 의사소통적 합리성

민족과 내셔널리즘

민족의 개념에 관한 정치사회학적 해석

18세기 후반 계몽담론과 독일문학

김대권

I 들어가는 말

다니엘서 4장 12절을 보면 “많은 사람이 빨리 왕래하며 지식이 더하리라”는 구절이 있다. 다니엘이 예언한 바와 같이 현재는 비행기 혹은 초고속열차를 통해 빠른 시간 내에 목적지에 도달할 수 있으며, 인터넷이 생활화됨에 따라 실시간으로 엄청난 양의 정보를 얻을 수 있다. 그러나 사람들 간의 교류가 잦아지고 지식의 양이 현저히 증가했다고 해서 현 시대가 이전보다 훨씬 더 ‘밝아졌다’고 말할 수는 없다. 여전히 국가 간의 전쟁과 테러 등이 만연하고 신자유주의 물결로 인해 양극화 현상이 가속화되고 있을 뿐만 아니라 사회 부조리와 집단이기주의가 어느 때보다도 기승을 부리고 있다. 이는 계몽되었다고 하는 현 시대가 바로 그 계몽을 더욱 필요로 함을 시사해준다.

호르크하이머와 아도르노는 나치가 도발한 제2차 세계대전 와중에 집필한 『계몽의 변증법』에서 계몽의 문제점을 제기하였다. "진보적 사유라는 가장 포괄적인 의미에서 계몽은 예로부터 인간에게서 공포를 몰아내고 인간을 주인으로 세운다는 목표를 추구해왔다. 그러나 완전히 계몽된 지구에는 재앙만이 승리를 구가하고 있다."[1] 그래서 이들은 왜 계몽된 인류가 그토록 벗어나고자 했던 "새로운 종류의 야만 상태"에 다시 빠져들었는지를 규명하고자 한다. 그들은 그 원인을 인류에게 중요한 목적을 성찰하던 이성이 점차적으로 유용성만을 위한 도구로 전락한 데서 찾고 있다. 그들에 따르면 파시즘과 같은 전체주의 체제의 '재앙'을 미연에 방지하기 위해서는 계몽의 "퇴행적 계기"를 자각하고 계몽의 긍정적 계기를, 다시 말하면 비판적 사유정신을 지속적으로 되살려야한다.

그런데 카시러는 히틀러가 집권하기 직전에 쓴 『계몽주의 철학』 서문에서 계몽의 또 다른 얼굴인 '진보'의 파괴적 측면을 이미 감지하였다.

> 과거 어느 때보다도 우리의 시대는 이러한 자기비판을 자신에게 수행할 때인 것 같다. 다시 말해서 우리 시대를 계몽기[18세기: 필자]가 만들어 낸 밝고 투명한 거울 앞에 되비추어 볼 때인 것 같다. 이 거울 속에서 보면 오늘날 '진보'의 결과로 생각되는 것 중에 몇 가지가 광채를 상실할 것은 물론이며, 우리가 자랑하는 많은 것들도 이 거울 속에서 기이하고 뒤틀려 보일 것이다.

카시러는 계몽의 폐해를 치유할 하나의 대안으로 '자기비판'을 제시하며, 이러한 '자기비판'의 모범을 18세기 계몽주의 시대에서 찾는다.

하지만 쉴러는 18세기가 저물어 갈 무렵에 쓴 『인간의 미적교육에 관한 편지』에서 카시러가 긍정적으로 바라보는 계몽주의 시대에서도 어두운 그림자를 목도한다. "철학과 경험이 밝혀준 이 모든 빛에도 불구하고 여전

---

1) 번역서는 원본과 대조했으며 필요한 경우 번역 내용을 일부 수정하여 인용하였다.

히 이처럼 일반화되어 있는 이 편견들과 흐려진 이 생각들은 어디에서 유래하는 것일까요?"

쉴러, 카시러, 호르크하이머와 아도르노의 사유, 그리고 오늘날의 현실을 바라보면 계몽이란 자기성찰과 자기반성을 통해 지속적으로 보완되어야 함을 알 수 있다. 그런데 18세기의 전반적인 문화현상을 일컫는 '계몽주의'라는 명칭에서도 알 수 있듯이, 독일에서 이 계몽에 대해서는 칸트를 중심으로 집중적으로 논의되었다.

이 글에서는 18세기 후반에 논의된 계몽을 세 가지 측면에서 살펴보고자 한다. 첫째는 이 시기에 활성화된 계몽 담론을 개관할 것이며, 둘째는 이 담론이 당시의 문학작품에서는 어떻게 형상화되었는지를 검토할 것이다. 그리고 마지막으로 계몽을 주도한 시민계층의 한계를 논하려 한다.

II 18세기 후반 계몽담론

모제스 멘델스존은 1784년 『베를린 월보(月報)』 제9월호에 「계몽한다는 것은 무엇을 의미하는가? 이 질문에 대해」라는 제목으로 계몽에 대한 자신의 견해를 밝힌다. 그에 따르면 계몽은 이론, 인식, 비판과 관계하며 인간에 따라 그 양상 또한 차이가 난다. 인간으로서의 인간을 대상으로 하는 계몽은 신분과 상관없이 "보편적"이지만, 시민으로서의 인간을 대상으로 하는 계몽은 "신분과 직업"에 따라 달라진다. 특히 멘델스존은 합리적인 사유를 본질로 하는 계몽이 오용될 경우를 경계한다. 그에 따르면 계몽의 오용은 윤리의식을 약화시키고 "완고함, 이기주의, 무종교와 무정부상태"를 야기한다. 그는 "어떤 사물의 완전한 상태가 고귀하면 고귀할수록 […] 그것의 부패는 더욱 더 소름끼친다"는 말을 인용하면서 계몽에 대한 지속적인 비판이 수반이 되지 않을 경우 이것이 사회적으로 끼칠 악영향을 예감하였다.

멘델스존에 뒤이어 칸트는 1784년『베를린 월보』제10월호에「계몽이란 무엇인가? 이 질문에 대한 답변」이라는 글에서 이미 잘 알려진 계몽에 대한 정의를 내린다.

> 계몽이란 인간이 스스로에 책임이 있는 미성년 상태에서 벗어남이다. 미성년 상태란 타인의 인도 없이는 자기 오성을 사용할 수 없는 무능력이다. 이 미성년 상태의 원인이 오성의 부족에 있지 않고, 오히려 타인의 인도 없이 자신의 오성을 사용하려는 결심과 용기의 부족에 있다면, 이 미성년 상태는 스스로에게 책임이 있다. 알려는 용기를 가져라! 너 자신의 오성을 사용하려는 용기를 가져라! 따라서 바로 이것이 계몽의 표어이다.

칸트에 따르면 성년과 미성년을 구분하는 확실한 기준은 신체상의 나이가 아니라 스스로 사유할 수 있느냐 없느냐이다. 그는 많은 사람들이 미성년 상태에 머물러 있는 원인을 후견인의 지도에 익숙해져 자신의 오성을 사용하지 않는 "나태함"과 "보행기"에서 빠져나와 성년을 향해 발걸음을 내딛는 것을 꺼려하거나 위험시하는 "소심함"에서 찾는다.

칸트는 계몽의 전제조건으로 자유를 요청한다. 여기에서 자유란 "모든 점에서 자기 이성을 공적으로 사용할 수 있는" 것을 의미한다. 그런데 칸트가 생각하는 이성의 '공적인 사용'이란 누군가가 자신의 직책과는 무관하게 대중 앞에서 말이나 저서를 통해 이성을 사용하는 것을 말하며, 이때 그는 무제한의 자유를 누린다. 칸트는 이성의 '공적인 사용'에 이성의 '사적인 사용'을 대비시키는데, 이성의 '사적인 사용'이란 누군가가 관직이나 직책을 맡고 있는 상태에서 이성을 사용하는 것을 일컫는다. 따라서 이 경우에는 몸담고 있는 관직이나 직책으로 인해 이성의 사용이 제약받는다. 여기에서 흥미로운 것은 칸트가 '공적', '사적'이라는 용어를 일상적인 어법과는 상반되게 사용한다는 점이다. 그리고 말이나 저서처럼 학술적인 차원에서는 이성을 무제한적으로 사용할 수 있는 자유를 허용하면서도, 관직이나 직책을 맡고 있는 상황에서는 조직이나 국가의 안정을 위해 이성의 사용을 제한한다. 이러한 칸트의 사유는 두 가지 측면에서 바라볼 수 있다. 한편으론 독일의 암울한 정치상황에서 "가장 무해한" 자유인 이성의 '공적인 사용'이나마 확보하여 이를 토대로 자유의 폭을 점진적으로 확대해 나가려는 칸트의 전략을 엿볼 수 있다. 그러나 다른 한편으론 프로이센이라는 국가 체제의 안정을 도모한다는 대의명분하에 이성사용의 자유를 대폭적으로 제약하려는 칸트의 현실순응주의 또한 읽을 수 있다.

칸트는 계몽의 주안점을 무엇보다도 종교문제에 둔다. 그는 종교문제에 대해 자기의 오성을 스스로 사용하지 못하는 것을 "가장 유해하"고 "가장 수치스러운" 미성년의 상태라고 주장한다. 그는 군주들이 예술이나 학문 분야에서는 신민들에 대해 후견인 역할을 하는 것에 관심이 없지만, 종교에 대해서는 그렇지 않다고 말하면서 간접적으로 당시 체제의 종교정책에 대해 불만을 표시한다. 이런 맥락에서 그는 종교자유의 허용을 계몽군주의 요건으로 언급한다. 결국 칸트가 볼 때 종교문제에 있어 계몽이란 민중 자체의 자발적인 노력에 달려있기 보다는 계몽군주의 용단에 좌우된다. 달리 말하면 칸트는 '아래로부터의 변혁'보다는 계몽군주를 중심으로 한 '위로부터의 개혁'을 염두에 두고 있다. 이는 그가 정신적인 미성년 상태에서 성년상태로 나아가는 계몽과정에 있어 혁명의 무용론을 주장한 것과 일맥상통한다. 그에 따르면 혁명을 통해서는 "사유방식의 진정한 개혁"이 이루어지기보다는 오히려 편견과 복수만이 횡행할 뿐이다.

칸트와는 달리 요한 게오르크 하만에게 있어서 "진정한 계몽이란 미성년의 사람이 극히 스스로에 책임이 있는 후견으로부터 벗어남에 있다." 칸트가 계몽의 걸림돌로 정신적인 미성년 상태를 언급한다면, 하만은 역으로 계몽되었다고 자처하는 후견인의 후견이 계몽을 방해한다고 주장한다. 하만에 따르면 후견인을 자처하는 사람들이 자신들의 "무오류성과 정통성을 보증하기 위해 잘 훈련된 수많은 군대"를 거느리고 있는 상황에서 후견을 받는 사람들은 소심할 수밖에 없으며, 스스로 사유한다는 후견인이 피후견인을 "자신의 거대함에 깃들인 단순한 그림자"로 취급하는 상황에서 피후견인이 나태하다고 조롱할 수는 없다.

칸트는 이성의 '공적인 사용'과 '사적인 사용'을 구분하고 이성의 '공적인 사용'을 강조하였다면, 하만에게 있어 칸트식의 이성 사용의 구분은 "우스꽝스러운" 것이다. 하만이 볼 때 프로이센의 억압적인 체제하에서는 이성의 '공적인 사용'은 "간식"에 불과하고, 이성의 '사적인 사용'은 "일용할 양식"이 될 공산이 크다. 이성을 주로 '사적'으로 사용할 경우 제도나 규범의 제약으로 인해 이성의 사용이 제한받는 것은 당연하다. 따라서 하만은 칸트가 계몽의 전제조건으로 내건 자유란 무의미하다고 본다. 왜냐하면 "노예복"을 입은 상태에서 자유를 논한다는 것은 어불성설이기 때문이다.

크리스토프 마르틴 빌란트는 「계몽에 대한 여섯 가지 질문」이라는 글에서 두 눈을 사용하여 '빛'[2]과 '어두움'의 차이를 인식할 수 있는 사람은 누구나 계몽을 안다고 주장한다. 그는 빛과 계몽을 서로 연관시키며, 계몽을 "항상 어디에서나 참과 거짓을 구별할 수 있기에 필요한 만큼의 인식"이라 정의한다. 그러나 그는 칸트와는 달리 계몽의 임무를 스스로 사유하는 소수의 사람들에게 맡기지 않고 누구에게나 허용한다.

> 누구나—소크라테스 혹은 칸트로부터 시작해서 초자연적으로 깨우친 재단사와 구두장이 가운데에서 가장 평판이 나쁜 사람에 이르기까지—예외 없이 자신의 훌륭하거나 조악한 정신에 의해 추동되면 능력에 맞게 인류를 계몽시킬 권리가 있다. 어떤 측면에서 이 일을 고찰한다 해도 분명해질 사실은, 생각과 행동거지에 빛을 비추는 임무가 독점이나 배타적인 조합의 용건으로 취급되는 경우보다는 이것에 자유가 허용될 때 인간 사회는 훨씬 덜 위협받는다는 것이다.

---

2) 이는 독일어를 포함한 서유럽의 언어에서도 확인된다. 계몽을 뜻하는 독일어 'Aufklärung'과 영어의 'enlightenment', 그리고 계몽주의를 뜻하는 프랑스어의 'siècle des lumières'라는 표현에서 보듯이 계몽과 빛은 상호연관되어 있다.

요한 벤야민 에르아르트는 「민중의 혁명 권리」에서 계몽의 외연을 윤리적인 차원으로까지 확대한다. 그에 따르면 계몽은 "인류의 목표"이며 많은 시일이 걸리는 기획이지만 도달가능하다. 계몽을 촉진시키는 것은 모든 사람들의 권리이기에 앞서 "의무"이다. 이 점에서 에어하르트는 빌란트 보다 한 발 더 나아가고 있다. 칸트가 계몽의 포기를 "신성한 인간의 권리"를 짓밟는 행위로 규정하듯이, 에르아르트는 인권을 "계몽에의 권리"로 이해한다. 그러나 자코뱅파 일원이었던 그는 칸트와는 달리 인권이 존중되지 않을 경우에는 혁명의 발발 가능성을 배제하지 않을 뿐만 아니라, 혁명의 책임을 지배자 측에 전가하기도 한다.

> 민중에 대해서 그들이 자신의 미성년 상태에 책임이 있다고 말할 수 있듯이, 지배자 측에 대해서도 그들에게 모든 혁명의 책임이 있다고 말할 수 있다. 왜냐하면 그들이 성년 상태에 적응하지 못했거나 민중이 알고 있는 정도로 인권을 존중하지 않았기 때문이다.

에르아르트는 지배자 측의 계몽 정도와 민중의 계몽 정도 사이에 존재하는 "불균형"에서도 혁명의 발발 원인을 꼽는다. 그렇다고 그가 모든 혁명을 정당화하는 것은 아니다. 혁명에 의해서 인권이 개선될 수 있는 상황에 한해서만 그는 혁명에 도덕적 정당성을 부여한다. 따라서 에르아르트가 볼 때 혁명의 방지책은 지배자와 민중의 계몽 정도가 동일하거나 민중이 자신의 인권을 인식하고 지배자가 그것을 존중하는 경우이다.

쉴러의 『인간의 미적 교육에 관한 편지』의 여덟 번째 편지를 읽어보면 그가 기본적으로 칸트의 계몽관을 수용하고 있음을 알 수 있다. "알려는 용기를 가지라는 말이지요. 천성의 무기력과 심성의 비겁함이 […] 계몽에 맞서 세워둔 방해물들에 대항하여 싸우기 위해서는 용기라는 에너지가 필요합니다." 하지만 쉴러는 칸트가 주장하는 오성의 계몽만으로는 한계가 있다고 보고, 오성 중심적인 계몽에 의해 간과된 감성적인 측면에서의 계몽이 필요함을 역설한다.

오성의 계몽이 존경을 받는다는 것만으로는 부족합니다. […] 심정을 통해서 머리에 이르는 길이 열려야 합니다. […] 그러므로 느끼는 능력의 함양은 우리 시대의 절실한 요구입니다. 느끼는 능력의 함양이 좋아진 통찰력을 실생활에 쓸모 있는 것으로 만들어주는 수단이기 때문만은 아닙니다. 느끼는 능력의 함양은 사람들을 각성시켜 통찰력을 개선시킨다는 바로 그 이유 때문입니다.

여기에서 쉴러는 그동안 지속적으로 추진된 '머리'의 계몽에서 이제는 '가슴'의 계몽으로 계몽의 영역이 확장되어야 함을 요청한다. 그리고 계몽이 '가슴' 쪽으로 확장된다고 해도 이성의 계몽이 저지되기보다는 오히려 실용성을 얻게 되고 더 나은 방향으로 인도를 받게 된다고 본다.

그런데 '가슴'으로 대변되는 감정이나 느낌의 영역에 대한 권리회복운동은 이미 쉴러에 앞서서 진행되었다. 그 대표적인 인물로 칸트의 제자였던 요한 고트프리트 헤르더를 꼽을 수 있다. 그는 『인류의 교육을 위한 또 하나의 역사철학』에서 이성중심의 계몽의 폐해를 지적한다.

우리가 세계 속에 뿌리고 있는 빛으로 지금 많은 눈을 멀게 하고 있으며, 많은 것을 비참하게 만들고 있으며, 많은 것을 어둡게 하고 있다. 만약 장차 이 빛이 도처에서 누그러져 삶의 빛과 삶의 온기가 된다면 […].

그는 이성의 파괴성에 대한 대안을 육체에서 찾는다. "육체가 없으면 우리의 정신은 쓸모가 없다. 감각이 마비되면 우리의 정신 자체도 마비된다. 모든 감각을 활발하고 균형 있게 사용하면 우리의 정신 자체도 생기발랄하다."

헤르더는 사유 활동의 전제조건으로 감각의 적극적인 사용을 거론하며, 미학 측면에서도 촉각, 시각, 청각을 토대로 감각론적 미학을 구축함으로써 바움가르텐의 미학을 계승 발전한다. 따라서 그는 한편으론 이성의 지나친 '빛'을 누그러뜨리고, 다른 한편으론 데카르트의 이성론 이후로 그 '빛'에 의해 가려졌던 육체의 권리를 회복시켜줌으로써 감성의 계몽에 크게 일조한다.

지금까지 논의한 18세기 후반 독일의 계몽 담론은 크게 세 가지로 대별된다. 첫째는 멘델스존, 칸트, 빌란트를 중심으로 그동안 제 기능을 발휘하지 못한 인식능력을 개선시키고자 하는 계몽작업이다. 둘째는 에르아르트가 주장하듯이 윤리적인 차원에서 계몽을 기획하려는 노력이다. 셋째는 헤르더와 쉴러처럼 계몽의 방향을 오성이나 이성 위주에서 감성 쪽으로 전환하려는 경향이다. 그런데 계몽의 방향전환은 외적으로는 계몽 영역의 확장이지만, 내적으로는 기존의 계몽작업에 대한 비판으로서 '계몽의 계몽'의 일환이기도 하다.

III 계몽 담론의 문학적 형상화

계몽 담론은 18세기 독일문학 작품 속에서 다양하게 구현된다. 먼저 그동안 봉건절대주의 지배체제와 교회의 권위하에서 억압당했던 사유능력을 회복하려는 노력이 나타나며, 이는 전통적인 권위에 대한 비판으로 표현된다. 그러나 서유럽에 비해 시민계층이 성숙치 못했던 독일에서 이 비판의식은 기존 체제에 대항하는 적극적인 행동으로까지 나아가지 못한다. 오히려 독일 시민은 윤리적인 측면에서 순결, 평판, 덕성을 내걸며 부도덕한 지배층에 대립각을 세운다. 그리고 감성의 계몽은 이성중심의 계몽작업에 의해서 억눌렸던 내면의 세계, 열정, 감정 등에 표출 통로를 마련해주었다.

1. 봉건 지배체제 비판

신싱로마제국은 30년 전쟁(1618~1648) 이후 수백 개의 영방국가로 쪼개져 지리멸렬한 상태에 있었다. 이런 신성로마제국을 두고 푸펜도르프는 "종잡을 수 없는, 무슨 괴물 같은 몸체"에 비유했다. 심지어 이 제국 안에는 몇 "평방미터 크기의 군주국"이 있을 정도였다. 따라서 신성로마제국 황제의 힘이란 허울에 불과했으며 각 영방의 봉건군주들은 자기 영내에서 무소불위의 권력을 행사했다. 이러한 시대를 가리켜 쉴러는 『도적떼』에서 카를의 입을 통해 "아무짝에도 쓸모없는 거세된 세상"이라고 일컫는다. 카를에 따르면 당시의 체제는 "조야한 인습들로 건강한 자연의 숨통을 막아 버리"며, 법은 "독수리처럼 하늘을 날 수 있는 것을 달팽이처럼 땅을 기어다니게 만"든다. 따라서 카를은 이 굴레를 벗어나기 위해 자유를 부르짖으며 도적단의 두목이 된다.

『간계와 사랑』과 『안톤 라이저』에 각각 등장하는 주인공인 루이제와 안톤은 비록 확고한 현실인식을 지니고 있지는 않지만 귀족과 시민으로 대별되는 신분제 사회에 대해 강한 거부감을 드러낸다. 시민의 딸인 루이제는 귀족인 페르디난트를 사랑하지만 아버지 밀러가 이를 만류하자 "증오할 만한 신분상의 제약"에서 벗어나 인간 대 인간으로 상대방을 사랑하기를 염원한다. 신분의 차이라는 엄연한 현실은 귀족의 자제를 가르치던 안톤에게는 삶에 대한 적대감을 심어준다. "엄밀히 말하자면 안톤의 마음을 사로잡고 그에게 삶을 증오하도록 만든 것은 한 인간이 시민이라는 지위 때문에 억압을 당했다는 느낌이었다."

당시 독일의 암울한 상황은 지배계층인 군주와 귀족사회에 대한 비판에서도 엿볼 수 있다. 『간계와 사랑』에서는 군주가 자행한 인신매매를 통해 지배자의 폭압정치가 적나라하게 나타난다. 군주는 자기 영내에 살고 있는 7,000명의 장정을 용병으로 미국에 보내며 그 대가로 얻은 보석을 애첩인 밀포드 부인에게 선사한다. 그런데 문제는 인신매매가 당시 독일의 군주들에게는 "일상적인 장사"였다는 점이다. 영국이나 프랑스에서와는 달리 경제적 토대가 허약했던 그들은 백성들의 핏값으로 사치스러운 삶을 유지했던 것이다.

『간계와 사랑』에 나오는 수상 폰 발터는 지배층의 권모술수를 잘 보여준다. 그는 궁정에서 자신의 권력을 유지하고 확대하기 위해 영주의 애첩인 밀포드 부인을 자신의 아들인 페르디난트와 결혼시키려 한다. 폰 발터에게 아들의 결혼이란 자신의 권력을 확대재생산하기 위한 수단이자 "구매"되는 물건에 불과하다. 그러나 페르디난트가 루이제를 '사랑'함으로써 이 계획이 차질을 빚게 되자 폰 발터는 비서 부름과 함께 '간계'를 꾸미게 된다.

인간을 상품으로 취급하는 비인간성은 레싱의 작품 『에밀리아 갈로티』에서도 드러난다. 영주는 시민계층의 딸인 에밀리아를 탐하지만 그녀가 곧 아피아니 백작과 결혼할 것임을 듣고서 시종장인 마리넬리에게 자신의 욕망을 충족시키기 위한 대책을 강구토록 한다. 그러자 시종장은 영주에게 다음과 같은 제안을 한다.

> 전하, 에밀리아 갈로디에게 미처 고백하시지 못한 것을 이제 아피아니 백작부인에게 고백하십시오. 신품으로 살 수 없는 물건은 중고품으로 삽니다. 게다가 그런 물건은 중고품일수록 값이 그만큼 싼 경우가 적지 않습니다.

그리고 절대 권력자의 전횡은 탄원자가 에밀리아와 같은 이름을 가졌다는 이유만으로 탄원서를 받아들인다거나, 에밀리아에 대한 욕망에 이끌려 꼼꼼히 읽지도 않은 채 사행집행명령문서에 결재하려는 영주의 모습에서도 읽을 수 있다.

괴테의 『젊은 베르터의 고뇌』[3]에서는 베르터라는 시민의 눈을 통해 귀족사회의 일면을 꼬집는다. 베르터는 사랑하는 로테의 곁을 떠나 공사 밑에서 일하면서 귀족사회를 접하게 된다. 그가 경험한 귀족사회는 "출세

---

3) 일반적으로 괴테의 작품 *Die Leiden des jungen Werther*는 『젊은 베르테르의 슬픔』으로 번역되고 있다. 그러나 "Leiden"은 단지 감상적인 차원의 "슬픔"이라기보다는 이것보다 훨씬 더 절박하고 강도가 강한 "고뇌"로 옮기는 것이 단어의 원뜻을 살릴 뿐만 아니라 작품의 내용과도 상통한다. 그리고 "Werther"는 "베르테르"가 아니라 "베르터"로 읽어야 한다.

에 대한 야욕", "조상의 족보", 그리고 "형식적인 의례"에만 관심을 둔다. 그가 무엇보다도 참을 수 없었던 것은 C 백작 댁 만찬석상에서 느꼈던 모욕감이다. 이 수모로 인해 그는 귀족에 대한 일종의 증오심까지 표출한다. "조상으로부터 대대로 물려받은 그 거만스러운 귀족의 눈짓 […] 나는 이런 족속들을 지긋지긋하게 싫어한다." 지배계층에 대한 적대감은 렌츠의 작품인 『군인들』에서도 확연히 표출된다. 슈톨치우스는 자신의 약혼녀였던 마리아네가 귀족의 자제인 데스포르테스에게 짓밟히는 모습을 바라보며 격심한 심적인 고통을 겪는다. "도대체 불의를 참고 견뎌야 하는 사람들은 떨고 있어야 하고, 불의를 행하는 자들만 즐거워해야 한단 말인가!"

2. 종교 비판

종교의 자유, 관용은 18세기 계몽주의가 내건 중요한 기치들 중의 하나로서 레싱의 작품 『현자 나탄』에서 집중적으로 논의된다. 이 작품의 시대적 배경은 십자군 전쟁이며, 무대는 이슬람교의 지배하에 있는 예루살렘이다. 따라서 작품의 시간적, 공간적 배경이 이미 유대교, 기독교, 이슬람교 간의 분쟁을 내포하고 있다. 그러나 작품의 결말 부분에서는 유대인 나탄의 양녀인 레하와 젊은 기사단원이 이슬람교도 왕인 살라딘의 조카들임이 밝혀진다. 그럼으로써 이 세 종교는 친족 관계에 있음을 시사한다. 그러나 이 작품의 주안점은 세 종교의 뿌리가 같다는 사실보다는 타종교를 배척하고 자기 종교를 절대시하는 편협한 종교 근본주의에 대한 비판에 있다. 이는 유대인인 나탄과 기독교를 대변하는 총대주교와의 대조를 통해 구체화된다.

나탄의 인간됨은 그의 친구인 탁발승 알 하피의 입을 통해 알 수 있다. 알 하피에 따르면 나탄의 정신은 "선입관이 없으며 그의 마음은 모든 미덕을 향해 활짝 열려 있고 모든 아름다움과 조화를 이루고 있다." 나탄은 마음과 생각이 열려 있기에 유대교에 적대적인 기사단원에게 민족이나 종교

보다는 먼저 인간 자체를 중시할 것을 촉구한다. 유대인 나탄의 진면목은 기독교도들에 의해 자기 가족이 모두 몰살당했음에도 불구하고 한 기독교도의 아이를 받아 키워준 사랑에 있다. 나탄은 이성의 "부드러운 목소리"를 듣고서 그 힘든 결단을 내렸다고 고백한다.

> 이성은 부드러운 목소리로 말했습니다. "그래도 신은 존재하신다! 그것도 역시 신이 결정하신 일이다. 자! 네가 이미 오래 전에 깨달은 바를 이제 실천하라! 네가 하려고만 한다면, 실천하는 것이 깨닫는 것보다 결코 어렵지 않을 것이다. 일어나라!"

이와는 달리 총대주교는 종교적 아집과 독선으로 가득 차 있다. 그는 수사를 보내 살라딘 왕이 풀어준 기사단원을 꼬드겨 첩자로 삼으려 한다. 이에 기사단원이 목숨을 살려준 왕을 배반하는 것은 배은망덕한 행위라고 말하자, 그는 "인간 앞에서는 비열한 짓도 하나님 앞에서는 비열한 짓이 아니라"는 논리를 편다. 그리고 한 유대인(나탄)이 영세 받은 기독교도 아이(레햐)를 키운다는 소문을 듣고서는 "그 유대인을 화형에 처해야 하오. 그 아이가 그렇게 구출되어 영원한 멸망에 빠지기보다는 이승에서 비참하게 죽는 편이 나으니까"라고 핏대를 세우며 말한다. 총대주교가 볼 때 아이를 맡아 양육해준 유대인의 행동은 선한 사마리아인의 행위라기보다는 오히려 "성령에 대한 다시 없는 죄악"으로 간주된다. 이러한 총대주교의 발언에서는 종교영역에 계몽의 '빛'을 허용치 않으려는 반계몽적인 성향을 엿볼 수 있다.

그러나 레싱은 『현자 나탄』을 통해 소극적인 측면에서 종교 근본주의를 비판하는 것을 넘어서 적극적인 측면에서 사랑의 실천을 요구한다. 이는 반지비유설화에서 잘 드러난다. 이 비유는 '유대교, 기독교, 그리고 이슬람교 중에서 어느 종교가 참된가'라는 살라딘 왕의 질문에 대해 나탄이 답변의 일환으로 들려주는 이야기이다. 이 비유에 따르면 대대로 전해지는 한 보석반지가 있는데, 이 반지를 끼는 사람은 신과 인간에게 사랑을 받게 된다고 한다. 그런데 이 반지를 소유한 한 아버지에게 세 아들이 있었으며, 그는 이들을 모두 사랑하여 고민 끝에 명장(名匠)에게 그 반지와 똑같은 반지를 두 개 더 만들도록 주문한다. 그리고 그는 원래의 반지와 모조품을 세 아들에게 나눠주고 죽는다. 하지만 세 아들은 각각 아버지로부터 받은 반지가 진짜라고 주장하며 다른 형제의 반지를 인정하려고 하지 않아 결국 소송을 제기한다. 이 소송사건에 대한 재판관의 판결은 다음과 같다.

> 진짜 반지는 사랑받게 하는 신통력을, 신과 인간에게 호감을 주는 신통력을 가진다고 들었다. […] 반지의 신통력은 자신에게로만 돌아오느냐? 그리고 밖으로는 작용하지 않느냐? 각자 자기 자신만을 가장 사랑한단 말이냐? […] 각자 아버지의 공평하고 편견이 없는 사랑을 본받도록 노력하라! 너희들은 각자 앞을 다투어 자기 반지에 박힌 보석의 신통력을 현현시키도록 해라! 온유함과 진정한 화목과 옳은 행동과 신에 대한 진정한 복종으로써 그 신통력을 돕도록 해라!

재판관의 판결문을 읽다보면 나탄의 사랑이 떠오른다. 나탄의 사랑은 '깨달음'에서 '실천'으로의 이행에 있었다. 재판관 역시 수동적으로 반지의 '신통력'에 의지할 것이 아니라 적극적으로 사랑을 실천함으로써 반지의 '신통력'을 드러내 보이도록 세 아들에게 권면한다. 반지비유설화는 진정한 종교란 정연한 교리나 오랜 전통이라는 내재적 원리에 있기보다는 각자가 믿고 있는 바, 즉 사랑을 실천함에 있음을 극명하게 보여준다. 이는 18세기뿐만 아니라 배타적인 종교관으로 인해 곳곳에서 종교분쟁을 겪고 있는 오늘날에도 절실한 메시지이다.

3. 지배계층의 부도덕성 비판

독일 시민계층이 정치와 종교적인 측면에서는 약자의 입장에서 지배계층의 비인간성과 전횡을 비판한다고 하면, 윤리적인 측면에서는 오히려 도덕적인 우월감을 지닌 채 지배계층의 도덕불감증을 질타한다. 이는 문학작품에서는 "'방탕한' 귀족과 '방정한' 시민"으로 형상화된다.

지배계층의 부도덕함은 특히 귀족사회의 성적 타락상에서 잘 드러난다. 폰 발터는 이러한 궁전사회의 실상을 자신의 입을 통해 증언한다. "우리사회에서는 결혼식 축하객 중 적어도 대여섯 명이-혹은 하인이-신랑보다는 먼저 신부의 몸을 가장 은밀한 곳까지 샅샅이 아는 경우가 허다하네." 궁전세계의 타락은 영주와 애첩 밀포드 부인과의 관계, 그리고 『에밀리아 갈로티』에 등장하는 구아스탈라의 영주와 오르시나 백작녀 사이에서도 확인할 수 있다. 따라서 궁정사회에서 성장했던 페르디난트에게 귀족사회의 특징이란 기품 있는 행위가 아니라 "성병"으로 각인된다.

시민을 바라보는 귀족의 눈을 통해서도 지배계층의 비도덕성이 확연히 나타난다. 폰 발터는 아들인 페르디난트가 루이제와 사귄다는 말을 듣고 아들이 "고상한" 취미를 가지고 있다고 생각하며, 혹시나 이 관계로 인해 손자가 생기면 루이제에게 "창녀를 위한 순결보상금"을 지불하면 그만이라고 생각한다. 다시 말해 폰 발터에게 루이제는 일종의 '씨받이'인 것이다. 『군인들』에 나오는 연대장 역시 신분질서에 근거한 박약한 도덕의식을 대변한다. 데스포르테스가 마리아네를 욕보인 사건을 두고서 연대장은 "때때로 불행한 여자들이 자진해서 희생의 제물로 바쳐져서, 나머지 부인들이나 딸들이 보호받게 된다"고 말한다. 이로써 연대장은 시민의 딸인 마리아네가 귀족 자제에게 희생을 자처한 것처럼 사태를 호도하고 있다. 심지어 연대장은 이러한 문제를 사전에 방지하기 위해서는 왕이 "군인위안부 양성소"를 세워 군인들의 욕구를 합법적으로 충족시켜줘야 한다고 주장한다. 게다가 '군인위안부'는 영원한 사랑과 같은 이상은 포기해야 하며 아마존족의 여성 전사처럼 "국가를 위해 희생하는 순교자"라는 생각을 지녀야 한다고까지 말한다.

양심 또한 지배계층에겐 아무런 효력을 발휘하지 못한다. 아버지를 감금하고 권좌에 오른 『도적떼』의 프란츠에게 양심이란 미봉책에 불과하다. "양심! […] 파산한 인간이 임시방편으로 위기를 모면하기 위해 멋들어지게 쓰는 어음 같은 것 아니겠어!" 맹세도 마찬가지이다. "선서가 무슨 소용이 있어. 바보 같으니? […] 저희들[폰 발터를 위시한 지배계층: 필자]에게는 아무 소용이 없죠, 각하. 그러나 그런 부류의 인간들[밀러 가족이 대변하는 시민계층: 필자]에게는 절대적이죠." 그 대신 궁전사회에서는 "신속하고 능란하게 크고 작은 변신을 하는 것이 최고의 지혜로 통"한다.

이와는 달리 시민에게 중요한 것은 "장신구와 화려한 칭호"가 아니라 "마음의 가치"이다. 루이제는 감금된 아버지를 구하기 위해 폰 발터와 부름에 의해 강요된 거짓편지를 써야 했는데, 이는 그녀에게는 비양심적인 처사였지만 이들에게 한 서약 때문에 죽기 직전까지 애인인 페르디난트에게 사태의 진상을 밝히기를 꺼려한다. 그리고 시민은 무엇보다도 순결을 중시한다. 시민의 딸에게 기본적인 결혼지참금은 자신의 "온전한 육체"이다. 그래서 에밀리아는 간교한 마리넬리에 의해 남편 될 아피아니 백작이 피살되고 영주의 궁정으로 끌려 왔을 때 자살을 만류하는 아버지 오도아르도에게 외친다. "순결도 하나뿐입니다!" 그리고 오도아르도도 영주에게서 딸의 순결을 지키기 위해 불가피하게 딸을 죽이게 된다.

4. 감성의 해방

잠자던 이성이 깨어나면서 무지몽매와 미신이 점차적으로 설 자리를 잃는 것은 사실이다. 그러나 이성의 계몽이 자기 사유의 과정을 수반하지 않고 지속될 경우 경직되고 배타적이 될 위험이 뒤따른다. 다시 말하면 하나의 폐쇄적인 '체계'로 굳어질 우려가 있다. '체계'에 대한 비판은 18세기 독일 문학사에서도 확인된다. 18세기 초에 고트셰트는 열악한 독일 문학계를 개혁하기 위하여 프랑스의 고전주의를 모범으로 삼아 창작과정을 규범화한다. 그중의 일부가 사건 · 장소 · 줄거리의 삼일치 법칙과 장르에 따라 등장할 수 있는 신분을 제한하는 신분제한규정이다. 이 규범들은 기초가 아직 확립되지 않은 독일문학이 일어서는 데 유익한 버팀목 역할을 수행했지만, 독일문학이 자생력을 기르는 데에는 오히려 방해요소가 되었다. 이러한 초기 계몽주의의 규범화 경향에 저항하여 18세기 후반에 일어난 문학운동이 감상주의와 질풍노도이다. 감상주의는 기존의 체계화된 틀에서 벗어나 내면의 목소리에 귀를 기울이며 개인의 체험과 느낌을 중시한다. 따라서 이 문학에서는 내면성과 주관성이 핵심적 계기를 구성한다. 질풍노도는 감상주의의 기조를 계승하면서 봉건체제와 이성중심의 계몽과정에서 억압당했던 감정, 충동, 자연스러움과 독창성 등을 복권하려는 급진적인 문학운동이다.

규범화된 합리성에 반발하여 내면의 감정을 표현하고자 하는 경향은 『젊은 베르터의 고뇌』에서 잘 드러난다. 작품의 주인공인 베르터는 '머리'보다는 '가슴'에 주안점을 두는데, 이는 그가 공작댁의 수렵관을 방문했을 때 쓴 편지에 나타난다.

> 그 분[공작: 필자]은 내 마음보다는 내 지성과 재능을 더 높이 평가하고 있다. 하지만 내게는 내 마음만이 유일한 자랑거리이며, 오직 그것만이 모든 것의 원천, 즉 모든 힘과 행복과 불행의 원인이다. 아아, 내가 알고 있는 지식은 누구나 다 알 수 있다. 그러나 나의 마음은 나 혼자만의 것이다.

베르터에게 중요한 것은 '머리'에 의한 사유보다는 '마음'의 토로이다. 사유에 의해 정해진 틀이란 그에게는 오히려 내면의 감정을 표현하는 데 걸림돌이 된다. 그는 자신의 내면세계를 사유에 의해 정제하지 않은 채 거침없이 있는 그대로 분출한다. 따라서 이 작품에는 베르터가 쏟아놓는 영탄조와 비탄조의 독백과 고백으로 가득 차 있다. 이는 특히 그가 로테를 알게 된 후 겪게 되는 복잡한 심경변화에서 잘 드러나며 그대로 자연에 투영되어 표현된다. 그는 로테를 흠모할 때 자연을 "무한한 생명의 무대"로 예찬하지만, 그녀에 대한 사랑이 현실적으로 실현 불가능해짐에 따라 자연은 "영원히 벌리고 있는 묘지의 심연"으로 급변한다. 이처럼 규범에 얽매이지 않은 채 개인적인 감정을 표출하는 베르터가 주관성과 개성을 근간으로 하는 천재를 염원하는 것은 당연하다. "천재의 물결이 둑을 뚫고 터져나와 큰 홍수를 이루며 콸콸 쏟아져 내려와서, 그대들의 영혼을 뒤흔들어놓는 일이 이렇게도 드물단 말인가!"

이성 중심의 합리화 경향에 맞선 감성 측의 저항은 로테의 약혼자인 알베르트와 베르터 간의 자살논쟁에서도 드러난다. 알베르트에게 자살이란 나약하고 어리석은 행위이며, 자살을 감행하는 사람은 사유하고 판단하는 능력을 상실한 일종의 "미친 사람"이다. 그러나 베르터는 알베르트를 "도덕군자"라고 비꼬며, 그처럼 이성적인 사람은 역으로 "감수성"과 "마음의 공감"을 결여하고 있다고 비판한다. 베르터가 볼 때 자살에 대한 알베르트의 부정적인 견해는 "악성 열병에 걸려 죽어가는 사람을 겁쟁이"라고 부르는 것과 마찬가지로 오히려 불합리하다. 베르터에게 자살이란 오히려 불가피한 선택이다. "인간의 천성이 얽히고 설키며 서로 다투고 싸우는 갖가지 힘의 미궁으로부터 빠져나갈 길을 찾아내지 못하면, 그 인간에게는 죽는 길 밖에 다른 도리가 없어요." 바로 이 구절은 결국 권총자살을 하게 되는 베르터의 심경을 앞서서 표현한 것이다.

두 등장인물의 의견 대립은 주인마님을 사랑하여 한 농부를 죽인 머슴에 관한 사건에서도 재현된다. 알베르트는 "법률"을 수호하고 "국가의 질서"를 확립하기 위해서는 모든 일은 법대로 처리되어야 한다고 말하며 머슴에게 살인죄에 상응하는 처벌을 주장한다. 그러나 그 머슴을 알고 있던 베르터는 오히려 그의 행위를 옹호하려는 입장에 선다. 이러한 베르터의 반응은 한편으론 알베르트가 주장하듯이 그가 지닌 "불행한 정열"에서 연유한다고 말할 수 있지만, 다른 한편으론 타인의 행위를 '머리'로 판단하기에 앞서 타인의 심적 고통을 '가슴'으로 이해하려는 데에서 기인한다.

레싱의 비극이론에서 '좋은 사람'이란 동정심이 많은 사람인데, 이 이론에 따르면 괴테의 이 작품에서 '좋은 사람'은 합리적으로 사고하는 알베르트가 아니라 동정심을 지닌 베르터이다.

IV 계몽과정에서 드러난 독일 시민계층의 한계

독일 시민계층은 봉건체제와 교권의 모순을 폭로하고 이성중심의 계몽의 문제점을 비판하지만, 이들의 계몽기획은 외적인 제약과 내적인 한계로 인해 순탄하게만 진행되지 않는다. 이 장에서는 지식인 시민, 도덕성을 중시하는 시민, 그리고 이윤을 추구하는 시민을 중심으로 계몽과정에서 드러난 이들의 내적인 한계를 살펴보고자 한다.

1. 지식인

리하르트 반 뒬멘에 따르면 지식인 시민은 자아를 실현하기 위한 조건으로 4가지, 즉 사상과 신앙의 자유, 재정적 기반, 그리고 사회적 지위를 필요로 한다. 그런데 18세기 독일의 상황에서 이러한 조건들이 충족되기는 힘들었다. 종교의 자유는 칸트가 종교문제와 관련하여 당대를 "계몽된 시대"가 아니라 "계몽의 시대"라 일컫는 데에서 알 수 있듯이 계몽의 '빛'이 더 요청되었다. 사상의 자유는 교회와 행정당국에 의한 검열과 자기검열로 인해 상당히 침해를 받았다. 지식인의 경제적 상황은 자유문필업이 생겨 궁전사회로부터 정신적으로 독립을 할 수 있었지만 여전히 개선될 기미를 보이지 않았다. 대학을 졸업한 시민은 주로 성직이나 교직에 진출했는데 대개는 이것도 여의치 않았다. 그래서 대부분의 시민은 렌츠의 『가정교사 혹은 사교육의 장점』에 등장하는 로이퍼처럼 귀족자제를 가르치는 가정교사로 일했지만 "하인" 취급 받기가 일쑤였다.

억압적인 현실 속에서 자아실현의 기회를 박탈당한 시민은 『안톤 라이저』의 안톤처럼 18세기의 "사회적인 병"인 우울증에 시달리며 타인과의 접촉을 꺼린 채 고독에 빠진다. 고독은 자신을 되돌아보며 반성할 수 있는 기회를 제공해주지만, 이것이 외부 현실에 대한 체념적인 반응이라면 내면세계로의 도피에 불과하다. 그런데 안톤의 경우는 후자이다. 그가 혼자서 내뱉는 독백이나 고백은 내면에 억눌린 감정을 토로함으로써 자아해방에 기여하기보다는 오히려 진부한 감상성으로 변질될 우려가 크다. 현실을 헤쳐나갈 수 없는 상황에서 그가 선택하는 또 다른 길은 연극이다. 그렇지만 그가 연극세계에 심취한 것도 연극 자체가 좋아서라기보다는 현실도피의 측면이 강하다.

시민은 안톤처럼 내면의 세계로 도피하는 것 이외에 로이퍼처럼 자신에게 거세를 행하거나 베르터처럼 자살이라는 극단적인 길을 선택한다. 아니면 지배계층의 일원이었지만 기존 체제에 불만을 품은 『도적떼』의 카를처럼 결국에는 현실에 순응하며 살아간다. 카를은 자유와 공화국 건설을 부르짖으며 도적떼의 두목이 되지만, 이 결단은 동생 프란츠의 거짓편지에 대한 우발적인 대응으로서 치열한 현실인식을 결여하고 있다. 자유에 대한 막연한 동경에 사로잡혔던 그는 마침내 기존 체제에 복귀할 것을 선언한다.

> 나는 지금 이 시각부터 너희들 두목의 자리에서 물러난다. […] 잔학한 만행으로 세상을 아름답게 만들고 무법으로 법을 수호한다고 착각하다니, 이런 바보가 또 있을까? 나는 그것을 징벌과 정의라고 불렀다. 오, 하늘의 섭리여, 나는 감히 당신의 잘못을 바로잡고 당신의 불공평함을 개선하려고 들었습니다. 그 얼마나 어린아이 같은 허황된 짓이었는가. […] 응징은 오로지 하느님 당신만의 일이며, 당신은 인간의 도움을 필요로 하지 않습니다. […] 하지만 저한테는 더럽혀진 법을 다시 바로잡고 짓밟힌 질서를 다시 일으켜 세울 수 있는 가능성이

남아 있습니다. 누구도 넘볼 수 없는 질서의 존엄함을 만천하에 내보일 희생이 필요합니다. 바로 저 자신을 희생해야 합니다. 질서를 수호하기 위해 제가 죽어야 합니다. […] 나는 생포당할 것이다. 자진하여 법 앞에 나설 것이다.

카를처럼 현실순응주의를 종교적으로 승화하려는 시도는 에밀리아의 아버지 오도아르도에게서도 찾아볼 수 있다. 그는 영주의 욕망으로부터 딸을 구하기 위해 비수를 영주에게 향하기보다는 오히려 그 비수로 딸을 찌른다. 그런 후에 그는 사후세계에서의 심판을 기대하며 자칭 현행범으로 영주에게 재판을 청한다. 루카치에 따르면 카를이나 오도아르도의 행위에서는 자유를 위한 불굴의 투지보다는 오히려 "편협한 신하의 오성"이 엿보인다.

2. 도덕성을 중시하는 시민

정치적인 영향력을 상실한 시민은 윤리의식의 측면에서는 지배계층에 대해 우위를 주장할 수 있었다. 하지만 시민의 도덕성 또한 여러 취약점을 지니고 있다. 뷔제너는 자기 딸인 마리아네가 귀족 자제인 데스포르데스와 사귄다는 말을 듣고 "넌 남작의 정부가 될 작정이냐"고 말하며 딸을 심하게 나무란다. 그러나 잠시 후에는 딸에게 이미 약혼자 슈톨치우스가 있음에도 불구하고 "너도 언젠가는 귀부인이 될 수도 있겠지 […] 누가 알겠느냐, 사람에게 어떤 행운이 보장되어 있는지"라고 말하며 속물근성을 드러낸다. 딸의 신분상승을 원하는 부모의 욕구는 루이제의 어머니에게서도 확인된다. 밀러 부인 역시 루이제에게 부름이라는 약혼자가 있었지만 외동딸이 페르디난트와 결혼해 귀부인이 되는 요행을 은근히 바란다.

악사 밀러는 아내와는 달리 시민의 도덕성을 견지하는 것처럼 보이지만 결국에는 이를 저버린다. 페르디난트가 루이제에게 은하를 보냈다고 아내가 말하자, 그는 아내를 "비열한 뚜쟁이"라고 힐난하며 "내 외동딸의 영혼과 행복을 판 돈"에 의지하기보다는 차라리 바이올린을 연주하며 동냥질을 하겠다고 단언한다. 그리고 수상 폰 발터 앞에 나아가 시민으로서 당당한 모습을 보여주겠다고 다짐한다. "제 딸은 각하 아드님의 부인이 되기에는 부족합니다. 하지만 아드님의 창녀가 되기에는 제 딸은 너무 귀합니다." 하지만 그의 의연함도 돈 앞에서는 사라진다. 제5막에서 그는 찾아온 페르디난트에게서 궁지에 처한 딸을 떼어놓으려고 한다. "물러서라! 저리 가! […] 이 녀석아! 너의 애무를 못 받게 할 수는 없지만, 너의 학대를 막을 수 있다." 그러나 페르디난트가 피리 수업료라기보다는 루이제와의 행복한 시절에 대한 대가로 그에게 후한 돈을 집어주자 그의 태도는 돌변한다. "나리! 나리가 평범하고 지체 낮은 평민이었다면 […] 그런데도 저의 딸애가 나리를 사랑하지 않는다면? –저는 그애를 찔러 죽였을 것입니다!"

시민의 도덕성은 신분상승 욕구와 돈 앞에서 허약하게 무너지는 데 그치지 않고, 밀러의 경우처럼 가족 구성원인 딸을 인격체라기보다는 소유물로 여기면서 변질된다. 밀러는 루이제가 절망에 빠져 자살을 감행하려 하자 다음과 같이 말한다.

> 너는 나의 모든 것이었다. 이제 너는 너의 재산을 낭비하는 것이 아니다. 나도 모든 것을 잃어버리는 것이다. 내 머리가 희어지기 시작하는 것을 너도 보지 않느냐. 아버지들이 자녀들의 가슴에 저축해 놓은 자본이 도움이 되는 때가 서서히 다가오는구나. – 그걸 네가 나에게서 빼앗겠느냐, 루이제! 네가 네 아비의 재산을 가지고 도망을 가겠느냐?

볼프강 보이틴에 따르면 상품경제가 형성되고 있었던 당시에 부녀관계는 "가족관계"의 차원뿐만 아니라 "소유관계"로도 규정된다. '소유관계'에서 볼 때 딸은 "부친의 소유물이자 재산이고 상품"으로서의 가치를 지닌다. 딸은 특히 '상품'으로서 "남자들 간의 교환대상"이 되기도 하는데, 이는 밀러와 페르디난트 사이의 돈거래에서 암시적으로 드러난다. 이런 측면에서 보면 순결이나 평판 같은 시민의 덕성은 한편으론 지배계층에 대항하기 위한 도덕적인 무기이지만, 다른 한편으론 "물질적인 재화"로 기능함으로써 인간의 물화(物化)를 조장하기도 한다.

3. 상인

18세기에 시민이 사회에 진출할 수 있는 가능성은 많지 않았다. 비록 공직에 진출하거나 목사나 교사 혹은 문필가로 활동하더라도 보수나 수입은 보잘 것이 없었다. 따라서 시민이 부를 축적할 수 있는 방법은 상업에 종사하는 길밖에 없었다. 하지만 상인이 추구하는 경제적 유용성이 계몽주의의 표어인 인간성, 인류애 등과 조화를 이루기는 쉽지 않았다. 이의 한 예를 괴테의 『빌헬름 마이스터의 수업시대』에 등장하는 베르너를 통해 확인할 수 있다. 베르너는 이미 어릴 적부터 상인기질을 발휘하여 연극에 관심이 많던 친구 빌헬름에게 연극에 필요한 물품을 조달해줌으로써 이윤을 챙겼다. 그는 "진정한 상인의 정신보다 더 폭넓고, 또 더 폭넓어야 마땅한 정신이 이 세상 어디에 또 있는지 모르겠어"라고 확언하며 상업 활동을 통해 자아를 실현하고자 한다. 그러나 베르너의 삶은 오로지 경제적 유용성에만 초점이 맞춰져 있다.

> 집안에 아무것도 불필요한 것을 두지 않는 거야! 가구와 가재도구가 너무 많으면 안 되지! 마차나 말도 불필요한 물건들이야! 돈 이외에는 아무것도 집안에 놓아둘 필요가 없지. 그런 다음 매일 자기가 하고 싶은 바를 이성적으로 행하는 거야.

따라서 그에게는 아무런 이윤을 창출하지 못하는 "죽은 자본"이란 무의미하며 심지어 결혼조차도 일종의 투기의 대상이 된다. 그러나 이처럼 철저한 상인정신으로 무장한 베르너는 개인의 이익에만 집착하고 공익은 안중에 없다. 이는 그가 빌헬름에게 밝힌 생활신조를 보면 알 수 있다. "자기 사업을 해가며 돈을 벌고 자기 가족과 더불어 즐겁게 지낼 것, 그리고 그 밖의 세상사는 그것을 이용할 수 있을 때를 제외하고는 더 이상 상관하지 말 것!" 베르너의 생활신조에서 역력하게 드러나는 "사인(私人) Bourgeois"의 모습은 탑의 결사의 중심인물이자 귀족인 로타리오의 신념과는 상반된다. 로타리오는 특권을 누리고 있는 귀족이면서도 귀족의 영지를 비롯하여 모든 토지에 납세의무를 지우는 등 봉건체제를 개혁하고자 함으로써 오히려 "공민(公民) Citoyen"적인 면모를 보여준다. 결국 빌헬름을 나중에 다시 만났을 때 베르너는 억압적인 현실 앞에서 탈출구를 찾지 못해 고민하여 우울증에 걸린 지식인과는 달리 자본 축적에 혈안이 된 "우울증 환자"의 모습으로 나타난다. 이러한 그의 모습은 열린 생각과 마음을 지닌 상인 나탄과는 정반대된다.

V 나오는 말

18세기 후반의 독일문학을 살펴보면 계몽이란 시일과 노력을 요하는 부단한 기획임이 드러난다. 한편으론 봉건체제와 교권을 비판함으로써 이성의 계몽을 꾀하고, 다른 한편으론 합리화 경향에 맞서 감성의 계몽을 시도하지만, 이러한 일련의 계몽과정 역시 인간의 물화, 이성의 도구화, 통속적 감상성 등을 수반한다. 이처럼 복잡다단한 독일문학의 지형도를 한 문학사가는 다음과 같이 기술하고 있다. "문학 및 철학 운동으로서의 계몽주의는 합리성의 직선적이고 연속적인 발전이라는 의미의 진보가 아니라, 오히려 여러 모순과 상호보완 및 대립적 경향을 드러내는 그런 진보를 이룬다."

하지만 여기서 말하는 '진보'란 계몽에 들어있는 해방의 계기는 적극적으로 되살리되, 계몽에 수반되는 '퇴행적 계기'는 지양할 때에만 지속됨은 물론이다. 그리고 이는 첨단과학으로 인해 하루가 다르게 지식의 영역이 확장되고 있는 오늘날에도 마찬가지이다.

참고문헌

일차문헌

G. E. 레씽(1991), 『현자 나탄』, 윤도중 역, 창작과비평사.

Th. W. 아도르노 · M. 호르크하이머(2001), 『계몽의 변증법』, 김유동 역, 문학과지성사.

야콥 미하엘 라인홀트 렌츠(2003), 『군인들/가정교사』, 김미란 역, 연극과 인간.

요한 볼프강 폰 괴테(1999), 『빌헬름 마이스터의 수업시대 1, 2』, 안삼환 역, 민음사.

요한 볼프강 괴테(1999), 『젊은 베르테르의 슬픔』, 박찬기 역, 민음사.

칼 필립 모리츠(2003), 『안톤 라이저』, 장희권 역, 문학과지성사.

프리드리히 실러(1997), 『간계와 사랑』, 이원양 역, 2판, 범우사.

프리드리히 실러(2007), 『도적떼』, 김인순 역, 열린책들.

프리드리히 쉴러(1995), 『인간의 미적교육에 관한 편지』, 안인희 역, 청하.

Herder, J. G. Journal meiner Reise im Jahr 1769, Historisch-Kritische Ausgabe. Hrsg. v. Katharina Mommsen unter Mitarbeit v. Momme Mommsen u. Georg Wackerl. Stuttgart 1976.

Herder, J. G. Werke in zehn Bänden. Schriften zu Philosophie, Literatur, Kunst und Altertum 1774–1787. Hrsg. v. J. Brummack u. M. Bollacher. Bd. 4. Frankfurt am Main 1994.

Lenz, J. M. R. Die Soldaten. In: derselbe: Werke. München/Wien 1992.

Was ist Aufklärung? Kant, Erhard, Hamann, Herder, Lessing, Mendelssohn, Riem, Schiller, Wieland. Thesen und Definitionen. Hrsg. v. Ehrhard Bahr. Stuttgart 1974.

이차문헌

게오르그 루카치(1987), 『독일문학사. 계몽주의에서 제1차 세계대전까지』, 반성완 · 임홍배 역, 심설당.

김대권(2007), "헤르더의 감각론적 미학", 『독일문학』 103(2007): 5–29.

리하르트 반 뒬멘(2005), 『개인의 발견』, 최윤영 역, 현실문화연구.

볼프강 보이틴 외(1988), 『독일문학사. 사회사적 관점에서 본 문학적 술화』, 허창운 외 역, 삼영사.

윤도중(2003), 『레싱. 드라마와 희극론』, 유로서적.

E. 카시러(1995), 『계몽주의 철학』, 박완규 역, 민음사.

프란츠 메링(2005), 『레싱전설』, 윤도중 역, 한길사.

헬무트 키젤 · 파울 뮌히(2002), 『18세기 독일의 사회와 문화』, 오용록 역, 수정판. 강원대학교 출판부.

Riedel, M. 'Bürger, bourgeois, citoyen'. In: Historisches Wörterbuch der Philosophie. Hrsg. v. J. Ritter. Bd. 1. Basel 1971.

Riedel, M. 'Bürger, Staatsbürger, Bürgertum'. In: Geschichtliche Grundbegriffe. Historisches Lexikon zur politisch-sozialen Sprache in Deutschland. Hrsg. v. O. Brunner u.a. Bd. 1. Stuttgart 1972.

아렌트의 내러티브와 의사소통적 합리성[1]

김선욱

I 내러티브와 근대적 이성

유대인 여성 정치사상가인 한나 아렌트에게 정치사상가로서의 명성을 갖게 한 최초의 주저는 『전체주의의 기원』이었는데, 이 책의 목표는 전체주의에 대한 이해(comprehension)에 있었다. 전체주의란 20세기 이전에는 존재하지 않았던 새로운 현상으로, 상식도 통하지 않고 자기이해에 따라 타산적으로 살아가는 삶도 허용치 않는 체제였다. 인간성을 파괴하고 인간의 본질을 근원적으로 부정하는 악의 근본적인 특성을 드러내는 전체주의를 이해한다는 것이 결국 전체주의가 귀결한 모든 것을 받아들이고 용서하

1) 이 논문에 대해 좋은 논평을 해 주신 숭실대 영문학과 전은경 교수님과 이 논문의 학술지 게재 과정에서 조언을 해 주신 익명의 심사자께 감사를 드린다. 이 논문은 한국철학회 간행『철학』제94집에 게재되었던 것을 학회의 양해를 얻어 전재함.

려는 시도로 이어져서는 안 된다.[2] 이런 목적을 성취하기 위해 아렌트는 이론정립적 방법이 아니라 내러티브의 방법을 구사한다.

아렌트가 사용한 내러티브는 논증구조의 제시의 방식이 아니라 사태에 대한 분석과 서사를 중심으로 해당 사태의 본질을 포착하는 논술방식이다. 이는 내러티브가 근대적 합리성의 표현 방식으로서의 논리적 이론구성을 거부함을 의미하며, 따라서 아렌트의 내러티브의 사용은 근대성에 대한 비판을 함축한다. 근대성 비판이라는 관점에서 오늘의 여러 이론들을 보면, 우리는 근대성을 새롭게 정초하려는 노력(하버마스), 근대성의 인식적 기초로서의 의식에 대한 대안으로 언어 및 언어성에 몰두한 입장(하이데거, 가다머, 비트겐쉬타인 등), 근대와 탈근대 모두를 비판하며 근대의 세속화 과정에 대한 전면 재검토를 통해 새롭게 인간과 공동체를 이해하려는 노력(찰스 테일러), 또는 반(反)근대적 근대성에 기초한 이론 구성의 시도(아렌트) 등을 만나게 된다. 그런데 이러한 여러 이론들을 서술방식을 살펴보면, 하버마스와 몇몇 경우를 제외한 많은 경우에 논증적 이론정립의 태도가 아닌, 내러티브(narrative) 혹은 이야기하기(story-telling)의 중요성을 강조하는 경향을 보인다.

근대에 들어와 특히 발전하게 된 논증적 이론정립의 태도는 근대적 합리성의 구현 방식으로서의 논리적 구조 구축을 핵심으로 한다. 예컨대, 서론과 본론, 그리고 결론의 구조를 갖는 논증적 글쓰기는 오늘날 학문적 글쓰기뿐만 아니라 대입과 취직에 필요한 논술의 전형을 이루고 있다. 이러한 글쓰기의 경우, 내용 면에서는 주관성이 인정되지만 형식적인 면에서는 서술의 논리성을 핵심으로 한다. 그래서 논술고사 등의 경우에 논리성 중심으로 한 평가가 일반적이다.[3]

---

2) Hannah Arendt, *The Origins of Totalitarianism*(San Diego: A Harvest Book, 1976), pp.viif.

3) 이성적 글쓰기 형식의 문제점에 대해서는 김선욱, "사회-정치 분야에서의 논술의 문제", 『철학논총』 제43집 제1권(새한철학회, 2006), pp.423f.에서 상론됨.

그런데 여기서 말하는 논리성은 합리성의 표현방식으로 이해된 것이다. 사실, 이성 개념은 고대 그리스 철학에서 로고스나 누스 등의 말로 표현되는 것을 옮긴 것으로, 모두가 공유하는 공통의 현실에서 발견되는 바람직한 일들이 모두에게 바람직한 것으로 납득되는 방식에 대한 반성이 이루어지면서 탄생한 개념이었다고 가다머(H.-G. Gadamer, 1983: 77)는 말한다. 이러한 이성 개념을 근대에 와서 인간의 의식 속에 들어있는 특별한 능력으로 한정하여 받아들인 것은 서양 전통적 개념에 많은 제한을 가한 결과이다. 일부 근대성 비판 이론들이 새로운 표현 형식으로 내러티브 혹은 이야기하기를 채용하는 것은 논리성을 중심으로 하는 합리성 확인의 방식에 대한 거부이면서 동시에 고전적 의미에서의 이성 개념을 보존하는 의미를 갖는다. 이런 관점에서 이 논문에서는 근대적 이성의 대안으로 제출되는 내러티브[4]의 특성과 지위를 검토하려고 한다.

물론 내러티브를 사용하고 또 그 중요성을 강조한다고 해서 그것이 실증성을 핵심으로 하는 근대적 이성에 대한 전적인 대안이 되는 것은 아니다. 하버마스의 경우는 근대적 이성에 대한 대안으로 의사소통적 이성 개념을 제안하는데, 우리가 검토하려는 내러티브는 의사소통적 이성의 특성과 비교되어야 한다. 하버마스는 근대적 이성 비판에 대단히 성공적이었으며, 나아가 그는 근대적 이성에 대한 대안으로 의사소통적 이성 개념을 제안하고 있기 때문이다. 따라서 우리는 하버마스가 근대적 이성 개념을 비판하고 자신의 의사소통적 이성 개념을 정립하였을 때 의도한 것이 무엇이며, 나아가 이 관점에서 볼 때 아렌트의 내러티브는 어떤 특징을 가지는지를 검토하는데 초점을 둘 것이다.

이러한 작업은 궁극적으로는 아렌트와 하버마스의 방법론적 차이를 드

4) 내러티브(narrative)는 흔히 서사로 번역되고 story-telling은 이야기하기로 번역이 되는데, 이 논문에서는 이 두 가지는 같은 것을 의미하는 것으로 보고 함께 다루게 될 것이다.

러내는 결과를 얻을 것이며, 또한 아렌트가 하버마스의 이론에 대해 갖는 장점과 단점이 무엇인지를 드러내게 될 것이다. 이를 위해 우리는 한나 아렌트와 가다머, 그리고 조나단 글로버에게서 나타나는 내러티브 및 언어 특성에 대한 논의와 예증들을 아울러 검토할 것이다.

II 의사소통적 주체 및 합리성 개념의 특성

하버마스가 제안하는 패러다임 전환의 필연성과 이를 통해 제시되는 의사소통적 합리성 개념의 특성들은 이미 그동안 많은 논문들과 저술들을 통해 널리 소개 및 연구가 되어 있으므로 여기서 상세히 열거하는 것은 불필요할 것이다. 다만 우리의 주제인 아렌트의 내러티브의 특성을 구명할 관점을 얻기 위해 필요한 한에서 하버마스의 의사소통적 합리성 개념의 특성을 여기서 정리해 보고자 한다. 이런 취지에서 그 특징을 다음과 같이 5가지로 구분해 살펴보겠다.

첫째로 주목할 의사소통적 합리성의 특징은 합리성의 주체와 관련된 것, 즉 이성적 주체의 성격의 변화이다. 근대의 철학이 그 이전의 철학과 근본적으로 다른 중요한 차이라고 할 수 있는 것은 주관적 의식에 대한 강조이다. 근대적 특성인 주관적 의식에 대한 강조를 최초로 체계적으로 논술한 이는 데카르트이다. 데카르트는 인간의 의식에 내재한 이성의 능력에 집중할 때 신, 인간의 영혼, 사태의 본질 등에 대한 형이상학적 지식을 획득할 수 있다고 믿었다. 이러한 생각은 고대 그리스의 플라톤의 인식론을 반영한 측면도 있지만, 종교적 교설과 전통적 관습이 가진 독단에 대해 비판을 가해 무력화시켰다는 점에서 근대 이전의 인식론 및 이성 개념과 차별화된다(D. Ingram 1990: 3). 이러한 근대적 이성에 대해 하버마스를 포함하여 비판이론가들이 공통적으로 주목한 특징은 그것이 기약하는 해방적 기능과 그에 함축된 도구성이었다.

비판이론가들은 해방을 약속하던 이성이 어떻게 해서 두 차례의 세계대전과 같은 비극적 결과를 초래하게 하였는가를 반성하는 가운데, 계몽적 이성에 내재한 부정적 특성으로서 베버가 지적한 이성의 도구성에 주목하여, "계몽의 변증법"이라는 인식에 도달하게 되었다. 호르크하이머와 아도르노가 함께 생각해 낸 개념인 계몽의 변증법이란, 인류의 해방을 약속한 계몽적 이성이 역설적으로 인류를 지배와 억압 아래에 놓고 말았다는 인식을 가리키는 말이다(R. Wiggerhous, 1995: 32). 그런데 이들은 계몽의 변증법을 회피할 방도가 이성에는 없다고 생각했다. 그래서 그들은 예술로 관심을 돌려 거기서 해결의 전망을 모색하였다. 이들과는 달리 하버마스는 이성에 대해 그것이 전적으로 문제가 있어서 포기해야 할 것으로는 생각하지 않았다. 그는 근대의 문제가 근대와 더불어 형성된 의식 중심의 이성개념에 놓여 있다고 생각했다. 의식적 주체를 중심으로 하는 인식론적 틀에 따라 이해된 이성은 모든 것을 그의 인식론적 대상으로 삼는, 이른바 객관화의 태도를 갖게 된다. 그리고 대상화된 모든 것에 대해 그와의 일치 혹은 그의 획득을 위해 이성은 도구화하게 된다. 뿐만 아니라 과거에는 삶의 원리와 궁극적 가치가 종교 혹은 형이상학적인 외적 체계에서 도입이 되었지만, 근대에 와서는 외적인 원리와 가치 체계에 대한 의문이 제기되면서 가치의 근원은 주체의 내부로만 제한되는 결과가 발생했다. 또한 주체는 자기 자신과의 관계를 맺는 가운데 자신 또한 대상으로 삼게 되며, 이에 따라 주체는 자기유지를 자신의 최고의 목표로 삼게 된다. 그 결과 근대적 주체에 있어 무엇보다도 자기보존이 유일한 목적으로 남게 되고, 모든 것은 주체의 자기보존을 위한 대상으로 간주되기에 이른다. 따라서 이성은 주체의 자기보존을 위한 도구의 역할을 담당하게 되는데, 이것이 근대적 이성의 도구성이다(J. Habermas, 1984: 387). 근대성에 대한 문제의 근원이 의식 중심으로 근대철학이 인식론적 정향을 갖는 데 있었다고 진단한 하버마스는 이성이 가진 해방적 힘을 보존하면서, 동시에 근대적 이성이 도구성을 극복하는 방법으로 의식 중심이 아니라 언어를 중심으로 볼 것을 요구한다.

언어를 중심으로, 다시 말해 화용론적 언어이해를 중심으로 생각하게 된 의사소통적 이성을 지닌 주체는 이제 말과 행위를 하는 능력을 갖고 상호이해를 추구하는 주체로 이해된다. 인간을 인식의 주체가 아니라 언어를 습득하고 활용하는 주체로 이해할 때, 이 주체는 자연스럽게 자신을 남과 동등하게 여기는 경험을 하게 되고 또 상호주관성을 인정하고 경험하게 된다. 언어를 활용하면서 우리는 나라는 일인칭 대명사와 너라는 이인칭 대명사를 상호적으로 사용하면서 내가 네가 되고, 네가 내가 되는 경험을 하기 때문이다(J. Habermas, 1987: 297).

둘째는, 의사소통적 합리성을 중심으로 이해되는 주체들 사이의 관계의 문제이다. 여기에는 개인의 정체성에 대한 강조 및 개인 간의 연대성이 취약하다는 지적이 설득력이 있다. 의식 패러다임에서 언어 패러다임으로 전환을 하여 사회, 정치적 문제와 윤리 이론을 재구성할 때, 의식철학이 처음부터 설정한 주체와 객체의 분리의 문제는 해결되고 이에 따라 상호주관성의 문제가 해결되는 장점이 있지만 의식철학의 강점으로 인식되는 자기자신에 대해 의식하는 주체라는 점은 약화되는 측면이 발생한다. 인간은 스스로의 삶을 의식해 가면서 삶 자체의 가치문제를 끊임없이 제기하고 답하며 살아가는 주체이다. 이런 방식으로 인간은 스스로의 정체성을 형성하고, 의식된 정체성을 사회적 삶에서 발현하며 살아간다. 하버마스의 의사소통적 이성 개념은 개인의 의식적 주체의 모습이 약화되며, 특히 인간 실존에 대한 포괄적 의미를 묻는 "의식적 생(bewuβtes Leben)"의 차원에서 "전체로서의 실재 내에서 자신의 지위와 그 중요성"에 대한 의문을 제기하는 "생의 의미(Lebensbedeutung)"라고 부를 수 있는 측면이 설명되기 어렵다(P. Dews, 1995: 179). 즉 정체성 차원이 하버마스 이론에서는 취약점으로 등장한다. 또한 이 점은 타인과의 친밀한 관계에 대한 설명도 어렵게 만든다. 친밀한 관계란 정치적 집단 행위를 가능하게 하는 연대성(solidarity)의 본질을 해명하는 부분이다. 물론 하버마스는 공공성을 설명하면서 소통적인 상호관계를 이룩하는 관계의 차원을 설명하지만 여기에는 충분치 못한 점이 있었다. 예컨대 헨리히(D. Henrich, 1986: 504)는 이러한 관계가 마르틴 부버(Martin Buber)가 나-너 관계로 설명하려 한 밀접한 인간관계와 같은 것을 적절히 형성하는데 까지는 이르지 못한다고 비판한다. "그(하버마스)에게는 헤겔의 프랑크푸르트 시기의 '사랑'의 이론과, 야코비와 부버의 '너'와, 그리고 대화와 '본질적인' 의사소통의 이론에 상응하는 공동체에 대한 친밀한 형식에 대한 방향설정이 없다. 그 동기는 전적으로 정치적 공동체를 지향하는데, 거기에서는 대화가 아니라 토론에로, 친밀한 관계가 아니라 소통행위에로 나아간다." 고 헨리히는 지적한다.[5)]

세 번째는, 의사소통적 합리성을 확보해 가는 수단과 관련된 부분으로 논증구조에 대한 하버마스의 강조이다. 하버마스에게 합리성은 정당화의 문제이다. 어떤 지식이나 행위에 대해 합리적이라 판단할 때 그것은 비판가능성 앞에서 정당화할 수 있음을 뜻한다. 행위는 말을 통해 정당화되므로, 결국 지식과 행위는 소통되는 언어의 정당성의 문제로 귀결된다. 즉 합리성의 문제는 어떤 행위와 주장에 대해 적절한 이유를 제시할 수 있는가의 문제이며, 이러한 이유의 제시는 논증의 제시를 통해 이룩된다. 논증(argumentation)은 대화에 참여하는 자들 사이에 제기된 문제에 대해 논거(argument)를 제시함으로써 그 논거에 대해 받아들일 수 있는지의 여부를 따라 상호 합의의 가능성을 향한 검토를 가능하게 하는 언어행위를 말한다. 만일 상호 합의가 이루어지지 못하게 될 때, 제기된 문제 부분에 대해 보다 심층적 언어행위가 이루어지게 되는데, 이러한 심층적 언어행위를 하

---

5) 디터 헨리히와 위르겐 하버마스 사이에 있었던 논쟁에 대한 자세한 설명은 김선욱, "의사소통과 의식적 주체의 문제: 하버마스와 디터 헨리히의 논쟁을 중심으로", 『대동철학』 26집 (2004/6) 참조.

버마스는 담론(discourse)이라고 부른다. 보다 구체적으로 담론은 제기된 문제가 사실 확인의 문제인지, 또는 관계에 있어서의 적절성 문제인지, 또는 개인적 차원에서 이루어지는 진실성의 문제인지 등의 세 측면을 중심으로 제기된다(J. Habermas, 1984: 8~42). 그리고 이렇게 이루어진 합의에는 서로에게 행위를 강제케 하는 결속력이 수반되는데, 이러한 결속력의 근거는 형식화용론을 통해 제시된다.[6] 이렇게 볼 때 논증은 합의를 구성하고 의사소통을 이루어 가는 데 가장 근간에 놓인 것임을 알게 된다.

넷째는, 근대성에 대한 태도이다. 하버마스는 프랑크푸르트학파로 불리는 비판이론의 2세대 학자로, 이성을 중심으로 전개된 근대의 기획이 비록 문제가 많았지만 그 안에는 중요한 내용이 많이 있기에 통째로 폐기할 것은 아니라고 주장했다. "미완의 기획"으로서의 근대를 버리는 것은 목욕물을 버리면서 아이까지 버리는 일과 같다는 것이다(J. Habermas, 1997: 38ff). 하버마스는 비판이론 1세대 학자들이 도달한 근대에 대한 비판적 결론으로서의 "계몽의 변증법"에 대해 비판하며 소위 "언어적 전회"를 통해 새로운 이성 개념, 새로운 합리성 개념을 수립한 것은 근대와의 단절보다는 근대와의 연속성을 이성 개념을 통해 강조하려는 의도인 것이다.

끝으로 다섯째는 생활세계 개념의 사용이다. 하버마스에게 생활세계는 의사소통행위 참가자들의 대화에 배경이 되는 것이다. 생활세계는 대화 참여자들에게 있어 공통의 배경으로서, 특별한 의문이 이들에 의해 제기되지 않는 한 당연시되는 것이다. 생활세계는 항상 우리에게 주어져 있는 것이며, "선반성적으로(pre-reflectively)" 우리와 함께 있는 것이다(J. Habermas, 1987: 298f).

---

6) 위의 책 제III장에서 상론되는 형식화용론에 대해서는 여기서는 다루지 않겠다. 형식화용론의 특징과 문제점에 대해서는 김선욱, "하버마스 언어이론의 전체적 성격에 대하여", 『사회와 철학』 10집, (사회와철학연구회, 2005) 참조.

III 아렌트에 있어서 내러티브의 특징

아렌트는 자신이 『전체주의의 기원』을 쓴 목적이 전체주의에 대한 이해에 있다고 했다. 나치스에 대한 경험에서 보듯, 전체주의란 인간성을 파괴하고 인간의 본질은 근원적으로 부정하는 악의 근본적인 특성을 드러내는 체제이다. 이런 전체주의의 역사적 사실에 대해 이해한다는 것은, 전체주의의 연원을 자세히 살펴봄으로써 결국 전체주의가 귀결한 모든 것을 받아들이고 용서하려는 시도이어서는 안 된다. 또한 전례가 없었던 이 일을 분석하여, 그 분석한 내용을 과거에 존재하였던 다른 유사한 일과 유비(analogy)를 통해 일반화하고 그에 대해 합리적 설명을 내림으로써 전체주의가 주는 충격을 완화하려는 시도이어서도 안 된다. 아렌트(H. Arendt, 1976: 35)가 의도한 이해란, 현실이 그 무엇이든 간에 그것에 대해 사전에 이론적인 무장 없이 나아가, 있는 그대로의 모습에 주의를 기울이며 대면하고 또 거기에 저항하려는 것이었다. 이런 취지에서 아렌트는 이 책을 기존의 역사서와는 다른 서술 방식으로 서술하게 되었다. 이러한 방식을 오늘날 우리는 일반적으로 내러티브라고 부른다.

『전체주의의 기원』이 출간된 직후 당시 유명한 정치사상가였던 에릭 뵈겔린(E. Voegelin and H. Arendt, 2006: 133f)은, 이 저술이 통상의 역사적 저술과는 많이 다르다는 지적을 하면서, 그 원인으로 그 책의 주제를 다룸에 있어서 감정적 요소가 많이 개입되어 있으며, 책의 구성에 엄격성이 상실되었고 역사과학에서 다루어야 하는 이론적 도구들이 활용되지 않고 있다는 점을 지적하였다. 즉 방법론상의 모호점들을 지적하면서 정치학 또는 역사학으로서 갖추어야 할 학문적 엄격성을 결여하였다는 것이 뵈겔린의 비판의 핵심이었다. 여기에 대해 아렌트(E. Voegelin and H. Arendt, 2006: 138)는 "모든 역사기술은 필연적으로 구원이며, 종종 정당화이다." 라는 지적을 하면서, 당시의 역사학적 접근의 근본적 문제점을 지적하였다. 역사는 본래 기억할 만한 가치가 있는 것들을 기록해 두는 것인데 반해, 전체주의는 보존하기를 원치 않는 일에 대한 기록을 남기는 것이어야 한다는 것이 자신이 과제로 삼고 있는 주제의 특성이라는 점에서, 『전체주의의 기원』의 기술방법은 다를 수밖에 없으며, 또한 방법론적으로도 당시의 정치학 또는 역사학의 어느 학파에도 소속될 수 없었다고 항변한다. 아렌트는 비근한 예를 들어 설명하기를, 산업혁명 초기의 영국에서와 같이 국가적으로는 거대한 부를 갖고 있지만 사회 내에 극단적인 빈곤 현상이 만연할 때, 역사가가 이를 직면하여 아무런 감정적 분개도 표현하지 않은 채 냉철한 자세로 기술하는 것이 적합한가라고 반문한다. "이런 조건에 대한 인간의 자연스런 반응은 분노와 분개인데, 왜냐하면 이런 조건은 인간의 존엄성에 반하는 것이기 때문이다."(E. Voegelin and H. Arendt, 2006: 139) 따라서 아렌트는 뵈겔린이 "도덕적 혐오감과 감정이 나타나는 것은 본질을 가리게 될 것이다."라고 말한 것에 대해서는 동의할 수 없다고 한다. "강제수용소에 대해 분노 없이 기술하는 것은 '객관적'인 것이 아니라 그것을 용서하는 것이 된다. 그리고 그러한 용서는 저자가 덧붙여야만 한다고 느끼게 될 비난에 의해 달라지지 않게 되며, 그러한 비난은 기술 자체와는 무관하게 남게 되어버릴 것이다."(E. Voegelin and H. Arendt, 2006: 140)는 점을 아렌트는 분명히 지적한다. 역사기술 이후에 평가가 이루어질 경우 이미 기술 과정에서 이루어지는 용서에 의해 그러한 평가는 무력하게 될 것이기에, 기술 자체가 가치와 감정으로부터 중립적으로 존재할 수 없다는 것이다.

『전체주의의 기원』과 관련한 아렌트의 입장을 벤하비브(S. Benhabib, 1994: 120)는 "역사기술의 딜레마"라고 부른다. 이는, 역사기술은 과거사를 구원하는 작업이며 때때로 정당화 작업인데, 전체주의에 대한 역사기술은 보존이 아니라 파괴의 충동에 의한 것이기 때문이라는 아렌트의 말 에 의한 것이다. 전통적 역사기술의 구조 속에서 연대기적 연결과 역사적 진행의 과정에서 개입되는 진행과 연속의 논리는 발생한 사건에 대해 그러한 서술들이 마치 불가피하고, 필연적 과정이며, 타당하고, 이해 가능한 것처럼 보이게 만들기 때문이다.

벤하비브는 전체주의에 대한 기술과 관련한 딜레마를 피하기 위해 아렌트가 선택한 내러티브의 방법은 다음과 같은 네 가지의 특성을 갖는 것으로 분석한다. 첫째, 아렌트의 내러티브는 역사의 연속선을 깨트리고, 연대기가 자연적인 내러티브의 구조를 갖지 않도록 흔들어 놓으며, 연속성이 아니라 역사적 사건들의 단편성을 강조하고, 역사적 과정이 인과성을 통해 연결되는 것이 아니라 막다른 골목에 도달하는 모습을, 역사에 있어서의 실패의 모습, 단절과 파열의 순간을 강조한다는 것이다. 이로써 역사를 보전하지만 역사에 메이지 않으며, 특히 역사적 필연성 주장에 의해 제약되지 않게 된다. 둘째, 내러티브 서술 가운데 저자는 상상력을 발휘하여 타인의 관점들을 취함으로써 갖게 되는 공통의 이해를 바탕으로 역사적 판단을 내릴 수 있게 된다. 이러한 판단은 칸트가 『판단력비판』에서 설명하는 미적 판단과 같은 성격의 것으로 이는 도덕적 판단이나 진리판단과는 달리, 타인의 관점에 서서 자신의 인식의 폭을 넓힘으로써 가능한 것이다.[7] 이런 방식으로 아렌트의 내러티브는, 마치 신의 관점에서 역사를 기술하는 것과 같은 객관주의적 입장과 다양한 관점의 존재로 인해 결국 빠지게 되는 상대주의의 함정 모두를 피한다. 재판관의 판단과 같은 관점을 담고 있는 내러티브는 감정이입이나 공감의 방식이 아니라, 우리 모두가 공유하는 세계를 타인의 눈을 통해 드러냄으로써 재창조하는 방식을 취한다. 셋째, 내러티브 방식을 통해 실증주의와 유비의 방법을 회피할 수 있다. 실증주의는 초역사적 사유의 양상을 추출하는 방식으로 규범적 일반화를 추구하는 것인데, 이것이 저

7) 칸트의 미적 판단에 기초하여 전개되는 아렌트의 정치판단 이론에 대해서는 김선욱, 『한나 아렌트 정치판단이론』(푸른숲, 2002) 참조.

체주의와 같이 전례 없는 사건에 대해서 적용된다면 전체주의도 마치 기존의 일반적 원리에 따라 판단할 수 있는 것으로 간주하여 그 안에 있는 새로움의 요소에 대한 감수성을 상실하게 한다. 내러티브는 전례 없는 새로운 사건 속에 담긴 새로움의 요소를 드러내어 우리에게 그에 대한 감수성을 일깨우는 작용을 한다. 유비의 방법 또한 사건들에 내재한 유형을 비교함으로써 새로운 요소를 기존의 것에 견주어 이해하려는 시도인데, 이것은 결국 새로움의 요소를 일상화하고 규범화하여 친밀하게 만들어 버리는 효과를 산출한다. 이런 방식은 전체주의에 있어서 받아들일 수 없고 분노를 일으키는 일들에 대해 더 이상 분노하지 못하게 만드는 결과도 낳는다. 내러티브는 실증주의적 방법과 유비의 방법을 넘어서서 새로움에 대해 새로운 감수성을 불러일으킴으로써 적절히 대응할 수 있게 한다. 끝으로, 내러티브는 사람들의 감수성에 다가가 도덕적 반양을 불러일으키는 특성을 갖고 있다. 객관주의적 논리적 이론화 작업과 같은 기술방식으로는 사람들에게 도덕적 반향을 불러일으키지 못한다(S. Benhabib, 1994: 120).

『전체주의의 기원』에서 내러티브의 방법을 사용한 것은 그 주제가 갖는 특성 때문이지만, 아렌트는 이후의 다른 주저들, 예컨대 『인간의 조건』, 『혁명론』 등에서도 역시 내러티브의 방법을 사용한다. 그 이유는 앞서 언급한 취지와는 다소 다른데, 『인간의 조건』에서 아렌트는 내러티브(혹은 이야기)에서 주인공의 정체성, 그의 참된 모습(who he is)을 드러내 보이기 때문이라고 한다. 내러티브가 정체성이 드러나는 장소로 이해된 것이다. 또한 『예루살렘의 아이히만』에서는 말이 갖는 구속적 특성에 대해서 언급되는 부분이 있다. 유대인 학살의 전범 아이히만의 재판 과정에서 독일 개신교 목사인 그뤼버 감독이 독일인으로는 유일하게 예루살렘 법정의 증언대에 서서 검찰 측의 증인이 되었다. 그는 유대인을 구하기 위해 아이히만과 협상을 벌이기도 하고 또 기독교로 개종한 유대인들에게 사태의 위험성을 알리는 역할도 했었다. 그에 대한 반대 심문에서 아이히만의 변호

사인 세르바티우스는 그에게 "당신은 그에게 영향력을 발휘하려고 애를 써 보았습니까?"라고 물었다. 이 질문에 대해 그뤼버 감독은 "행동이 말보다 더 효과적입니다." "말해 보았자 쓸데없었을 것입니다."라고 대답했다. 이 대화에서 아렌트(H. Arendt, 2006: 204)는 그뤼버에 대해 "여기서 '단순한 말' 자체가 행동이었을 수가 있고, 또 아마도 '말이 쓸데가 있는지 없는지'를 시험해 보는 것이 목사의 의무였을 것"이라는 비판적 언급을 한다. 이 언급에서 아렌트가 생각했던 '말의 쓸모'란 무엇일까? 아렌트는 이 점을 명시하지는 않았지만, 아마도 목사는 말로써 사람을 교화하고 또 인생의 행로를 바꾸는 사람이라고 본다면, 아렌트는 말의 쓸모를 삶을 변화시키는 힘에 있다고 생각하지 않았을까 유추해 볼 수 있을 것이다.

한나 아렌트가 근대를 실패로 보는 것은, 근대적인 학문의 방법론인 실증주의나 객관주의적 방법론을 거부하는 데서 찾을 수 있다. 근대가 성공적이라면 마땅히 의존해야 할 이성에 대해 아렌트는 어떠한 의존도 하지 않는다. 그 대신 아렌트는 항상 새로운 일들로 충만한 정치사를 다룰 수 있는 정신적 기제로서 판단력을 제안한다. 뿐만 아니라 아렌트에게는 근대와 더불어 나타나는 "사회적인 것의 등장(the rise of the social)"[8]은 근대를 정치의 질곡으로 이끄는 것이었다. 하지만 아렌트의 관심은 현실에 정치적 차원을 회복하는 것이며, 내러티브 및 그 속에 담긴 말의 힘을 통해 서로 소통을 이루어가는 정치영역의 회복을 추구하는 데 있었다. 따라서 근대가 추구하는 이상에 대해서 아렌트는 멀리 떨어져 있지 않은 것이다. 이런 이유에서 내러티브를 사용하는 아렌트에 대해 벤하비브(S. Benhabib, 1994: 113)는 "반(反)근대적 근대주의자"라고 부른 것이다.

---

8) 한나 아렌트가 『인간의 조건(The Human Condition)』에서 설명한 근대에 나타나는 경제적 관심의 확대 현상을 말하는 개념으로, 근대의 공적 관심을 온통 경제적으로만 몰아감으로써 정치 영역이 위축되어 결국 인간의 삶이 피폐하게 되는 결과를 낳는 성격을 갖는다. 여기에 대해서는 김선욱, 『정치와 진리』(책세상, 2001) 제2장 참조.

아렌트의 내러티브에서의 언어 사용은 이론적 언어와는 달랐다. 우리는 언어가 도구적, 기술적으로 사용될 수도 있고 또 일상적인 언어 사용의 특성이 유지된 방식으로 사용될 수도 있다. 가다머는 해석학의 대가로서 언어의 본질에 대한 깊은 통찰을 남겼다. 우리의 주제인 내러티브와 관련하여 가다머가 우리에게 알려주는 것은 이러한 언어적 사용의 특성이다. 가다머의 언어에 대한 통찰 가운데 특히 우리가 주목하려고 하는 것은 도구적 언어관에 대한 그의 비판과 기술언어의 한계에 대한 비판, 그리고 이와 관련해서 언급할 수 있는 언어의 본질적 특성이다. 도구적 언어관이란, 단어나 개념 또는 말은 개인이 언어 자체와 무관하게 가지고 있는 어떤 의사를 전달하기 위해 유용한 수단에 불과하다는 주장이다. 이런 방식으로 언어를 이해한다면 언어와 언어를 사용하는 주체는 서로 별개의 존재로 구분되며, 언어는 주체의 자의적 태도에 따라 마음대로 사용가능하고 또 처분 가능한 것으로 생각할 수 있다(H.-G. Gadamer, 1994: 413f). 한편 언어를 기술적으로 관리가 가능하다. 이는 두 가지 방식으로 이루질 수 있는데, 하나는 특정한 현상을 가리키기 위해 새로운 단어를 주조하는 것이고, 다른 하나는 기존의 단어의 의미를 하나로 고정하여 사용하는 것이다(H.-G. Gadamer, 1994: 413f; H.-G. Gadamer, 1976: 16). 현대의 과학과 기술은 이러한 기술적 언어의 사용에 의거한 것이며, 이는 근본적으로 도구적 언어 개념에 의거한 것이다.

이상과 같은 도구적 언어관과 기술적 언어에 대해 가다머는 근본적 비판을 가한다. 먼저, 우리는 언어 없이 생각을 진행하기 어려우며, 주체가 주체로 존재하게 된 과정에는 언어를 통한 주체의 형성과정이 필수적이라는 사실을 고려할 때 도구적 언어관은 유지되기 어렵다는 것이다. 가다머는 다양한 의미의 층을 갖고 있는 어휘들에 대해 다른 의미는 모두 배제하고 오직 하나의 의미만을 갖는 것으로 사용하게 만드는 것은 "언어에 대한 폭력"(H.-G. Gadamer, 1994: 415)이라고 규정한다. 왜냐하면 언어에는 기존의 경험만이 담겨있을 뿐 아니라 새로운 경험과 관련하여 상호 교정적 역할을 할 수 있기에, 언어의 의미는 고정될 수 없기 때문이다. 즉 새로운 경험은 과거의 경험이 담긴 언어를 통해 의미 연관을 발견할 수 있으며, 또 과거의 경험에 기초한 지식은 새로운 경험을 통해 수정되고 변화함으로써 언어는 무한히 변하고 달라질 수 있는 것이다. 이런 의미에서 기술적 언어 사용은 그것의 제한된 용도가 의미있는 과학과 기술의 영역을 넘어서, 일상의 차원, 혹은 의미연관이 중요한 차원에서 사용될 때, 언어의 의미의 무한성은 침해되며 언어를 통해 이루어지는 우리의 세계경험도 아울러 침해된다(H.-G. Gadamer, 1976: 15). 특히 기술적 언어 사용은 자연에 대한 통제와 예측 가능성을 목표로 하는 가운데 우리와 친숙한 세계 경험의 총체로부터 멀어지고(prescinding), 다양한 측면들을 포기(renunciation)하면서 추상화작용(abstraction)을 하는 특성을 갖는다. 자연적 언어는 그의 의미의 애매성과 다의성으로 인해 배제되고, 대신 기호의 체계가 명료한 의미전달을 위해 사용되어야 한다는 것이 기술적 과학적 언어관이다. 이러한 언어관에 대한 비판이 가다머의 근대성 비판의 핵심을 이룬다. 과학과 기술이 우리의 삶을 편리하게 하고 도움을 주는 점은 인정을 하지만 그것이 우리의 삶을 지배하게 될 때, 기술 속에 포함된 언어가 우리의 일상적 언어사용을 위협하고 지배하게 된다. 따라서 과학과 기술이 사회와 정치영역으로 넘어와 주도적인 역할을 하려고 할 때, 또한 과학적 방법론이 인문 사회과학의 영역에서 주도적 지위를 점하려고 할 때, 결국 사회는 관료화되고 경험의 새로움은 제어되며 과학적 기술적 언어를 전문적으로 구사하는 전문가집단에게서 일반인들은 소외되기에 이르며, 의미의 영역은 위축되고, 나아가 인간이 스스로 산업적 기술적 세계 질서 속으로 편입되어 삶의 형식은 저급화되고 언어는 빈곤하게 된다고 가다머는 지적한다.[9] 이렇게 본다면 우리는 아렌트의 내러티브에서 사용된 언어는 일상의 삶에서 형성되

9) 위의 글, p.16. 또한, 김선욱, "과학언어와 일상언어의 정치적 의미: 아렌트와 가다머를 중심으로", 『사회와 철학』 8집 (사회와 철학 연구회, 2004/10) 참조.

는 언어의 힘이 상실되지 않도록 하는 노력을 통해 인간적 가치를 유지한 언어 사용이라고 할 수 있다.

지금까지 거론한 내러티브의 특징들은 조나단 글로버의 『휴머니티』에서 강조되어 나타난다. 조나단 글로버는 의료윤리학자로서 활동을 하였으나, 우연한 기회에 폴란드로 가서 제2차 세계대전 시 유대인 학살을 몸소 체험한 이를 만나 경험담을 듣고 자신이 관심을 가져온 윤리학에 결손이 있다고 생각했다. 그래서 그는 20세기의 인간이 만든 재앙들과 단절된 상태에 있는 윤리학에 대해 교훈을 찾기 위해서 인간의 야만성을 보인 내러티브들을 모았고, 그래서 단편화된 이야기들이지만 생생한 사건의 모습을 담은 이야기들을 우리에게 그대로 전달하려고 한다.

그의 이야기는 "여성과 소녀들을 추행했고, 죽였다. 어떤 여성들에게는 음부를 난자했고, 어떤 여성들에게는 유방을 도려냈고, 그들의 손과 머리를 잘랐다. 임산부의 배를 가르고 그대로 방치해 죽게 했다. 집단 추행이 이루어졌고 총으로 또 칼로 살상이 자행이 되었다. … 당시 노인과 여자와 아이들을 포함한 수십 명의 사람들이 구덩이에 쳐 넣어져 기관총에 맞아 죽었다. 네 시간 동안 거의 오백여명에 달하는 마을 주민이 살해되었다."(J. Glover, 2008: 97f)라는 찰리 부대에 의한 베트남의 미라이 학살사건 이야기나, "내장과 뇌가 터져 나온 사람도 있었고 많은 어린이들이 죽은 엄마와 함께 있었다. '턱이 날아간 채 혀가 입 밖으로 매달린 한 여성이 도와달라고 소리를 지르며 빗속에서 헤매고 있었다. 한 남자는 튀어나온 눈을 손에 들고 있었다."(J. Glover, 2008: 161)던 원폭 투하 이후의 히로시마의 모습, "시체들이 도처에 널려 있었는데, 많은 시신들이 교회 안에 있기도 했다. 마쉐티를 막으려고 팔을 올린 채 죽어있는 한 남자의 시신도 보았다. 교실 안에는 머리가 잘린 아이들이 있었다. 한 엄마와 아이가 죽음을 피해 책상 아래로 숨어 있다가 죽은 모습도 있었다."(J. Glover, 2008: 192f)라는 르완다 학살 사건의 모습이 그대로 서술된다.

이상과 같은 잔혹한 이야기들 외에도 글로버는 희망을 찾을 수 있는 많은 예들을 제시한다. 남아프리카 공화국이 아직도 인종차별에서 벗어나지 못하고 있던 시절, 차별 반대 시위를 하던 한 여성이 곤봉을 든 경찰을 피해 도망을 가다가 신발이 벗겨지자 신을 줍기 위해 돌아 섰을 때, 좇아오던 경찰과 눈이 마주치게 되고, 그 경찰이 멈칫하면서 신발을 주워 그 여성에게 전달하는 에티켓을 실천하고는 빙긋 미소를 교환하고 돌아서는 일에서 희망을 찾는다. 작가 서머셋 모옴이 군인이던 시절, 야간 기습대에 참가하여 적을 기습했을 때 어떤 적군 병사가 막사에서 자다가는 놀라 도망가면서 흘러내리는 바지춤을 붙잡는 모습에서 그도 인간이라는 사실을 느낀 순간 총을 쏠 수 없었던 경험을 전달하는 글로버는 이성이 아니라 감성이 도덕의 원천이 됨을 예증한다. 도덕의 회복은 감성의 회복을 통해서 가능하다고 생각하기에 글로버는 우리의 감성을 움직일 수 있는 내러티브들을 우리에게 들려줌으로써 우리의 감성을 움직이려 한다.

이러한 시도는 계몽주의의 심리학에 대한 비판을 함축한다. 계몽주의적 심리학은, 인간의 심리에는 아무런 내용이 없으며 단지 기계적인 반응일 뿐이라는 주장을 한다. 이런 심리학적 이해를 바탕으로 형성되는 계몽주의적 희망이란, 인간중심주의와 과학주의를 통해 사회적 진보가 이루어질 것이라는 희망을 말한다. 그러나 이것은 현실적이지 못하며, 20세기에서 보여준 인간의 모습은 이러한 인간에 대한 이해와 기대에 반한다고 글로버는 보고 있다. 그러나 우리가 내러티브를 통해 우리들 자신에 대해 더 잘 알게 될 때 이 세계는 덜 비참해질 수 있다는 희망을 이 작업은 전제하고 있는데, 이러한 희망 자체 또한 계몽주의적 희망이라고 할 수 있다고 글로버(J. Glover, 2008: 23)는 말한다. 즉 그는 계몽주의적 소박함을 비판하지만 계몽주의의 본래적 희망은 여전히 유지하면서 그것의 실현을 위해 노력하는 것이다.

지금까지 내러티브와 언어의 특성과 관련하여 살펴본 아렌트와 가다머,

그리고 글로버는 각자 다른 철학적 전통에 속해 있다. 한 학파에 속해 있지 않은 이들의 사상에서 이처럼 언어의 역할과 내러티브의 힘에 대해 상당히 일치되는 견해를 발견하게 되는 것은 놀라운 일이지만, 그 외에도 우리는 찰스 테일러와 같은 이의 사상에서도 개인의 정체성이 발현되는 장으로서의 내러티브에 대한 강조를 볼 수 있다. 그런데 테일러 또한 근대를 비판하면서 탈근대도 아울러 비판하는 입장을 취한다는 점에서 아렌트와 글로버와 유사한 태도를 근대성에 대해 갖고 있다고 할 수 있다. 국내에서는 김홍우 교수의 『현상학과 정치철학』이 이런 방식의 글쓰기를 지향하고 있다. 김홍우 교수는 이 책을 정치행태론(Political Behaviorism)에 대한 비판으로 시작을 하는데, 정치행태론은 근대의 실증주의적 이론에 바탕을 둔 정치이론이다.

IV 아렌트의 내러티브와 의사소통적 합리성

이제 2장에서 살펴본 하버마스의 의사소통적 합리성 개념의 특성 5가지를 중심으로 하여, 3장에서 살펴본 아렌트의 내러티브 개념의 특징을 다시 점검해 보자. 하버마스를 따라 처음의 두 특성은 주체에 대한 것이 되어야 한다. 그런데 특히 이때는 아렌트의 경우 이야기를 하는 주체로서, 정치적 이야기 및 정치 판단을 수행하는 주체에 대한 부분이 된다. 첫째, 아렌트의 이야기하는 주체는 근대적 주체처럼 대상화하는 특성이나 지배적 태도를 갖지 않지만, 의사소통적 주체의 경우에서처럼 상호이해를 지향하지도 않는다고 할 수 있다. 특히 의사소통적 합리성 개념에 견주어 볼 때, 이야기는 상호이해를 지향하기보다는 일방성을 특징으로 한다고 할 수 있다. 이야기에는 화자의 의견이 표현되며 상대의 감수성에 다가가는 특성을 갖는 담론의 형태이기 때문이다. 그래서 이야기하는 주체는 의사소통적 합리성의 주체처럼 주고받는 대화를 수행하면서 타당성 검증을 통한 상호이해를 추구하는 방식을 취하지 않고, 화자가 이해한 내용을 서사의 방식으로 풀어내는 특성을 갖는다. 이런 점에서 이야기는 활동적인 상호작용에 의존하기보다는, 가다머의 경우처럼 텍스트의 이해와 유사한 성격을 갖게 된다. 하지만, 이러한 주체가 형성하는 내러티브에는 삶이 반영되어 있기에, 정체성과 연대성을 강화하는 구조를 갖는다는 특징을 갖게 되는데, 이것이 우리가 주목하는 이야기하는 주체의 두 번째 특징이다. 이야기의 전체적(holistic) 특성은 내러티브의 화자의 정체성은 드러낸다. 이는 내러티브가 결코 초역사적인 실증적 방법을 채용하지 않고, 그 안에 화자의 판단을 개입시키고 감정적 상태를 노출시키기 때문에 가능한 것이다. 이렇게 전달된 정체성의 인정은 이야기를 통해 이루어지는 새로운 감수성의 일깨움을 이루어내는 가운데 이야기를 공유한 사람들 사이의 연대성을 이룩해 준다. 연대성은 이야기에 담긴 내용의 전체적(holistic) 수용을 통해 증대될 수 있기 때문이다.

셋째, 이야기를 하고 듣는 사람들 사이의 합의뿐만 아니라 공동의 행위(action-in-concert)까지 이끌어내는 매개가 되는 내러티브는 형식적으로 근대적 이성이 제시하는 논증적 이론정립의 형식과 다르다. 내러티브는 논증을 제시하고 입증하려는 구조를 갖지 않고 오히려 내 입장으로 들어와 생각하게 만드는 초대의 성격을 가진다. 내러티브의 방법에는 한 편으로 서술내용을 통해 내가 대상의 관점에 들어가기도 하지만, 다른 한 편으로는 그렇게 서술하는 나의 관점 속으로 타인들이 들어오도록 함으로써 관점의 공유를 통한 의사소통을 목표로 한다. 그리고 내러티브의 타당성은 내러티브를 구성하는 명제들의 타당성을 하버마스의 경우처럼 진리, 정당성, 진실성이라는 세 가지 차원의 타당성 검증을 통해 확보되기보다는 내러티브의 전체적(holistic) 호소력에 의존하는 바가 더 크다고 할 수 있다.

넷째, 근대성과 관련해 볼 때, 내러티브는 근내를 유지하면서도 단절을 이룬다. 내러티브가 근대의 궁극적 지향점을 공유한다고 볼 수 있는 이유는 내러티브를 통해 인간에 대한 깊은 이해와 인정을 통해 삶의 온전함을 이루어가고, 또 함께 살아가는 세계를 더 낫게 만들어가려는 지향성을 갖고 있다는 점 때문이다. 계몽의 의식을 공유한다는 말이다. 하지만 내러티브는 근대가 죽인 것을 다시 살려낸다. 설득의 차원에서 이성의 기능만이 아니라 감성의 기능을 적극적으로 도입하여 응용한다. 내러티브 방식은 이성을 통한 접근이 아니라 이성과 감성 모두를 활용하는 전인격적인 만남의 도구인 것이다. 개인의 정체성을 확보하고 이를 인정하는 가운데 소통을 이루어가는 것도 내러티브가 살려놓은 것이다. 내러티브가 단편성을 갖는다는 점은 근대성에 반하는 입장을 취함으로 획득하는 장점이다. 역사서술의 경우에는 거대한 사건들의 흐름이 서로 논리적 연관성을 갖는 것으로 설명된다. 하지만 내러티브의 관점에서 볼 때, 그러한 사건들의 부분적인 연쇄가 그럴듯해 보여도 전체적인 연결점들 가운데 필연성을 확인하려는 것은 어리석은 것이다. 단편들로서의 내러티브에 주목함으로써 우리는 역사에 있어서 다른 가능성에 주목할 수 있게 되고, 따라서 역사적 필연성을 넘어 인간적 자유를 확보할 수 있기 때문이다.

끝으로, 내러티브는 하버마스가 말하는 공통의 생활세계를 그 형식에 있어서는 받아들일 수 있지만, 내용에 있어서는 받아들일 수 없다. 내러티브를 통해 이해를 공유하는 것은 언어에 대한 동일한 이해를 공유하고 또 동일한 세계에 대한 인식을 어느 정도 공유하기 때문에 가능하다는 것은 당연한 말이다. 하지만 아렌트가 내러티브의 방식을 취하게 된 근본 동기는 나치스의 유대인 학살 등의 모습에서 경험하였듯 이제 이 세상에는 공통의 인간성이라는 것, 공통의 인식적 배경이 붕괴되었기 때문이다. 있을 수 없는 일들을 사실로 경험한 뒤에 아렌트는 내러티브를 통해, 의사소통적 합리성에 따른 합의나 상호이해가 불가능한 일들을 말로 옮기고 그 옮긴 내용을 직면하도록 하는 것이다. 내러티브는 이처럼 공통의 배경이 전제되지 못하는 상황에서 작동하는 대화의 방식으로 아렌트에 의해 제시된 것이다. 이 내러티브는 판단을 포함한다. 평가는 타인의 입장이 되어 봄으로써, 즉 내 관점을 확대하여 타인의 관점들을 선취하여 일반성을 확보하게 된다. 이것이 공통의 전제 없이 상호주관성을 확보하는 내러티브의 방법인 것이다.

아렌트의 내러티브와 하버마스의 의사소통적 합리성을 이루어내는 담론의 방식의 차이는 궁극적으로는 위의 차이들 가운데 마지막으로 언급된 생활세계의 공통성을 확보하는지의 여부에 달린 것이라고 볼 수 있다. 전체주의의 경험은 하버마스 식으로 말하면 생활세계의 재생산이 이루어지지 않고 의사소통적 관계가 철저히 파괴되는 상태를 낳으며, 아렌트 식으로 말하면 주관적인 친밀한 인간관계가 철저히 파괴되어 단지 객관적이고 물질적인 관계만이 지배하는 상태를 낳는다. 그러므로 사람들 사이에는 의사소통적 합리성의 확보가 사실상 가능하지 않은 상황이고, 따라서 새로운 소통 수단으로서의 내러티브가 요구되는 것이라고 할 수 있을 것이다.

참고문헌

김선욱(2001), 『정치와 진리』, 책세상.

김선욱(2002), 『한나 아렌트 정치판단이론』, 푸른숲.

김선욱(2004a), "과학언어와 일상언어의 정치적 의미: 아렌트와 가다머를 중심으로." 『사회와철학』 8: 29~53.

김선욱(2004b), "의사소통과 의식적 주체의 문제: 하버마스와 디터 헨리히의 논쟁을 중심으로." 『대동철학』 26: 67~86.

김선욱(2005), "하버마스 언어이론의 전체적 성격에 대하여." 『사회와철학』 10: 65~88.

김선욱(2006), "사회-정치 분야에서의 논술의 문제." 『철학논총』 43(1): 415~431.

김홍우(1999), 『현상학과 정치철학』, 문학과지성사.

글로버(J. Glover, 2008), 『휴머니티: 20세기의 폭력과 새로운 도덕』, 김선욱 외 역, 문예출판사.

아렌트(H. Arendt, 2006), 『예루살렘의 아이히만』, 김선욱 역, 한길사.

아렌트(H. Arendt, 2007), 『전체주의의 기원』, 이진우 외역, 한길사.

Arendt, Hannah(1958), *The Human Condition.* Chicage: The Chicago University Press.

Arendt, Hannah(1976), *The Origins of Totalitarianism.* San Diego: A Harvest Book.

Benhabib, Sayla(1944), "Hannah Arendt and the Redemptive Power of Narrative." Lewis P. Hinchman and Sandra K. Hinchman (eds.). *Hannah Arendt: Critical Essays,* Albany: State University of New York Press.

Dews, Peter(1995), *The Limits of Disenchantment: Essays on Contemporary European Philosophy,* Verso: New York.

Henrich, Dieter(1986), "Was is Metaphysik, Was Moderne?: Thesen gegen Jürgen Habermas", *Merkur,* 40(6).

Gadamer, Hans-Georg(1976), "The Universality of Hermeneutical Problem." *Philosophical Hermeneutics*, translated by David E. Linge. Berkeley: University of California Press.

Gadamer, Hans-Georg(1983), "What is Practice?" *Reason in the Age of Science*, translated by Frederick G. Lawrence, Cambridge, Mass: The MIT Press.

Gadamer, Hans-Georg(1994), *Truth and Method* translated by Joel Weinsheimer and Donald G. Marshall, New York: Continuum.

Glover, Jonathan(2001), *Humanity: A Moral History of the Twentieth Century*, London: Pimlico.

Habermas, Jürgen(1984), *The Theory of Communicative Action I Reason and the Rationalization of Society*, translated by Thomas McCarthy, Boston: Beacon Press.

Habermas, Jürgen(1987), *Philosophical Discourse of Modernity: Twelve Lectures*, translated by Frederick Lawrence, Cambridge: Polity Press.

Habermas, Jürgen(1997), "Enlightenment as an Unfinished Project." Maurizio Passerin d' Entreves et al. (eds.) *Habermas and the Unfinished Project of Modernity*, Cambridge, Mass.: The MIT Press.

Ingram, David(1990), *Critical Theory and Philosophy*, New York: Paragon House.

Voegelin, Eric, and Hannah Arendt(2006), "Review of The Origins of Totalistarianism and Arendt's Reply." Garrath Williams (ed.) *Hannah Arendt: Critical Assessments of Leading Political Philosophers I*, London: Routledge.

Wiggerhaus, Rolf(1995), *The Frankfurt School: Its History, Theories, and Political Significance*, translated by Michael Robertson, Cambridge, Mass.: The MIT Press.

민족과 내셔널리즘[1)]

김인중

I 한국의 민족주의에 대한 하나의 해석

민족주의는 좋은 의미든 나쁜 의미든 우리 사회가 어떤 중요한 변화를 겪을 때마다 그 주제를 놓고 논의 또는 반성해온 이른바 단골메뉴다. 필자는 최근에 읽은 한 권의 책을 검토하면서 우리나라 민족주의의 문제를 다시

---

1) 이 글의 제목을 "민족과 민족주의"가 아니라 "민족과 내셔널리즘"이라고 한 데에는 그 나름의 이유가 있다. 우선, nation이나 nationalism이란 용어의 의미가 논자마다 다르다는 것이 첫 번째 이유이고, 두 번째, 국내에는 nation과 state를 국민이나 국가로 번역하는 경향이 있고 그래서 최근에는 nation state를 민족국가가 아닌 '국민국가', nationalism을 일본에서처럼 아예 '국민주의'로 번역하는 사람도 많아졌다. 그러나 nation은 분명히 '민족'이라고 번역되어야 한다는 것과 앞으로 우리의 민족주의는 지금까지 전개된 nationalism과는 다를 수 있고 또 달라야 한다는 점을 강조하기 위해 이런 제목을 달아보았다. 요컨대, 민족이 세계의 다양성을 대변하면서도 세계를 하나의 동질적인 단위로 구성하는 보편화나 세계화의 한 동력학이기도 하다면, 이 제목은 세계의 다양성을 '민족'으로, 그리고 보편화나 세계화의 동력학을 '내셔널리즘'으로 구별함으로써 서구적 개념이 비서구적 현실과 접목되는 방식과 또 그 과정에서 새롭게 생겨나는 민족 현상을 각별히 주목할 필요가 있다는 사실을 강조하고자 사용된 것이다. (계속)

생각해보고자 한다. 『제국 그 사이의 한국 1895~1919』이라는 제목의 이 책[2]은 이른바 한국사책으로 서양사를 전공하는 필자의 전공분야의 책이 아니다. 그러므로 이 글은 아마추어가 쓴 서투른 글일 수밖에 없고 정보의 부족으로 엉뚱한 소리를 하기 쉬운 그런 성격의 글이다. 그럼에도 불구하고 필자는 우리나라 민족주의의 문제는 적어도 한국사, 동양사, 서양사 전공자들을 비롯한 인문학자들과 사회과학자들이 함께 논의하면서 사고의 지평을 넓힐 필요가 있다는 생각에서 감히 이 글을 써보기로 한다. 왜냐하면 민족주의, 특히 우리나라의 민족주의는 매우 특이하고 민감한 주제—홉스봄은 "한반도는 종족과 언어 면에서 동질적이며 단일 국가로서 오랜 역사적 전통을 지닌, 세계에서 극히 찾아보기 힘든 지역의 하나"라고 말한다.[3]—여서 때로는 필자와 같은 국외자의 엉뚱한 소리가 약이 될 지도 모른다는 기대가 없지 않기 때문이다.

민족(民族)이라는 단어는 메이지 시기 일본에서 만들어진 신조어였다. 1880년대 초에 미야자키 무류가 프랑스 혁명기의 Assembleé Nationale (흔히 '국민의회'로 번역되지만 이것도 문제가 없지 않다고 여겨진다)을 '민족회의'라고 번역했다는 사실로 미루어 볼 때 민족은 nation의 번역어였던 것으로 보인다(백성을 뜻하는 민(民)과 사족(士族)을 합쳐 만들었다

---

1) 즉 각주 1에 인용한 앙드레 슈미드가 한 문장에서 nation이란 단어와 'minjok'이란 단어를 동시에 사용함으로써 우리 말 '민족'의 내용이 모두 nation으로 번역되기 어렵다는 사실을 웅변적으로 보여주었듯이, 서구적 개념이 비서구적 현실과 접목되는 과정에서 번역이라는 언어 전환과정도 민족과 민족주의의 문제를 이해하는 데 만만찮은 영향을 미친다는 점을 강조하기 위해서, 이런 제목을 붙인 것이다. 이 책에 수록된 조홍식의 글은 이 점에서 본고를 이해하는 데, 적지 않은 도움을 줄 것이다.

2) Andre Schmid, *Korea Between Empires*, 1895~1919, (Columbia Uni. Press, N.Y., 2002). 이 책은 최근 정여울 옮김,『제국 그 사이의 한국 1895~1919』(휴머니스트, 2007)으로 번역되었으나, 번역자가 역사를 전공하지 않은 분이어서 그런지 번역의 문제점이 다소 드러난다. 이 책의 인용 페이지는 번역서가 아니라 영어본(2002)의 페이지임.

3) E.J. 홉스봄 지음, 강명세 옮김, 『1780년 이후의 민족과 민족주의』(창작과비평사, 1994), 3쪽.

고 하는데 그 전거를 찾아내지는 못했다. 그러나 어쨌든 '민족'이 피지배층과 지배층을 포괄하는 용어이고 그래서 처음부터 계급구분을 넘어서고 있는 용어였다는 점은 여기서 지적해둘 필요가 있을 것이다). 그러나 '민족'은 동아시아의 매우 특별한 사정—즉 홉스봄이 지적했듯이, 중국, 한국, 일본은 "종족이라는 면에서 거의 또는 완전히 동질적인 인구로 구성된 역사적 국가(historic states)의 극히 희귀한 사례"—으로 인해 1890년대가 되면 '종족적 민족(ethnic nation)'을 의미하게 된다. 그리고 동아시아의 여러 지식인들이 이 새로운 용어를 채택해서 광범위하게 사용하면서 '민족'은 강력한 정치적 개념이 되었을 뿐만 아니라 "특정한 역사상의 과거를 다시 기술할 수 있게 해주는 강력한 도구가 되었다."[4)]

우리나라에서 '민족'이라는 단어가 언제 처음으로 사용되었는지에 대한 본격적인 연구는 과문한 탓인지 아직 보지 못했다. 그러나 1900년 1월 12일자 『황성신문』 사설에 '민족'이라는 단어가 공적으로 처음 사용되었다는 것과, 1905년 을사조약 이전 10년간의 다양한 민족주의 운동의 권위 있는 텍스트들에 이 단어가 거의 등장하지 않는다는 것,[5)] 그리고 민족은 나라(國)의 기반이고 모든 백성은 민족의 이익을 위해 복무해야 한다는 명확한 개념으로 민족이라는 단어가 처음 사용된 것은 1907년 6월 『황성신문』에 실린 '민족주의'라는 사설에서였다는 사실은 흔히 지적된다(앙드레 슈미드, 2002: 173~174).

중요한 사실은, 앙드레 슈미드가 강조하듯이, 첫째, 한국의 민족주의 담론이 한반도가 일본에 합병되기 이전에, 토착적인 국내의 해방세력과 외부

4) 헨리 임, "근대적, 민주적 구성물로서의 '민족': 신채호의 역사서술", 신기욱, 마이클 로빈슨 엮음『한국의 식민지 근대성』(삼인, 2007), 470쪽.

5) 한영우도 신채호가 『독사신론』(1908)에서 비판한 구한말의 여러 "교과서에는 '민족'이라는 용어나 '민족주의'라는 용어가 거의 보이지 않는다."고 말한다. 한영우, 『한국민족주의 역사학』(일조각, 1994), 50쪽.

제국주의 세력의 상호작용에 의해 만들어졌다는 것이다. 다시 말해 세계사적으로 한국인이나 일본인은 '문명개화'의 기치 아래 근대 지식에 막 눈을 뜬 지각생들이었고, 한국에서 문명개화의 가능성은, 공식적인 식민지 상태에서 내셔널리즘이라는 이데올로기를 발전시킨 서구의 여러 식민지와는 달리, 1905년 을사조약이 체결되기 수 년 전에 처음으로 탐구되었다. 따라서 근대 한국에 관한 지식의 생산은 지식인들이 자신의 민족을 다시 생각하는 과정이었던 것 못지 않게 그들이 새로운 세계 속에서의 자신들의 위치를 깨닫게 되는 과정의 일부였으며, 그래서 민족주의는 최초의 의식적인 세계화 담론이었다.

요컨대, 1905년 이전의 한국의 지식인들은 동아시아 근대성의 형성에서 일본의 강력한 유용성뿐만 아니라 일본의 역할을 인정하는 것이 그들 자신의 민족주의적 목표에 부합한다고 믿었고, 그래서 민족주의를 둘러싸고 한국인과 일본인 사이에 광범위한 지적 상호작용이 있었다. 단적으로 유길준의 『서유견문』은 일본 근대화의 아버지라 불리던 후쿠자와 유키치의 『서양사정』을 거의 그대로 베낀 것이었다. 이처럼 적어도 1905년 이전에 식민주의와 민족주의 사이에는 상당한 공명(共鳴)이 있었고, 청일전쟁으로부터 한일합방에 이르는 15년간 민족주의 세력과 세계화 세력은 나누기 어려울 정도로, 다시 말해 토착적인 국내의 해방세력과 외부 제국주의 세력을 명확히 구별하기 어려울 정도로, 서로 뒤엉켜 있었다(앙드레 슈미드, 2002: 4~5, 105).

둘째, 한국의 민족주의자에게 '문명개화'가, 그들이 후원하는 개혁 프로젝트가 효과적으로 수행될 수만 있다면, 세계열강과 동등한 위치와 동일한 개념수준에서 세계무대에 참여할 수 있는 수단인 것처럼 보였다면, 청일전쟁을 통해 그 힘을 증명한 일본 식민주의자의 '문명개화(bunmein kaika)'도 사실상 같은 내용을 지니고 있었다. 요컨대, 민족주의와 식민주의는 정반대의 정치적 목표를 지니고 있었으나, 양자는 모두 자본주의적 근대성(capitalist modernity)을 적극 지지한다는 점에서 상호보완성을 지니고 있었고, 이러한 공통의 신념과 공통의 지적 뿌리로 인해 한국의 민족주의자와 일본의 식민주의자는 개념적인 어휘, 문화적 표상의 주제, 서사적 전략을 구사하는데 있어서 많은 점들을 공유하고 있었다. 따라서 1905년 이후에 명백해졌듯이, 발전과 근대성이라는 동일한 원칙들을 사용해온 일본의 식민당국은 1905년 이전에 한국인들이 민족주의적 목적을 위해 사용해오던 문화적 표상들을 아주 쉽게 자기 것으로 만들어버렸다. 민족의 개념정의와 민족적 표상의 영역에서 일본 식민주의의 힘은 한국 민족주의자들의 자기비판을 식민주의 이데올로기의 일부로 만들어버릴 정도로 민족주의자들의 자생능력에 도전하였다. 일본의 식민주의 권력은 한국 민족주의 사상을 만들어낸 자본주의적 근대성이라는 동일한 이데올로기를 자신의 궁극적인 원천으로 삼고 있었고, 그래서 일본 식민주의자의 '문명개화'는 그들이 일찍이 약속했던 것처럼 민족을 구원하기는커녕 졸지에 민족을 파괴하는 해악이 되어버린 셈이었다(앙드레 슈미드, 2002: 14, 32~33, 102, 267).

셋째, 따라서 1905년 이후의 한국의 민족주의는 과거의 중화주의에서 탈피하는 동시에 현재의 일본에 저항할 수 있는 특수한 민족 개념, 즉 '문명개화'에 의해 주도되지 않으면서 일본에 대한 저항운동의 전략과 대안적(代案的) 공간을 제공하는 방식의 민족을 고안해낼 수밖에 없었다. 그 결과 '민족'은 근대성이나 서구적인 것에 오염되지 않은 민족의 내적 본질이라고 할 수 있는 '혼(魂)'을 지닌[6], 그리고 일본의 통제권하에 들어간 국가 및 영토와는 독립적인 의미를 지닌, 따라서 영토 중심의 역사와 국가 중

6) 단재 신채호는 국혼(國魂), 국민의 혼(魂), 국수(國粹) 등의 표현을 사용했는데, 신채호에 의하면 국수(國粹)란 '즉 그 국(國)에 역사적으로 선래하는 풍속 · 습관 · 법률 · 제도 등의 정신'을 말한다. 아울러 그는 국수는 '국가의 미(美)'라고 하면서 국수의 개념을 한 나라의 '풍속 · 언어 · 습관 · 역사 · 종교 · 정치 · 풍토 · 기후 기타 모든 것의 특유한 미점(美點)'의 뽑음이라고 규정하고 그 애국(愛國)과 관련의 중요성을 강조한다. 신용하, "신채호의 애국계몽사상(상)", 『한국학보』 6~2, 1980, 17, 40쪽 참고.

심의 역사를 극복하고 <인종>-[7]을 역사 발전의 주체로 삼는 독특한 존재가 되었다. 이제 역사는 이 독특하게 규정된 민족 없이는 존재할 수 없었으며 민족은 역사 없이는 이해될 수 없었다. 그리고 역사는 잃어버린 것을 회복시켜주고 비록 구성원들이 그 존재를 의식하지 못할 때조차도 지하에 숨겨져 있는 존재를 유지시켜주면서 어떤 망각된 실체에 관한 기억을 소생시켜주는 수단이었다(앙드레 슈미드, 2002: 182, 198). 그리고 그 기억은 사대주의자들이 신봉해오던 기자(箕子)의 존재와 한국에 대한 역사연구를 통해 민족적 과거를 기억하는 방식에까지 관여하려고 했던(앙드레 슈미드, 2002: 146) 일본 식민당국의 시도를 일거에 폐기하는 단군신화와 더불어 우리의 뇌리에 각인되었다.

이상과 같이 앙드레 슈미드는 사회적 · 정치적 격변기였던 1895~1919년의 한국의 주요 언론에 나타난 언어적 전환을 추적함으로써 한국인의 민족적 정체성과 민족주의의 원형을 확인하고 그것이 현재까지도 한국인에게 지속적으로 작용하고 있다고 주장한다. 그래서 분단 이후 남북한 양쪽의 민족주의 이데올로기는 아주 이질적이고 적대적인 국가주도의 역사학을 만들어냈지만, 민족적 관점을 정교하게 만드는데 사용된 많은 상징과 개념들은 대부분 민족의 공간적 · 시간적 경계를 근대의 세계적 보편성 안에서 재(再)개념화하려고 했던 초기 민족주의 문필가들의 노력으로 소급될 수 있다고 주장한다. 그리고 이런 관점에 볼 때, 한국전쟁 이후 식민주의 극복을 목표로 하는 민족중심의 역사가 남한에서 재천명된 것은 여전히 1895~1919년의 자본주의적 근대지향 이데올로기의 연속이라고 할 수 있

---

7) 신채호의 <인종>은 물론 혈통에 따라 나누어지는 <종족>이지만 어떤 <인종>은 단일 혈통으로 구성될 수도 있고 어떤 <인종>은 여러 인종 중에서 우세한 한 인종이 다른 여러 인종을 흡수하여 생성될 수도 있다. 그러므로 그가 말하는 <인종>이란 역사적 생성물이며 천부적인 것이 아니다. 그리고 그는 여러 <인종> 간의 천부적 우열을 인정하지 않았다. 안병직, "단재 신채호의 민족주의", 『한국의 역사인식(하)』, 이우성, 강만길 편, (창작과비평사, 1976), 454~455쪽 참조.

으며, 박정희 시대의 개발과 근대화이론 역시 '문명개화' 개념의 후손이라고 할 수 있다고 주장한다(앙드레 슈미드, 2002: 257, 267).

흥미로운 점은 슈미드가 네이션(nation)의 기원을 인쇄 자본주의의 발흥과 자국어로 된 대중신문의 등장에서 찾는 베네딕트 앤더슨의 주장을 받아들여 1895~1919년의 한국 신문기사의 내용분석을 통해 한국 민족주의의 내용을 분석하면서도 "앤더슨은 민족주의 이데올로기의 내용에 관심이 없었지만, 민족주의 운동의 방향, 그 구성원의 행동, 보다 넓은 세계적 투쟁무대에 대한 민족국가의 참여를 결정하는 것은 바로 네이션을 이해하고 지시하는 특정한 방식의 형성"이라고 하면서, 민족주의 이데올로기의 내용의 중요성을 강조한다는 점이다(앙드레 슈미드, 2002: 5~6). 그리고 이러한 내용분석은 신채호의 민족사학이 네이션을 다시 생각하는 개념으로서의 '민족'의 역사성 자체를 제거함으로써 민족을 비역사적 실체(ahistorical entity)로 만들었다는 비판(앙드레 슈미드, 2002: 198)으로 나아간다. 그리고 이런 비판은 요즘에 한창 논의되는 중국의 동북공정으로 이어진다. 즉 신채호의 고토회복주의에 입각해, 남한의『자유』라는 보수적인 잡지가 제도권 학계를 '반도사관'이라고 비판하면서 이른바 '대륙사관'을 학생들에게 가르치고 만주문제에 대처해야 한다고 주장한다든지, 중국과 공식외교가 맺어진 1990년대 중반 남한에서 만주에 대한 출판 붐이 일어난다든지, 남한의 육군 장성인 유정갑이 자신의 저서『북방영토론』(1991)에서 민족의 숙원인 만주의 재탈환을 주장한다든지, 또 남한의 역사학자들의 길림성 한인이주민 집단의 기원에 대한 연구가 중국의 간도에 대한 통치권에 도전하는 형태를 띠게 됨에 따라 중국의 역사가들도 이에 같은 방식으로 대응하게 된 것이 바로 중국의 동북공정이라고 그는 주장한다(앙드레 슈미드, 2002: 273~4).

한국 민족주의의 내용분석은 또한 1960~70년대의 남한의 민족사 부활작업에도 가해진다. 예를 들어 이기백은 사대주의, 당파성, 정체성, 한국문화의 모방성, 지리적 결정론의 다섯 가지 식민사관이 한국사에서 추방될 때 올바른 역사이해가 가능하다고 주장하였는데, 이와 같이 민족사학과 식민사학을 이분법적으로 확연히 구분한 다음, 민족사학을 부분적으로 식민사학이 아닌 것으로 규정하는 것은 식민주의적 해석으로부터 벗어나는 것이 아니라 역설적으로 식민주의 역사학의 영향을 견고하게 만들 뿐이라는 것이다. 즉 이러한 역사적 접근은 민족주의 대 식민주의라는 적대적인 이분법에 근거하여 이 두 사상의 토대에 공통적으로 깔려있는 근대 자본주의 이데올로기에 대한 근본적인 비판을 회피하고 있었고, 바로 그렇기 때문에 자신의 역사연구가 국가주의적 목적으로 왜곡되는 것을 알게 된 1980년대 이후의 반체제 역사가들은, 민족사에 대한 참여를 유지하면서도, 종전의 식민사학 극복론이 제기할 수 없었던 역사와 자본주의적 근대성과 국가 사이의 관계를 근본적인 문제로 제기하면서 밑으로부터의 역사 즉 민중사학을 주창했다는 것이다(앙드레 슈미드, 2002: 267).

II 내셔널리즘에 대한 최근의 연구

일견 흥미롭고 설득력도 있는 한국 민족주의에 대한 앙드레 슈미드의 분석의 배후에는 냉전 종식 후 세계 각처에서 급격히 늘어난 여러 형태의 내셔널리즘 운동을 설명하기 위한 최근의 연구, 즉 1980년대 말 이후 급증한 내셔널리즘에 대한 연구가 도사리고 있다. 지금까지도 계속되고 있는 근자의 내셔널리즘 연구는 양적으로나 질적으로 매우 다양해서 전부를 개관하기 어렵지만, 그 대표적인 연구 성과의 하나로 들 수 있는 것은, 프랑스 역사가인 피에르 노라가 책임 편집한 『기억의 장소』(전 7권, 1984~1992)와 미국의 여성 사회학자인 리아 그린펠드의 『내셔널리즘; 근대로 나아가는 다섯 개의 길』(1992)인데, 이 책들에는 묘한 하나의 공통점이 발견된다.

먼저 피에르 노라의 『기억의 장소』는 120명에 가까운 역사가가 동원된 거작으로 그 성격을 일률적으로 규정할 수는 없지만, 노라는 프랑스의 내셔널리즘이 중세 말 이후 지속적으로 프랑스 국가의 손에 의해 생겨난 것으로 본다. 즉 "다른 나라들은 민족적 일체감의 요체와 민족적 총화의 비결을 경제, 종교, 언어, 사회적 또는 종족적 공동체, 문화 따위에서 찾을 수 있었지만 프랑스는 이러한 것들을 바로 국가의 의도적이고 지속적인 행위를 통해 얻었다."[8]는 것이다. 그러면서도 그는 프랑스 국가의 국제적 지위하락, 유럽통합, 미국문화의 영향, 다문화주의, 현대적 생활양식의 일반화, 지방분권의 강화, 이주민 문제 등으로 인해 프랑스인의 전통적인 민족의식이 약화된 것을 안타까워하면서("예전에 우리가 알고 있던 것이 우리는 누구의 자손인가? 이었다면, 오늘날 우리는 아무의 자손도 아니면서 또한 모두의 자손이다"(피에르 노라, 1992: I, xxxiii)), 이렇게 말한다. "프랑스 역사를 쓰는 역사가들이 몸에 익혀야 하는 것은 바로 이러한 엄청난 변환이다. 이러한 변환은 여기서 준엄하게 민족적인 것으로의 회귀를 지시한다. 이것은 배타적이고 유해한 민족주의의 기미를 학문적으로 포장하고 있는 나도 잘 모르는 어떤 굴종적인 헌신에 의해서가 아니라, 민족이야말로 가장 안정적이고 가장 항구적인 틀이기 때문이다. 이러한 변환은 우리로 하여금 기억의 의무에 머리를 숙이게 만든다. … 영국인이 전통을 가지고 있다면, 우리는 기억을 가지고 있다."(피에르 노라, 1992: III, 1, 30~31)

중요한 점은 노라가 기억을 통해 민족의식의 확인의 중요성을 강조하는 가운데, 프랑스인의 민족적 정체성을 먼 과거에까지 소급 적용한다는 것과, 그렇게 함으로써 내셔널리즘과 프랑스혁명과의 긴밀한 관계를 약화시킨다는 사실이다. 즉 민족 이념에 대한 프랑스 특유의 두 가지 개념, 즉 공화주의와 인권으로 상징되는 프랑스혁명기의 민족이념과 '토지와 죽은

8) Pierre Nora, *Les Lieux de Mémoire* (Gallimard, 1992), III, 1, p. 29.

자들의' 프랑스로 상징되는 프랑스혁명 이전의 민족이념이 상충적이 아니라 상보적인 것으로 파악되고 있는 것이다. 예컨대, 프랑스는 옛날 켈트인이 살았던 시대에 "귀여운 갈리아의 예쁜이"로 태어나, "카롤루스 대제 시절에는 나이 어린 소녀", "생 루이 시절에는 하얀 옷의 성체배령자", "루이 15세 시절에는 얼굴에 분을 바른 세련되고 변덕스러운 처녀"로 성장하고, 프랑스혁명 시기에는 군인들에게 밥해주는 엄마가 되어 전쟁터를 누비다가 보나파르트가 "그녀의 이마에 걸려 있는 아주 아름다운 월계관을 자신의 칼로 베어내"는 수모를 겪고, 그 후에는 모습의 변화 없이 19세기 혁명들을 겪고, 마지막에는 상복을 입고 잃어버린 알자스로렌에 대한 기억으로 괴로워하는 "시련에 빠진 엄숙하고 슬픈" 여인의 모습으로 단(壇) 위에 서서 그녀 앞에서 깃발을 내려 경례를 하는 롱샹의 군대 행진을 지켜보는 모습으로 그려진다. 요컨대, 20세기가 넘는 긴 여정을 거치는 동안 그녀의 얼굴에서 그녀의 주인 즉 그녀의 군주나 그녀의 대표의 얼굴과 그녀의 얼굴을 구별케 해주었던 특징이 사라진 것이다. 프랑스라는 비유적 인물과 공화국이라는 비유적 인물은 서로서로 뒤섞이고, 서로서로 분간할 수 없게 된 것이다(피에르 노라, 1992: I, 29~32).

이처럼 프랑스 민족의 기원을 먼 과거로 소급해 올라가면서 그것의 정체성을 기억에서 찾는 것은, 그동안 내셔널리즘에 대한 설명에서 하나의 기준이 되어온 한스 콘(Hans Kohn)류의 이해, 즉 근대 내셔널리즘이 프랑스혁명에 의해 시작되었다고 보는 견해와는 매우 다르다고 할 수 있다. 다시 말해 근자에 논의되는 민족은 세계주의가 정착하는 과정에서 자신의 정체성을 상실한 사람들에게 권(勸)하는 반성 내지 성찰의 대상으로서의 민족이지, 한 나라의 한 민족만을 위한 배타적이고 유해한 집단주의의 주체로서의 민족이 아니다. 즉 나치즘과 파시즘을 낳은 배타적 내셔널리즘을 역사적으로 이미 청산한 사람들이 스스로를 다시 성찰할 수 있는 계기로서의 민족, 조금 더 직접적으로 표현하자면 내셔널리즘이 제대로 작동되어 이미 민주사회를 실현하는 데 성공한 사람들에게 문제가 되는 민족이다. 이 말은 내셔널리즘의 본래의 내용이 민주주의라는 것, 즉 주권자가 국왕이 아니라 인민이라는 것을 전제로 하지 않고서는 내셔널리즘을 생각할 수 없다는 의미인데, 내셔널리즘의 이런 의미를 가장 잘 보여주는 연구가 바로 그린펠드의 연구이다.

그린펠드는 책제목 그대로 내셔널리즘을 근대에 이르는 길이라고 설명하면서, 첫째, "최초의 근대적인 민족(nation)개념은 16세기 영국에서 등장하였고, 영국은 세계 최초의 민족국가였다(그리고 홀란드를 제외할 때, 약 200년간 유일한 민족국가였다)"[9]고 주장한다. 둘째, 배타적 내셔널리즘(particularistic nationalism)은 18세기 유럽 대륙에서 나타나 전 세계로 전파되기 시작했으며, 집단주의적 내셔널리즘(collectivistic nationalism)은 최초로 그리고 거의 동시에 프랑스와 러시아에서 나타났고 그 후 18세기 말과 19세기 초에 독일의 영방제후국들에서 나타났다. 결과적으로 프랑스의 내셔널리즘은 집단주의적이면서도 또한 공민적인 성격의 내셔널리즘을, 러시아와 독일은 종족적 내셔널리즘의 분명한 예를 보여준다. 셋째, 그린펠드는 민족적 정체성과 민족 사이에, 그리고 내셔널리즘과 근대성 사이에 때로는 암묵적이지만 대개 존재한다고 상정되는 우선순위, 그러니까 인과관계의 순위를 뒤집는다. 즉 민족적 정체성은 민족들에게서 볼 수 있는 정체성이고, 내셔널리즘은 근대화의 주요 구성요소들의 산물 내지 반영이라는 인과관계를 뒤집는다. 요컨대, 그녀는 "나는 내셔널리즘을 그것의 근대성에 의해 정의하기보다는, 근대성이 내셔널리즘에 의해 정의된다고 본다."(그린펠드, 1992: 18) 다시 말해 내셔널리즘은 단순히 근대성을 반영하는 것이 아니라 그 자체가 근대성을 규정하는 중요한 부분이라는 것이

9) Liah Greenfeld, *Nationalism, Five Roads to Modernity*, (Harvard Uni. Press, 1992), p. 14. 이하 그린펠드의 주장에 관해서는 이 책의 pp. 3~26, 487~491을 참조할 것.

다. 따라서 그녀는 "근대 정치의 기본 틀—세계는 민족국가들로 나뉘어 있다—은 내셔널리즘적 상상의 실현일 뿐이다. 즉 그것은 내셔널리즘에 의해 창조된 것이다"(그린펠드, 1992: 488)라고까지 말한다. 근대가 내셔널리즘을 낳은 것이 아니라 내셔널리즘이 근대(성)를 낳았다는 것이다.

이러한 그린펠드의 주장을 제대로 이해하려면 영국이 세계 최초의 민족국가였다는 그녀의 설명부터 자세히 들여다볼 필요가 있다. 그린펠드에 의하면, 내셔널리즘의 기원은 신분사회의 구조적 모순으로 거슬러 올라간다. 즉 내셔널리즘을 처음으로 발명한 사람들은 16세기 초 영국의 신흥귀족들이었는데, 평민 태생이었던 그들은 사회적 상승이동이 변칙이었던 신분사회 속에서 사회에 대한 전통적 이미지가 부적당하다는 사실을 알았고 그래서 그것을 동질적인 엘리트 인민(elite people), 즉 민족(nation) 개념으로 대체하였다. 요컨대 신분사회에서는 극소수 엘리트를 제외한 대부분의 사람들은 자존심이나 자긍심을 유지하기 어려웠고 그래서 대개는 자기비하와 체념 속에서 살았다. 자존심이 센 엘리트도 지위하락으로부터 안전하지는 않았다. 엘리트의 지위는 신분 간의 엄격한 구분을 유지하고 같은 신분 내에서도 서열을 엄격히 지키는 것에 달려 있었고, 신분과 서열 내의 조그만 틈도 엘리트의 지위를 위협했는데 왜냐하면 지위란 완전히 사회적 인습의 문제이고 그것은 그 모든 요소에서 사회적으로 구성되고, 그래서 인습이 무너지면 쉽게 파괴되었기 때문이다.

반면, 일정한 자격을 갖춘 사람들 전체를 민족으로 간주하는 내셔널리즘은 신분사회에서 흔히 벌어지는 기분 나쁜 차별의 중요성을 감소시키고 동시에 모든 사람을 최종적인 지위하락으로부터 막아준다. 즉 민족의 일원이 되면, 국적의 원칙(principle of nationality)에 따라, 그 민족 내에서, 지위 그리고 그에 따른 자존심과 자긍심이 완전히 상실되는 일은 결코 없게 된다. 누구든 민족 내에서 올라가고 내려갈 수는 있으나 가슴이 찢어질 정도로 아주 낮게 굴러 떨어져 민족 밖으로 벗어나는 일은 없는 것이다. 그 독특한 근대적 의미에서 민족적 정체성은, 이렇듯, 한 "인민"(people)의 일원이 되는 것으로부터 도출되는 정체성이고, 그 정체성의 근본적인 특징은 하나의 인민이 하나의 "민족"으로 정의된다는 것이다. 그렇게 해석된 "인민"의 모든 구성원은 그 상층의 엘리트적 특성을 공유하고 그 결과 여러 계층으로 이루어진 민족국가의 주민은 본질적으로 동질적인 존재로 인식되고, 그래서 지위와 계급의 구분선은 표면적인 것으로 인식된다. 이 원칙이 모든 내셔널리즘의 토대를 이루고, 여러 내셔널리즘을 동일한 일반적 현상의 표현으로 보는 것을 정당화한다. 이 점을 제외하고는, 서로 다른 내셔널리즘은 공통점이 거의 없다는 것이다.

영국, 프랑스, 러시아, 독일, 미국의 내셔널리즘에 어떤 공통점이 있다면, 그것은 다섯 사례 모두에서 내셔널리즘의 출현이 지위에 대한 몰두(preoccupation with status)와 관련되어 있다는 점, 즉 평민이었다가 귀족이 된 영국의 신흥귀족은 내셔널리즘을 통해 자신들의 지위를 정당화하려고 했고, 프랑스와 러시아의 귀족은 내셔널리즘을 통해 자신들의 지위를 지키려고 했으며, 독일의 지식인들은 내셔널리즘을 통해 지위를 얻으려고 했으며, 물질주의적인 미국인에게조차 대표 없는 과세는 그들의 경제적 이익에 대한 손상이기보다는 그들의 자존심에 대한 모욕이었고, 그래서 그들은 다른 어떤 것보다도 그들에게 돌려져야 할 존경심 때문에 싸웠고, 그래서 민족이 되었다는 것이다.

이 과정에서 최초의 민족국가인 영국과는 달리, 집단충성의 중심 대상이자 정치적 연대의 토대이자 주권의 소지자로 격상된 "인민"으로서의 "민족(nation)"의 의미가 "엘리트"의 의미로부터 분리되고 민족(nation)이 시정학적 그리고/또는 특정 주민의 종족적 특징과 결합된 배타적 내셔널리즘이 18세기 유럽대륙에서 나타나고, 주권의 본질은 불가피하게 재해석되었다. 영국의 경우 그 인민의 가시적 주권(그 인민의 국적)은 인민에 속했던 몇몇 개인들이 주권을 행사했다는 것만이 의미를 가졌고, 민족

(nation)개념(이는 인민주권을 의미했다)은 이러한 경험을 승인하고 그것을 합리화하였다. 그렇기 때문에 그 결과로 나타난 민족 원칙은 개인주의적이었다. 즉 인민주권은 개인들의 실질적인 주권을 뜻했다. 그들이 한 민족의 구성원이었던 것은 이들(인민의) 개개인이 실제로 주권을 행사했기 때문이었다. 배타적 내셔널리즘의 경우 그 인민의 이론적 주권은, 영국의 경우와는 대조적으로, 그 인민의 단일성, 즉 그것이 아주 독특한 인민이라는 것을 뜻했는데 왜냐하면 이것이 바로 그들이 말하는 민족(nation)의 의미였고, 그 민족(nation)이 정의상 주권자였기 때문이다. 이 경우의 민족 원칙은 집단주의적이었고 그것은 집단적 존재를 반영하였다. 집단주의적 이데올로기들은 내재적으로 권위주의적인데, 왜냐하면 그 집단성이 획일적인 용어로 인식될 때 그것은 단 하나의 의지를 지닌 집단적 개체의 성격을 띠는 경향이 있고, 그래서 누군가가 그것의 해설자가 되기를 요청받기 때문이다. 한 공동체의 물화(物化, reification)는 그 공동체의 집단의지를 해석할 자격이 주어진 소수의 구성원들과 그와 같은 자격을 갖지 못한 다수 사이의 근본적인 불평등을 도입(또는 보존)한다. 그래서 선택된 소수가 복종해야 하는 대중에게 명령을 내린다.

어쨌든, 내셔널리즘에 대한 이런 분석을 통해 그린펠드는 근대 세계의 정치적 현실 그리고 경제적 현실조차도 상당한 정도로 지위에 대한 그 같은 몰두에서 태어난 내셔널리즘에 의해 형체를 갖추었다고 해석한다. 즉 정치적 현실의 경우, 내셔널리즘의 영향은 보다 직접적이었다. 세계가 민족국가들로 나뉘어 있다고 보는 근대 정치의 기본 틀은 내셔널리즘적 상상의 실현, 즉 그런 틀 자체가 내셔널리즘에 의해 창조된 것이고, 여러 민족국가의 내부 정치구조도, 각 민족국가들 내에서 국적이 개인주의적으로 정의되는지 아니면 집단주의적으로 정의되는지에 따라 그리고 공민적(civic)으로 정의되는지 아니면 종족적(ethnic)으로 정의되는지에 따라 달라진다는 것이다. 그래서 국적이 개인주의적 · 공민적으로 정의된 경우에는 민주주의적 자유주의 사회가 되고(영국, 미국), 그 밖의 경우에는 다양한 형태의 그리고 다양한 정도의 권위주의 사회(러시아, 독일)가 된다는 것이다(프랑스는 절충형).

아울러 내셔널리즘은 경제적 행동에도 영향을 미친다. 그것은 돈과 돈벌이에 대한 태도, 여러 직업에 대한 태도에 영향을 주며 그럼으로써 특정 경제들의 강점과 약점을 결정한다. 또 내셔널리즘은 정부의 국내외 경제정책에도 영향을 주며, 그래서 전 지구적 "자본주의"에 대한 투쟁이라고 할 수 있는 20세기의 경제적 · 이데올로기적 정치도 대개는 내셔널리즘의 산물이며, 구체적으로는 정치적으로 "앞선" 민족들에 대한 내셔널리즘적 분노의 산물이라는 것이다. 그래서 그린펠드는 "자본주의"라는 용어가(최초의 반(反)서구적 민족인) 프랑스에서 처음으로 영미식의 자유주의 사회를 연상시키는 용어로 사용되었다는 것은 결코 우연이 아니며, 그 후 서구에 분노한 다른 민족들이(오래 전에는 그 다른 민족들에 프랑스도 속해 있었다) 이러한 연상을 하나의 도그마로 만들어 서구에 대항한 것도 자연스러운 일이었다는 것이다.

내셔널리즘에 대한 이와 같은 설명에서 끝으로 우리가 주목할 대목은 내셔널리즘과 민주주의 사이의 관계일 것이다. "주권이 인민 안에 있다는 것과 인민의 여러 계층 간의 근본적인 평등을 인정한다는 것, 그것은 근대 민족 개념의 본질이며, 동시에 민주주의의 기본원리이다. 민주주의는 국적에 대한 인식과 함께 태어났다. 민주주의와 국적은 내재적으로 연결되어 있고 이러한 연결로부터 떼어놓으면 양자 모두 충분히 이해될 수 없다. 내셔널리즘은 민주주의가 세상에 나타났을 때 취했던 형태였고, 나비가 누에고치 속에 들어있듯이 민족(nation)의 개념 속에 들어있었다. 본래의 내셔널리즘은 민주주의로서 발달하였다. 그래서 그와 같은 본래의 발달조건이 존속된 곳에서 양자 사이의 동일성은 유지되었다. 그러나 내셔널리즘이 다른 조건 속에서 전개되고 그래서 민족(nation)의 개념에서 강조점이 주권자라는 성격에서 인민의 단일성으로 옮겨가면서 그것과 민주주의의 원리 사이의 본래의 등가관계는 상실되었다. 이것의 하나의 함의는, 강조되어야 하는데, 그것은 즉 민주주의는 수출이 되지 않는다는 것이다. 민주주의는 어떤 민족(nation)에는 내재해 있는 [민족(nation)으로서의 그것의 정의 자체에 내재해 있는—즉 본래의 민족(nation) 개념에 내재해 있는] 성향일 수 있지만, 다른 민족(nation)에는 아주 낯선 것이며, 그래서 후자에서 민주주의를 받아들이거나 발달시킬 수 있는 능력은 정체성의 변화를 요구한다.

주권인민이라는 본래의(원칙적으로 비(非)배타적인) 민족(nation)개념의 등장은, 명확하게, '인민(people)'의 상징적 지위상승과 정치적 엘리트로서의 인민(people)의 새로운 개념정의를 시사하는 해당 주민의 성격의 전환, 다시 말해 구조적 조건의 깊은 변화가 있어야만 비로소 가능했다. 그 이후의 배타적 민족 개념의 등장은 그와 같은 전환을 반드시 겪지는 않았던 조건에 본래의 민족 개념이 적용된 결과였다. 그와 같은 적용을 촉진하고 가능케 만든 것은 본래의 개념에서는 비본질적이었던 인민(people)과 나라(country)의 다른 함의들이었다. 두 경우 모두, 민족 개념의 적용은 주민의 상징적인 지위상승(그리고 그에 따른 새로운 사회질서, 새로운 구조적 현실의 창출)을 뜻했다. 그러나 전자의 경우 민족(nation)개념이 그것의 형성에 선행했던 구조적 맥락에 의해 만들어진 것—이 경우 인민(people)은 어쨌든 정치 엘리트로서 행동하고 실제로 주권을 행사하였다—이었던 데 반해, 후자의 경우에는 사건의 순서가 정반대였다. 즉 민족(nation)개념에 포함되어 있었던, 인민주권 개념이 먼저 수입되고 그 다음에 사회적이고 정치적인 구조의 전환이 일어났던 것이다."(그린펠드, 1992: 10)

III 한국의 민족주의에 대한 기대와 반성

이제, 노라와 그린펠드를 통해 새롭게 접근되고 해석된 민족과 내셔널리즘의 개념을 가지고 앙드레 슈미드가 나름대로 분석한 우리나라 민족주의의 문제를 생각해보자. 먼저, 노라와 관련해서는 두 가지를 지적할 수 있다. 하나는 우리의 민족주의도 그것을 제대로 이해하려면 슈미드의 연구의 출발점(즉, 청일전쟁) 이전 시기까지 거슬러 올라가야 한다는 것이고, 그 필요성에 대해서는 슈미드 자신도 인정하는 것 같다. 이 점은 특히 요즘 논쟁거리로 등장한 이른바 해방전후사의 인식과 재인식 사이의 논의가 사실상 조선사회에 대한 양측의 인식의 근본적 차이에서 비롯된다는 사실을 생각하면 매우 중요한 문제제기라고 할 수 있다. 둘째, 기억을 통해 프랑스인의 민족적 정체성을 확인하려는 노라의 문제의식은, 프랑스처럼 내셔널리즘이 국가에 의해 만들어진 경우, 세계주의의 정착과정에서 민족적 정체성이 더 사라지기 쉽다는 데에서 출발한다. 따라서 프랑스와 똑같지는 않지만 프랑스처럼 국가 주도의 내셔널리즘이 강한 우리나라의 경우에도, 세계화는 민족적 정체성의 소멸을 낳을 가능성이 의외로 높다고 추정할 수 있다. 따라서 우리의 민족주의와 민족적 정체성은 역사적 청산의 대상이 아니라 오히려 역사적 반성 내지 성찰의 대상이 되어야 한다. 그러나 우리의 어려운 점은 우리가 반성 내지 성찰의 대상으로서의 민족과 더불어 한 나라의 한 민족만을 위한 배타적이고 유해한 집단주의의 주체로서의 민족의 문제도 아직 해결하지 못했다는 데에 있다. 요컨대 세계화에 대응하여 민족적 정체성을 확인하면서 동시에 남북분단을 극복해야 하는 어려움, 즉 민족문제의 서로 다른 두 가지 차원을 동시에 고려해야 한다는 것이 우리의 어려움이고, 이 어려움은 너무도 커서 여기서는 먼저 그린펠드에게서 얻을 수 있는 교훈들을 먼저 살펴본 다음에, 논하기로 한다.

그린펠드는 슈미드가 논한 우리나라 민족주의의 문제를 재확인시켜 줌과 동시에 여러 면에서 다시 생각하게 만든다. 우리는 이제 내셔널리즘에 대한 그린펠드의 설명을 통해 앙드레 슈미드가 우리나라의 민족주의와 식민주의는 정반대의 정치적 목표를 지니고 있었으나, 양자는 모두 자본주의적 근대성(capitalist modernity)을 적극 지지한다는 점에서 상호보완성을 지니고 있었다고 해석한 이론적 근거를 분명히 알 수 있고, 또 한국전쟁 이후 식민주의 극복을 목표로 하는 민족중심의 역사가 남한에서 재천명된 것과 박정희 시대의 개발과 근대화이론을 각각 1895~1919년의 자본주의적 근대지향 이데올로기의 연속 또는 '문명개화' 개념의 후손이라고 해석한 이유도 이제는 분명히 미루어 짐작할 수 있다. 그린펠드처럼 근대 세계의 정치적 현실 그리고 경제적 현실조차도 상당한 정도로 내셔널리즘에 의해 형체를 갖추었다고 해석한다면, 그리고 우리의 민족주의가 1895~1919년에 그 기본 형태를 갖추게 되었다면, 박정희 시대의 이른바 개발독재와 근대화론을 1895~1919년의 민족주의의 후손으로 해석하는 일은 너무도 당연해 보인다.

그렇다면 우리는 이제 다음과 같은 질문들을 던져야 한다. 첫째, 내셔널리즘에 관한 그린펠드의 유형론을 우리나라 민족주의에 적용한다면, 우리나라 민족주의의 특징은 어떻게 규정될 수 있는가? 둘째, 민족주의는 아직도 우리에게 절실히 요구되는 역사적 과제인가? 아니면 청산되어야 할 과제인가? 셋째, 앞에서 미루어둔 문제, 즉 반성 내지 성찰의 대상으로서의 민족과 집단주의의 주체로서의 민족이라는 민족문제의 두 가지 차원을 동시에 고려하면서, 우리의 역사의 방향을 모색한다면 그것은 어떤 모습을 가질 것인가? 이제 누구도 완벽하게 답변할 수 없는 이러한 물음들에 대해 한두 가지 답변을 내놓는 것으로 이 글을 마치기로 하자.

첫째, 우리나라 민족주의의 특징이 단군신화가 보여주듯 종족적 내셔널리즘(ethnic nationalism)에 가까운 면모를 보인다는 것 그래서 영국과 미국보다는 독일과 러시아의 내셔널리즘에 가까운 배타성이 강한 민족주의라는 것은 틀림없는 사실이다. 그러나 다른 나라에서 종족적 내셔널리즘이 흔히 분열을 낳았다면, 우리나라에서 민족주의는 오히려 통합적 기능을 하였는데, 이는 우리나라 민족주의의 종족적 성격이 주로 끊임없는 외부의 위협 즉 일본을 비롯한 제국주의의 위협에 대한 대응으로 생겨난 것이기 때문이다. 그래서 남한에서 민족주의는 막스 베버가 서구 자본주의의 등장에서 '프로테스탄트 윤리' 가 행했던 역할과 비슷한 '개발윤리' 의 역할을 했고, 또 북한에서 민족주의는 주체사상의 인식론적 기반이 된 '우리식 사회주의' 또 근자의 '일등 민족으로서의 한민족론' 형성의 기반이 되었다. 그리고 이러한 우리나라 민족주의의 종족적 성격은 아마 남북통일 과정에서도 통합적인 역할을 할 것으로 보인다.

그러나 우리나라 민족주의의 종족적 성격이 긍정적이고 통합적인 역할만 한 것은 아니다. 1930년대 유럽에서 발달한 종족적 내셔널리즘이 파시즘을 낳았듯이, 우리의 민족주의도 전체주의적인 이승만의 '일민주의', 김일성의 '주체사상', 박정희의 '개발 독재' 를 낳았다. 그리고 그 결과 개인의 인권과 시민권을 토대로 한 자유주의가 발달하지 못했고, 그래서 한국에는 보수주의나 급진주의가 빈약하거나 왜곡 · 발달되는 결과를 낳았다. 일례를 들어 한국의 마르크스주의는 자유주의와 건설적인 대결 속에서 발달하지 않고 자유주의를 완전히 거부하거나 부정하는 특징을 보인다. 또 자유주의적 토대가 없는 한국의 보수주의도 독재자들의 조작에 매우 취약하다는 특징을 보인다.[10] 그렇다고 우리의 민족주의는 앞으로도 계속 독일과 러시아와 같은 종족적 내셔널리즘의 특징을 유지할 것이라고 쉽게 단정해서는 안 된다. 모든 내셔널리즘에 공민적(civic) 요소와 종족적(ethnic) 요소가 공존한다는 것 그리고 내셔널리즘에는 이럴 때는 공민적 요소가 저럴 때는 종족적 요소가 강조되는 역사성이 있다는 것 등을 감안한다면, 그리고 우리의 경우, 그린펠드가 지적한 대로, 민족(nation) 개념에 포함되어 있었던 인민주권 개념이 먼저 수입되고 그 다음에 사회적이고 정치적인 구조의 전환이 일어나는 역사적 과정을 밟았기 때문에, 우리나라 민족주의의

10) Gi-Wook Shin, *Ethnic Nationalism in Korea*, (Stanford Uni. Press, 2006), pp. 229~232.

지금까지의 종족적이고 집단적인 성격이 앞으로도 계속 이어지리라고 단정하기는 어렵다. 여기서 문제는 우리가 겪고 있는 사회적이고 정치적인 구조의 전환을 가늠하는 일이다. 그러한 전환이 어떻게 또 얼마만큼 일어났느냐에 따라 앞으로 우리의 민족주의의 특징이 결정될 것이기 때문이다.

둘째, 민족주의는 아직도 우리에게 절실히 요구되는 역사적 과제인가?라는 물음에 대한 대답은 모든 내셔널리즘의 출현이 지위에 대한 몰두(preoccupation with status)와 관련되어 있다는 그린펠드의 이론을 되새기는 것으로 대신할 수 있다. 한국 노동계급의 형성을 연구한 구해근은 한국 노동계급은 "세계적으로 유명한 투쟁성과 전투성을 가졌음에도 불구하고 … 상대적으로 피상적이고 모호한 계급의식을 가지고 있다"[11]고 말한다. 그렇다면, E.P. 톰슨이 분석한대로 경제적 착취, 정치적 탄압, 종교적 세뇌라는 3중의 과정을 거쳐 영국의 노동자들이 스스로를 하나의 계급으로 만드는데 성공했던 것과 거의 마찬가지로 문화 · 정치권력이 자본과 영합하여 노동자들을 억압한 한국에서는 왜 노동자들의 계급의식이 그렇게 모호한 것일까? 톰슨은 영국의 노동자들이 그 힘든 싸움을 할 수 있었던 것은 무엇보다도 그들이 자유인으로 태어난 잉글랜드인, 즉 국가권력의 침범으로부터 자유롭고 부자나 빈자나 모두 법 앞에서 평등하다는 믿음을 지닌, 보통의 잉글랜드인은 확고한 권리는 거의 갖지 못했지만, 법률에 의해 자의적 권력의 침입으로부터 보호받고 있는 개인주의자였기 때문이라고 설명한다.[12]

요컨대 영국사회는 산업혁명을 겪기 이전에, 그린펠드의 표현을 빌자면, 이미 '인민(people)' 의 상징적 지위상승과 정치적 엘리트로서의 인민(people)의 새로운 개념정의를 시사하는 해당 주민의 성격의 전환, 다시 말

11) 구해근 지음, 신광영 옮김, 『한국 노동계급의 형성』(창작과비평사, 2001), 304쪽.

12) E. P. 톰슨, 나종일 외 옮김, 『영국 노동계급의 형성』, 상, (창작과비평사), 2000, 110~144, 특히 114쪽.

해 구조적 조건의 깊은 변화를 겪은 사회였는데 반해, 산업화 이전의 우리 사회는 아직 그런 변화를 거치지 않은 사회였던 것이다. 그래서 구해근의 지적처럼, "사회적 지위는 한국 노동자에게 아주 중요한 문제였고, 그들의 계급경험은 그들의 사회적 지위와 밀접하게 얽혀 있었다. … 한국의 노동자들은 계급에 기초한 억압과 지위 불평등 모두에 맞서 투쟁했고, 그들의 투쟁은 계급상황과 사회적 지위를 동시에 개선하기 위한 것"[13]이 될 수밖에 없었던 것이다. 그린펠드의 지적처럼 "민주주의는 어떤 민족(nation)에는 내재해 있는 성향일 수 있지만, 다른 민족(nation)에는 아주 낯선 것이며, 그래서 후자에서 민주주의를 받아들이거나 발달시킬 수 있는 능력은 정체성의 변화를 요구한다"면, 종족적 내셔널리즘에 가까운 민족주의를 가지고 있었던 우리가 민주주의를 받아들이거나 발달시키려면 정체성의 변화가 필요하고 그 필요를 한국의 노동자들이 먼저 충족시켰다고 할 수 있다. 이것은 한국의 민주주의와 한국의 중간계급과의 관계가 생각만큼 긴밀하지 않다는 것과 한국의 중간계급이 앞으로 어떤 역할을 할 것인가에 대한 철저한 논의가 필요하다는 것을 역설적으로 보여준다. 왜냐하면, 자본, 문화 정치권력이 결합하여 노동자들을 억압했다는 점에서 우리와 비슷한 산업화 과정을 겪은 영국 중간계급의 이데올로기는 억압적이고 반(反)평등주의적이고, 또 그들의 계급의식은 다른 어느 산업국가보다도 더 보수적이고, 거창한 이상주의적 주장들에 대한 경계심이 더 크고, 더 편협한 이기심에 젖어 있다는 특징(E. P. 톰슨, 2000: 하, 513)을 보이기 때문이다. 한국의 중간계급도 적어도 어느 시점까지는 기본적으로는 이렇지 않았을까? 요컨대 한국의 중간계급은 내셔널리즘의 혜택은 누리면서 민주주의의 실천이라는 역사적 과제는 기급적 회피해온 것이 아닐까? 그래서 서구에서 중간계급이 실력주의(meritocracy)를 민주주의의 핵심내용으로 여기는데 반해, 한국

13) 구해근, 『한국 노동계급의 형성』, (창작과비평사), 2002, 188~189쪽.

중간계급의 민주주의는 명확한 자체규정을 갖지 못한 채 기회주의적 속성만을 드러내고 있는 것이 아닐까?

이러한 고찰은 두 번째 질문에 대한 우리의 대답을 복잡하게 만든다. 신분적 차별이 여전히 남아 있는 우리 사회에서 민족주의는 아직도 우리에게 요구되는 역사적 과제라고 아니 할 수 없다. 조금 과장되게 말한다면 아직도 우리 사회에서는 좌파건 우파건 종족적 성격이 강한 민족주의와 결합해야만 이데올로기적 힘을 발휘할 수 있다. 그만큼 민족주의가 해야 할 역사적 역할이 아직 많이 남아있다고 볼 수 있다. 해방 이후 한국사회에서 내우외환이 일어날 때마다 민족주의의 문제가 끊이지 않고 계속 검토된 것, 그리고 1980년대 이후의 이른바 민중사학자들이 종전의 식민사학 극복론이 제기할 수 없었던 역사와 자본주의적 근대성과 국가 사이의 관계를 근본적으로 재검토하면서도 여전히 민족사에 대한 참여를 유지하려고 했던 것 등 등이 그 증거라고 할 수 있다.

그러나 세계화 내지 세계주의가 대세인 지금 민족주의를 청산해야 한다는 주장도 무시할 수는 없다. 문제는 민족주의의 역사적 청산의 필요성을 인정한다고 해도 민주주의가 내재적으로 국적(nationality)과 연결되어 있다는 점 때문에, 그리고 민족주의의 수혜자가 지금까지 민족화되지 않았다는 사실 때문에, 그 필요성을 강조하기보다는 그 필요성의 조건을 따지지 않을 수 없다는 것이 두 번째 질문에 대한 필자의 대답이다. 그리고 이런 사정들 때문에 세 번째 질문에 대한 필자의 대답도 우회적일 수밖에 없다.

1980년 12월호 『월간 조선』은 때가 때여서 그런지, <민족주의의 제문제>라는 특집을 꾸몄고, 여기에는 김성식(내셔널리즘의 이념), 황성모(한국민족주의의 성격), 고영복(한국민족주의와 주도세력), 안충영(자원민족주의의 미래), 박동운(서구민족주의의 역사적 교훈), 김한식(아시아의 민족주의), 민만식(중남미의 민족주의) 홍순호(아프리카민족주의의 특색) 김용선(아랍민족주의의 흐름) 등 당대 논객들의 의욕적인 글들이 게재되어 있다. 그런데 이 글들에서 볼 수 있는 하나의 공통적 경향은 각 논자들이 민족주의를 우리에게 필요한 이념 내지 운동으로 간주하면서도, 민족주의의 위험을 경계하면서 각자 바람직한 민족주의를 요청 내지 주문하고 있다는 사실이다. 예컨대, 김성식은 "민주정부치하에서만 민족주의가 있을 수 있다"고 하면서 민주정부를, 황성모는 "과거에는 민족의 이름 밑에서 전쟁을 했지만 현대 민족주의는 민족의 이름 밑에서 국제평화가 추구되어야 한다"고 하면서 평화를, 고영복은 "남북한의 사회변화 속에서 통일로 유도하고 주도하는 세력이 한국 민족주의의 주도세력이 될 수 있다"고 하면서 중산층의 각성을 요구한다.[14] 요컨대 이들에게 민족주의는 이루어진 과제가 아니라 앞으로의 과제라고 보는 공통점이 있고, 그 과제는 모두 한국 현대사의 대표적인 과제들이었다.

이제 필자는 민족주의에 대한 김성식, 황성모, 고영복의 진단과 요청들을 필자 나름으로 종합하는 것으로 세 번째 질문에 답하고, 그것을 통해 앞에서 제기한 민족문제의 두 가지 차원은 추상적이 아니라 역사적으로 답변되어야 한다는 점을 강조하면서 이 글을 끝맺으려 한다. 먼저 「민족주의의 제문제」라는 특집에서 김성식의 글이 첫 번째 글임에도 불구하고 글의 제목이 「민족주의의 이념」이 아니라 굳이「내셔널리즘의 이념」인 것에 주목하자. 따라서 "민주정부치하에서만 민족주의가 있을 수 있다"는 그의 주장은, 그 글이 씌어졌을 1980년의 이 나라 지식인의 염원을 생각하면, 이해가 되고도 남지만, 그것은 사실에 입각한 주장이 아니라 어디까지나 서구 내셔널리즘의 이념에 입각한 주장이었음을 알 수 있다. 서구 내셔널리즘이 그랬으니까 우리도 그래야 된다는 주장인 것이다. 한편, 한국의 중산층이 한국 민족주의의 주도층이 되어야 한다는 고영복의 주장도, 그가 그 상황에서 남북통일을 지향하는 민족주의를 주장했다는 놀라운 사실에 대한 평

14) 「월간 조선」, 1980년 12월호, 50~138쪽.

가를 유보한다면, 역시 사실에 입각한 분석을 토대로 한 주장은 아닌 것 같다. 즉 앞에서 지적했듯이 당시 한국의 중산층은 내셔널리즘의 수혜자였지, 김성식이 그토록 강조했던 민족주의의 내용이어야 할 민주주의의 담당자는 적어도 그때까지는 아니었기 때문이다. 김성식과 마찬가지로 그도 미래의 가능성을 강조할 뿐, 우리나라 민족주의에 대한 역사적 분석이 부족했다. 그리고 민족주의의 평화 지향성을 강조하는 황성모도 가능성을 강조한다는 점에서는 마찬가지라고 할 수 있다.

그러므로 세 번째 질문에 대한 우리의 대답은, 지금까지 우리의 내셔널리즘은 결코 민주주의적이지 않았다는 것, 그래서 내셔널리즘의 주요 수혜자인 한국의 중산층 역시 내셔널리스트이지 민주주의자는 아니었다는 것에 대한 확인에서 시작하여, 세계주의에 따른 민족에 대한 우리의 반성 내지 성찰은 반드시 필요하지만 그것은 집단주의적이고 전체주의적인 종족적 내셔널리즘의 한계를 넘어 민주주의를 그 내용으로 하는 민족적 정체성에 대한 성찰이 되어야 한다는 것, 그리고 남북통일의 주체로서의 민족에는 한국 민주주의의 주요 담당자로서의 노동자가 반드시 포함되어야 한다는 것 등등으로 이어지는 것이어야 한다. 그러나 이보다 더 중요한 것은 우리의 분석이 역사적이어야 한다는 것이다. 장차 이래야 된다는 주장이 아니라 이러했기 때문에 이러하다는 인과적 설명이어야 한다. 그렇다면 『월간 조선』의 특집이 나온 1980년 12월 이후의 역사에 대해 우리는 어떤 설명을 할 수 있을까? 구체적으로 1987년의 민주화와 그 이후의 20년을 어떻게 해석해야 하는가? 그 기간 동안 한국의 지식인은 민족에 대한 반성과 성찰을 통해 우리나라 민족주의의 외포(外包)를 얼마나 넓혀놓았는가? 한국의 중산층은 노동계급에게 미루었던 민주주의의 과제를 그동안 얼마나 자기 것으로 내면화하여 장차 한국 내셔널리즘이 아닌 우리나라 민족주의의 주도층이 될 준비를 하였는가? 노동계급은 집단적인 이익추구만이 아니라 그들이 그동안 해 온 일에 비추어 앞으로 함직도 한 남북통일의 주체로서의 민족에 얼마나 적극적이면서도 현명한 일원이 되었는가? 이에 대한 우리의 대답은 하나같이 긍정 쪽으로 기울기보다는 부정 쪽으로 기우는 것이 아닐까? 착잡하고 안타까운 일이 아닐 수 없다.

참고문헌

구해근,(2001),『한국 노동계급의 형성』, 신광영 옮김, 창작과비평사.

신용하(1980), "신채호의 애국계몽사상(상)",『한국학보』6~2.

안병직(1976), "단재 신채호의 민족주의", 이우성, 강만길 편.『한국의 역사인식(하)』, 창작과비평사, pp. 450~472

한영우(1994),『한국민족주의 역사학』, 일조각.

헨리 임(2007), "근대적, 민주적 구성물로서의 '민족': 신채호의 역사서술", 신기욱, 마이클 로빈슨 엮음,『한국의 식민지 근대성』, 삼인. pp. 469~503.

Andre Schmid(2002), *Korea Between Empires*, 1895~1919, Columbia Uni. Press. N.Y.

Gi-Wook Shin(2006), *Ethnic Nationalism in Korea*, Stanford Uni. Press.

Liah Greenfeld(1992), *Nationalism, Five Roads to Modernity*. Harvard Uni. Press.

Pierre Nora(1992), *Les Lieux de Mémoire* I, II, III. Gallimard.

『월간 조선』, 1980년 12월호, pp. 50–138.

민족의 개념에 관한 정치사회학적[1] 해석[2]

조홍식

I 사회문화적 개념으로서 민족

사회과학에서 민족만큼 포착하고 정의내리기 어려운 개념도 드물다. 민족이라는 개념은 사회과학이 생겨나기 이전부터 존재했던 사회적 용어이다. 따라서 모든 사회적 용어와 마찬가지로 민족 역시 그 개념이 형성된 사회의 문화적 의미를 포함하지 않을 수 없다. 성별이나 연령, 심지어 계급 역시

1) 여기서 정치사회학이란 정치라는 현실 영역에 대한 사회과학적 접근이라는 의미로 사용하였다. 이러한 용어의 이해는 정치학을 사회학 또는 사회과학의 한 하부 학문으로 보는 유럽 대륙의 전통에 가까우며, 정치학이 사회학보다 벗어난 독립 학문으로 성장한 미국적 의미와는 다소 차이가 있다고 할 수 있다. 정치사회학의 전자의 이해가 광범위한 접근 방법이나 변수들을 포괄하는 것이라면, 후자의 이해는 정치 영역의 주요 접근 방법이나 변수들을 제외하고 남은 계급적 또는 종교적 문화적 접근법과 변수를 지칭하는 경향이 있다. 따라서 후자에 의하면 정치사회학적 접근과 사회문화적 접근이 유사한 의미로 이해될 수 있지만, 전자의 입상에서는 정치사회학의 다양한 접근법 중에 하나로서 사회문화적 접근을 보고 있다고 하겠다.

2) 이 논문은 2005년 『한국정치학회보』 39집 3호에 처음 실렸던 글임을 밝힌다.

사회과학적 개념이자 동시에 사회적 용어이기도 하지만 민족만큼 사회문화적 의미가 강하게 배어 있다고 할 수는 없다. 성별, 연령, 계급은 모두 상당히 쉽게 포착할 수 있는 객관적 기준에 의해 정의내려질 수 있지만 민족은 보다 주관적인 차원이 강하게 작용하기 때문이다. 성별과 연령은 어느 사회에서나 같은 기준과 방법으로 정의내려질 수 있으며, 계급 역시 직업과 재산, 소득, 교육 수준 등에 의해 비교적 객관적인 구분이 가능하다. 그러나 민족은 어떤 객관적 기준과 방법을 사용해야 하는가? 민족의 개념은 적어도 세 가지 차원에서 사회문화적 의미의 다양성을 반영하고 있다.

첫째, 민족은 역사적 개념으로서 시대에 따라 전혀 다른 의미를 갖고 있다. 원래 영어나 프랑스어에서 민족을 의미하는 nation[3] 은 라틴어의 natio에서 유래한다. 태어난다는 의미의 natus, 자연을 의미하는 natura 등과 같은 어원을 가지고 있는 natio의 원래 의미는 종, 인종, 종족 등이다. 따라서 어원을 살펴보면 nation이란 같은 혈통을 공유하는 같은 지역에서 출생한 사람들의 집단을 지칭한다고 하겠다. 이는 로마 제국을 형성하는 사람들의 집단을 의미하는 genus romanum이나 인류를 의미하는 genus humanum보다는 훨씬 협소한 집단을 지칭한다고 하겠다(Delannoi, 1999: 13~15). 중세 프랑스 소르본 대학에는 프랑스, 삐까르디, 노르망디, 제르마니 등 네 개의 nation이 존재했다. 여기서 nation은 민족이라기보다는 지역이나 지방, 그리고 그곳에서 태어난 사람들의 집단이라는 의미를 가졌던 것이다. 그러나 바로 같은 단어 nation이 오늘날 프랑스 민족(nation française)을 지칭하고 있다. 이 근대의 프랑스 민족은 국가의 주인으로서 주권을 행사하는 권력의 근원이자 정통성의 보루인 것이다.

둘째, 민족은 이데올로기적 개념으로서 민족주의에 의해 정의내려지고

3) 이 글에서는 번역의 문제를 다루기 때문에 여러 차례 부득이한 경우 원어를 그대로 본문에 사용할 수밖에 없음을 밝혀둔다.

규정되는 경향이 있다. 많은 사회과학자들이 이미 지적했듯이 민족이란 특정한 정치적 목적을 달성하기 위해 민족주의자들이 상상과 발명의 과정 통해 다듬고 만들어 낸 공동체라고 할 수 있다. 앤더슨은 민족을 '상상의 공동체' 라고 분석하였고(Anderson, 1983), 홉스봄 등은 민족을 만들기 위한 민족주의자들의 '전통의 발명' 과정을 소개하였으며(Hobsbawm and Ranger, 1983), 겔너는 극단적으로 민족주의가 민족을 만든다고 주장하였다(Gellner, 1983). 민족의 종족적 공통성 즉 객관적 실체에 상당히 호의적인 시각을 가지고 있는 스미스조차 민족의 이데올로기적 성격을 인정하고 있다(Smith, 1998). 결국 우리는 민족주의가 없는 민족이 존재하는가를 자문하지 않을 수 없고 민족 현상의 사회문화적 배경에 다시 관심을 가지지 않을 수 없다.

셋째, 민족은 서구적 개념으로서 다른 지역에 확산되면서 의미의 변화를 경험하였다. 근대적 의미의 민족 현상이 서구에서 처음 발생하였고 현대 사회 과학 역시 서구에서 먼저 발전하였기에 기타 지역에서는 이를 도입 수용 적용 조정하는 과정을 거칠 수밖에 없었다.[4] 우리는 이 과정에서 민족 개념의 의미의 변화 및 변용을 세밀하게 관찰할 필요가 있다. 특히 민족이라는 서구적 개념이 비서구적 현실과 어떤 방식으로 접목을 이루며 새로운 차원의 민족 현상을 만들어 내는지를 관찰해야 한다. 또한 이 과정에서 번역이라는 언어 전환 과정은 어떤 영향을 미치는지에 대해서도 사고해 볼 필요가 있다고 믿는다. 특히 세계화가 신속하게 진행되고 있는 21세기의 상황에서 물질적 생산의 동질화와 문화적 의미의 이질화, 지배적 사고의 틀의 일원화와 저항적 정신의 다변화 등은 민족이라는 양면적 개념의

---

4) 정치와 종교의 관계, 그리고 그로 인한 기독교적 유럽과 회교적 중동의 국가 개념의 차이에 대한 대표적인 연구로는 바디의 '두 개의 국가론' 을 들 수 있으며(Badie, 1987) 제3세계에서 서구적 정치 개념의 도입으로 인한 제반 문제에 관해서는 '수입국가론' 을 참고할 수 있다(Badie, 1992).

의미를 다시 성찰하게끔 한다. 실제로 민족이란 세계의 다양성을 대변하면서도 또 다른 의미에서는 세계를 하나의 동질적 단위로 구성하는 보편화나 세계화의 한 동학이기도 하기 때문이다.

이러한 민족 개념의 역사성과 이데올로기적 성격, 그리고 서구적 근원은 민족 현상을 연구하는 사회과학 내부에서 충분히 논의되어 왔지만 여전히 결론을 쉽게 내릴 수 없는 논쟁적인 주제로 남아 있다. 이 글의 문제의식은 기존의 서구 사회를 중심으로 진행되어 온 논쟁을 재정리하는 한편, 동아시아의 다양성 속에서 다시 한 번 그 논쟁의 의미를 짚어보는 것이다. 따라서 기존의 논의를 반복하여 소개할 수밖에 없는 측면에 있지만 이는 새로운 이상형의 구분과 동아시아의 현실에 대비하기 위해 필연적인 작업이라고 하겠다.

결국 이 글은 민족이라는 개념이 가지고 있는 사회문화적 의미를 분석하고 사고함으로써 과연 사회과학에서 민족이라는 개념을 보편적으로 사용할 수 있는지를 고찰한다. 또한 그 사용이 가능하다면 그 사용의 조건과 한계를 그려보는 것을 목적으로 하고 있다. 이를 위해 구체적으로 민족 개념의 대조적 대표 사례로 논의되어온 프랑스와 독일의 경우를 먼저 살펴본 뒤, 민족 내의 민족 또는 민족 내의 종족 문제를 안고 있는 미국과 영국의 사례를 분석한다. 그리고 이러한 서구의 민족 개념과 현상이 다른 문화적 풍토에 도입된 동아시아의 경우를 시론적으로 논의해 본다. 굳이 이 시도에 관한 학술적 접근의 종류를 구분하자면 방법론적 고찰이라고 할 수 있는데 추상적이고 연역적인 순서를 따르기보다는 현실의 다양성 속에서 학술적 개념의 유용성을 탐구해 보는 귀납적 흐름을 따른다. 다른 한편 민족 현상 또는 민족주의에 관한 이론적 논의는 이 글의 범위를 벗어나며 다른 기회에 다루도록 한다.

II 프랑스와 독일의 민족 논쟁

근대적 의미의 민족 개념이 처음 등장하는 것은 18세기 영국과 프랑스의 정치 사상에서다. 로크는 민족이란 합리적이고 책임 있는 개인들의 의지와 동의에 의해 만들어진 공동체로 보았으며 이를 통해서만 국가 권력이 창출될 수 있다고 주장했다. 루소는 개인의 의지를 초월하는 집단 의지(volonté générale)가 존재한다고 보았고 바로 민족을 이러한 집단 의지의 주체로 파악하였다. 그러나 민족이 사상적 철학적 개념에서 역사적 현실의 개념으로 등장하는 것은 프랑스 대혁명을 통해서였다. 여기서는 유럽 대륙에서 나타나는 프랑스식 민족과 독일식 민족이라는 두 가지 개념적 모형을 검토하고 역사 속에서 민족과 국가, 그리고 문화가 어떻게 상호작용하였는지를 분석해 본다. 실제로 프랑스와 독일은 민족의 개념에 관한 한 가장 전형적이고 대표적인 모델로 분류되고 있으며 이는 사회과학 내부는 물론 현실세계의 민족주의 운동에 있어서도 막대한 영향을 미쳐 왔다. 여기서는 이러한 대립적 모델이 형성되어 온 역사적 경로를 재구성함으로써 민족이라는 개념의 다의미성을 부각시키도록 한다.

1. 프랑스식 민족과 독일식 민족

"민족이란 무엇인가"라는 질문에 대해 19세기 프랑스와 독일이 서로 내세운 정의와 주장은 대립적인 입장에서 민족 개념의 양면성을 각각 대표하고 있다(Brubaker, 1992; Schnapper, 1991: 33~69). 프랑스식 시각에서 민족이라는 공동체를 규정하는 것은 소속된 개인들이 공유하는 의지라고 보고 있다. 프랑스라는 민족이 성립하는 것은 그 구성원들이 하나의 공동체를 형성하려는 의지가 있기 때문이라고 보는 것이다. 이 같은 정의는 위에서 살펴본 18세기 계몽사상을 계승하여 실현된 것이라고 볼 수 있다. 특히 로

크와 루소의 사상에서 정의되었듯이 프랑스식 시각에서는 일종의 계약을 통해서 민족이 형성되고 있다. 프랑스 19세기의 대표적 민족 사상가 르낭은 민족이란 "공동의 삶을 지속하려는 명백한 의지의 표현"을 통해 형성되며 일종의 "매일 반복되는 국민투표"에 의해 유지된다고 보았다(Renan, 1887: 887~906).

반면 독일식 시각에서 민족 공동체는 개인의 의지에 의해서 또는 계약적 관계를 통해서 형성된 집합이 아니라 공동의 종족적 문화적 결집력을 통해 주어진 자연스러운 유기적 집단체라고 할 수 있다(Breuilly, 1992). 여기서 종족적 결집력이란 혈통을 공유한다거나 같은 집단에서 생리적으로 내려온다는 의미이며, 문화적 결집력은 공동의 언어 가치관 관습 등을 가지고 있다는 의미이다. 실제로 프랑스에서 nation이라는 개념이 자주 사용되었다면 독일에서는 그보다 volk 즉 민중의 의미가 강화된 용어가 선호되었다. 계몽사상에 대립하여 헤르더는 개인이야말로 존재와 사고, 행위의 방식에 있어 민족이라는 문화 공동체에 의해 규정된다고 보았으며 이러한 시각은 19세기 슐레겔이나 몸센 등에 의해 지속되었다(Schnapper, 1994: 54).

프랑스와 독일의 민족 개념이 정면으로 충돌한 것은 1870~71년 프랑스와 프러시아 전쟁의 결과로 알사스 로렌 지방이 프러시아에 병합되면서였다. 독일의 몸센은 알사스 주민들이 종족적으로 게르만족에 속하며 언어 역시 게르만 계통이라고 주장하였고 알사스는 당연히 문화적으로 독일 민족의 한 부분이며 따라서 알사스 역시 독일의 영토로 귀속되어야 한다고 주장하였다. 반면 프랑스의 퀴스텔 드 꿀랑쥬는 모든 집단은 자유로운 의사 표현을 통해 소속 민족과 국가를 선택할 수 있어야 한다고 주장했다. 문화적 공동체로서의 민족과 정치적 계약 집단으로서의 민족이라는 개념의 차이가 정면으로 대립하는 국면이었던 것이다(Schnapper, 1994: 157~183).

2. 역사 속의 민족과 국가, 그리고 문화

우리의 관심은 왜 프랑스와 독일에서 이토록 대립적이고 다양한 민족의 개념이 생성되었는가이다. 그 첫 번째 원인은 국가와 민족의 상호 형성 과정에서 찾아야 할 것이다. 프랑스는 대혁명이 일어나기 이전부터 이미 전제 군주를 가지고 있는 단일 국가를 형성하였으며 또끄빌이 지적했듯이 앙시엥 레짐 아래 이미 고도의 중앙집권화를 달성하였다. 프랑스라는 국가의 영토 안에 프랑스라는 이름의 민족이 존재한다는 사실은 어찌 보면 너무나도 당연하거나 자연스러운 현실이었다. 따라서 프랑스에서 민족 개념은 정치적 혁명을 위한 수단의 성격을 강하게 띠면서 개인의 의지를 강조하는 방향으로 설정되었다고 설명할 수 있다.

반면 독일은 1870년대 통일국가가 형성될 때까지 수많은 정치적 단위로 분열되어 있었고 따라서 프랑스의 민족과 같은 당연성과 자연성을 보유하지 못했다. 독일에서 민족의 개념은 프랑스와 같이 정치적 변혁을 위한 사상적 도구라기보다는 국가 건설이라는 보다 장기적인 목표를 위한 사전 작업의 성격을 강하게 보유할수 밖에 없었다. 수십여 개의 분열된 정치적 단위를 하나로 통일하기 위해서는 구성원의 일시적 의지에 의해 형성되는 계약적 민족이 아니라 영원히 또는 아주 오래 전부터 존재해 온 강력한 결집력의 종족적 문화적 공동체가 필요했던 것이다.

프랑스와 독일의 차이의 두 번째 원인으로는 두 나라 사이의 상호 관계를 들 수 있다. 프랑스는 18세기 유럽의 최강대국이었고 혁명 이전 이후를 막론하고 당시 국제 사회를 문화적으로 주도하는 국가였다. 프랑스는 자국을 문화의 보루라고 자무하였으며 자국이 인류의 진보를 위한 첨단을 달리고 있다는 선민 의식을 보유하고 있었다. 따라서 프랑스는 자신을 인류 문명 즉 civilisation의 당연한 중심으로 인식하였다. 프랑스는 19세기 제국주의에 있어서도 문명화의 임무(mission civilisatrice)를 이데올로기적으로 내세울 정도로 자신감에 도취되어 있었다.

상대적으로 독일은 낙후된 사회라는 상실감 속에서 프랑스를 모방하면서도 거부하고 배우면서도 차별화하려는 이중적 관계를 가졌다. 엘리아스는 바로 이런 상호작용 속에서 프랑스의 보편주의적인 문명과 독일의 특수주의적 문화 kultur의 관계를 해석하였다(Elias, 1973). 아주 간략하게 표현하자면 독일은 어차피 프랑스적 문명에 도전할 만큼의 역량을 가지지 못했기 때문에 보편적 가치로서 승부하기보다는 특수한 자신만의 문화를 상대적으로 강조할 수밖에 없었다는 시각이다. 엘리아스의 이와 같은 섬세한 분석은 민족 개념의 차이에 대해서도 많은 시사점을 가져다 준다. 독일은 보편적인 계몽주의에 대립하여 특수적인 낭만주의를, 계약적 민족에 대조되는 문화적 민족을 강조함으로써 차별을 도모했다고 가정해 볼 수 있다.

세 번째로는 기타 다양한 원인들을 종합해 볼 수 있다. 위에 지적한 정치적, 심리적 원인 이외에도 인구학적 요인은 중요한 역할을 담당했을 수 있다. 프랑스는 19세기와 20세기에 내부적 인구 성장이 이미 둔화되어 유럽에서 유일하게 지속적으로 이민을 받아들인 국가였다. 반대로 독일은 19세기 인구의 폭발로 유럽 이외의 지역에 이민 진출을 하는 것은 물론 유럽 내에서도 다른 국가로 인구가 이동하여 다양한 지역에 소수민족을 형성하고 있는 상황이었다. 결국 이러한 인구학적 상황은 프랑스가 보다 개방적인 민족의 개념을 그리고 독일이 보다 폐쇄적인 민족의 개념을 선택하도록 하는 구조적 원인으로 작용했을 가능성을 부정할 수 없다(Schnapper, 1991). 다른 한편 가족 구조의 비교를 통해 개인주의와 평등주의가 조합된 프랑스는 보편주의적인 혁명의 길로 돌입하였고, 집단주의와 불평등주의가 조합된 독일은 종족적 민족주의 및 파시즘으로 발전하게 되었다는 해석도 상당한 논리적 설득력을 가지고 제시되었다(Todd, 1990).

III 영국과 미국의 민족

영국과 미국의 민족 개념은 프랑스나 독일과는 또 다른 형국으로 구성되어 있다.[5] 프랑스와 독일의 대립은 민족의 형성 과정과 본질에 관한 것이지만 두 나라의 민족성은 내부적으로 심각한 경쟁의 대상이 없다. 그 정의나 개방성과 폐쇄성의 정도에 차이는 있을지언정 프랑스에는 프랑스 민족이 있고 독일에는 독일 민족이 있다는 사실에는 문제가 제기되지 않는다. 반면 영국과 미국은 민족 내부에 민족, 종족 또는 잠재적 민족이 존재하는 복합적인 상황에 놓여 있다.

1. 차이점과 공통점

영국과 미국에서 민족 개념의 가장 커다란 차이점은 그 형성 과정에 존재한다. 미국 민족(American nation)은 하나의 독립된 정치 공동체를 형성하려는 시민들의 의지와 동의에 의해서 형성된 전형적인 계약적 민족이라고 할 수 있다. 18세기 영국의 영국인과 북미에 정착한 영국인은 인종적 종족적 문화적으로 동일하지만 후자는 미국이라는 새로운 민족과 국가를 만들었다. 반면 영국 민족은 선택이나 동의에 의해서 형성된 공동체가 아니라 출생을 통해 정해진 민족이라고 볼 수 있다. 특히 코크나 필머와 같은 17, 18세기의 사상가들은 신민(subject)이 국왕에게 충성을 하고 국왕은 신민을 보호하는 중세적 정치적 관계를 중시했고 일부에서는 여기서 초기 영국 민족의 형성을 설명하고 있다. 따라서 미국이 로크식 또는 프랑스식

---

5) 예를 들어 그린펠드는 영국과 미국의 민족주의를 개인주의적이고 시민적 민족주의로, 프랑스의 민족주의를 집단주의적이고 시민적 민족주의로, 그리고 독일과 러시아의 민족주의를 집단주의적이며 종족적 민족주의로 구분하고 있다(Greenfeld, 1992). 여기서 시민적이라는 의미는 계약적 의지주의적 성향과 비슷하게 이해될 수 있으며 종족적인 규정은 문화 공동체적 정의라고 볼 수도 있을 것이다.

계약적 민족의 전형이라면 영국은 중세적 신민적 민족의 전형이라고도 할 수 있겠다.

실제로 영국은 여기서 검토하는 서구 4개국 중 유일하게 21세기까지 군주제를 유지하고 있는 나라이며 형식적으로는 국왕과 신민의 원칙적 관계가 유지되고 있다. 1914년의 영국 국적법은 당시 제국의 모든 사람을 영국의 신민으로 규정하였다. 이는 인류의 1/4에 해당하는 대단한 수의 신민인 셈이다. 1948년과 1981년에 새로 제정된 국적법에 의하면 영국민은 영국령 영토 시민, 영국 해외 시민, 영국 시민 등 세 종류로 구분되는데 세 번째 부류만이 자유롭게 영국 영토에 진입하여 생활할 수 있다. 민족의 법적 정의에 있어 이러한 영국의 특수성은 제국주의 경험의 역사적 산물이기도 하지만 영국 민족이라는 개념의 불확실성을 반영하고 있기도 하다.

민족 문제에 있어 영국과 미국의 공통점은 양국 내부에 존재하는 경쟁적 구조에서 찾아야 한다. 영국은 실제로 잉글랜드, 스코틀랜드, 웨일즈, 북아일랜드로 구성된 다민족 민족 국가라고 할 수 있다. 다양한 민족들이 모여서 하나의 민족 국가를 형성한 셈인데 잉글랜드의 지배적 성격이 얼마나 강한지 일부에서는 내부 식민주의라는 개념으로 영국 상황을 묘사하고 분석할 지경이다(Hechter, 1999). 그만큼 강력한 전통과 결집력을 가진 민족 집단들이 같은 국가 내에서 공존하면서 경쟁 견제 지배 관계를 맺고 있다는 의미이다. 스미스의 종족적 민족주의라는 학술적 개념이 영국에서 개발된 것도 이런 현실을 감안한다면 무리는 아니다(Smith, 1986). 결국 영국에서 민족이란 국가의 틀 안에 공존하는 다수의 공동체를 지칭하는 경향이 강하다.

미국 역시 내용은 다르지만 비슷한 내부 경쟁적 구조를 보유하고 있다. 미국은 영국처럼 전통과 역사 영토로 규정된 민족 공동체가 아니라, 미국으로 이민 온 종족 공동체(ethnic community)로 구성된 민족 국가이다. 이탈리아계 미국인, 아프리카계 미국인, 한국계 미국인과 같은 표현은 바로 미국이라는 민족의 다종족적 또는 다문화적 성격을 상징적으로 나타내고 있다.[6] 달리 표현하자면 미국에서 민족의 개념이란 독일식 문화적 공동체의 성격은 모두 종족 공동체에 일임해 버린 순수한 정치적 의지의 집합의 의미가 강하다고 할 수 있겠다.

2. 사회문화적 배경

영국과 미국의 특수한 민족 개념을 설명하기 위해서는 다시 한 번 국가와 민족의 역사적 형성 과정을 검토해야 한다. 영국은 프랑스와 마찬가지로 이미 오래 전부터 단일 국가가 형성되어 있었던 정치 공동체였지만 프랑스와 같은 중앙집권화의 진통은 부족했고 오히려 주변부의 결집력이 강한 문화적 공동체가 유지되고 강화된 경우라고 할 수 있다. 영국에서는 국가의 새로운 주인으로 민족을 성역화할 기회를 제공하는 혁명이 있었던 것도 아니고 국왕을 대신할 국가의 상징이 필요했던 것도 아니다. 다만 사회구조적 불평등에 항의하는 종족적 민족들만이 존재할 뿐이었다.

미국은 독립전쟁을 통해 국가와 민족의 개념을 동시에 실현한 역사적 경험을 갖고 있다(Wood 1998). 미국은 프랑스처럼 오랜 국가의 확고한 틀이 민족을 만들어 주지도 않았고, 독일처럼 국가 건설을 위해 민족적 결집력을 동원할 필요도 없었다. 미국은 계몽주의 사상의 합리적이고 책임 있는 개인들의 의지에 의해 형성된 민족이었고 국가였다. 계약적 민족이라는 공통점에도 불구하고 미국과 프랑스가 보여주는 가장 커다란 차이점은 미국의 '강한 사회 약한 국가'와 프랑스의 '강한 국가 약한 사회'의 표현으로 요약할 수 있을 것이다.

다음으로 프랑스와 독일에서 발견했던 국제사회에서의 지위에 따른 민

6) 이러한 관점에서 프랑스를 문화적 중앙집권제로 미국을 문화적 연방주의로 분석한 연구도 있다(Schnapper, 1974: 1141~1159).

족 개념의 변화를 살펴볼 수 있다. 영국과 미국에서는 독일에서 발견할 수 있었던 약자로서 피지배자로서 또는 낙후된 입장으로서의 반발은 보이지 않는다. 오히려 영국과 미국은 프랑스와 마찬가지로 세계를 주도한다는 자부심과 자기중심적 사고를 갖고 있다고 하겠다. 군주제의 대영제국은 세계의 거대한 인구를 자국의 신민으로 흡수 포괄하였다. 영국에서 민족이란 제국 통치의 파트너이거나 국내 정치적 조정의 대상이었지 프랑스나 독일에서처럼 종교적 숭배의 대상으로 발전되지는 않았다.

미국에서는 역사적인 이유로 민족은 자유와 평등을 실현하는 정치적 공동체의 대명사로 등장하였고 이러한 사상적 문화적 배경은 대외정책에 그대로 반영되었다. 20세기의 미국은 반제국주의 정책을 추진하였고 '민족 자주권' 을 국제사회에서 강력하게 주장하는 세력으로 부상하였다. 여기서 아이러니는 가장 계약적 민족을 생성시킨 미국의 민족 자주권 정책이 가장 본질주의적인 중동부 유럽이나 동아시아의 문화종족적 민족주의를 자극했다는 점이다.

그 밖에도 인구적인 요인이나 가족구조의 영향을 비교해 볼 수 있다. 인구적인 측면에서 미국은 전형적인 이민 형성 사회로 그 내부적 다양성과 그로 인한 다종족 민족이라는 특수성을 설명할 수 있다. 따라서 미국의 민족 개념은 종족적 또는 문화적 정의와는 커다란 거리를 두는 정치적인 개념으로서의 성격을 강하게 가지고 있다고 할 수 있다. 19세기의 인구 폭발과 외부를 향한 이민과 20세기 중반 이후 외부로부터의 이민이라는 두 가지 흐름을 모두 경험한 영국의 민족 개념은 여전히 국가라는 정치적 단위와 종족 문화적 단위 사이에서 혼란스런 위치에 자리하고 있다.

가족구조론의 시각에서 보면 영국은 개인주의와 불평등주의가 조합을 이룬 자유주의 전통을 수립했다고 보고 있다. 자유주의 사회에서는 보편주의보다는 특수주의 즉 민족 종족 문화적 공동체의 존재를 인정하는 한편

이들의 조화로운 경쟁과 공존을 모색한다는 의미를 가지고 있다. 미국은 영국인들이 세운 영국 사회 전통의 영향 아래 출범한 사회라는 점에서 이러한 영국의 자유주의 전통을 확대 재생산하는 역할을 했다고 볼 수 있다(Todd, 1990: 368~432). 결국 영국과 미국은 프랑스나 독일과는 달리 민족이라는 개념이 내부에 존재하는 다른 문화 공동체와 경쟁하는 특수한 상황이라고 하겠다.

IV 동아시아의 민족

동아시아에서 민족이라는 개념은 19세기 서구로부터 도입되었다. 외부로부터 도입되는 개념의 첫 번째 문제는 번역의 과정이다. 언어로 표현되는 개념은 항상 그 원어의 사회문화적 배경과 의미를 반영하기 때문에 번역은 항상 부분적인 번역이지만 동시에 부분적인 오역이기도 하다. 따라서 번역이 가져오는 개념의 변화와 변용에 우리는 주의를 기울일 필요가 있다. 다른 한편 번역된 개념은 원어의 사회와는 다른 사회 현실을 마주하게 되며 무엇을 지칭하는가는 또 다른 변화와 변용의 과정이라고 할 수 있다. 부연하자면 민족으로 번역된 nation이 동아시아에서 어떤 현실을 지칭하는가는 새로운 잠재적 괴리의 가능성을 안고 있다는 의미이다.

1. 번역과 현실

영어나 프랑스어의 nation을 어떻게 번역해야 하는가? 동아시아의 한국어, 중국어, 일본어에서는 모두 민족이라는 번역이 가장 보편적으로 광범위하게 사용되고 있는 것으로 보인다. 특히 nationalism이라는 개념은 거의 일률적으로 민족주의로 번역되고 있다. 반대로 nation state 혹은 national state는 민족국가 또는 국민국가라는 표현이 혼용되어 사용되고 있다.[7] 일부에서는 국족국가라는 표현을 사용해야 한다고 주장하기도 한다(천꽝싱, 2003: 41~42). 이처럼 혼란스런 상황 속에서 내이션이나 내셔날리즘이라는 외래어의 직접 사용의 경향이 존재하는 것도 놀라운 일은 아니다.

위의 각각의 번역은 원어의 개념을 부분적 편향적으로 전달한다. 예를 들어 민족이라는 번역은 공동체라는 집단주의적 성격을 강조하는 한편 혈통 및 문화적 공동체로서 독일식 민족의 개념을 강하게 전달한다. 또는 영국의 스미스가 주장한 에스니를 중심으로 형성된 종족 공동체의 개념을 강력하게 표현하고 있다고도 볼 수 있다. 단일 민족의 혈통 및 문화 공동체임을 강조하는 한국과 일본에서 이와 같은 번역이 선호되고 있다는 사실은 어찌 보면 당연하다. 한반도에서 민족의 형성이 통일 신라 시대로 거슬러 올라간다는 주장이 학계 일부에서 제기되는 것도 바로 개념의 종족적 성격 때문일 것이다(김용선, 1999).

그러나 내이션을 국민으로 또는 국민 공동체로 번역한다면 여전히 통일 신라 시대에 이미 내이션이 형성되었다는 주장은 증명하기 어려워 진다. 국민이라는 번역은 분명 민족보다 훨씬 내이션의 근대적 성격을 강조하는 번역이다. 국민이라는 표현은 민족의 집단주의적 성격을 벗어 던진 자율적 주체로서 개인들의 집합이라는 의미, 또는 프랑스나 미국식 계약적 내이션의 성격을 훨씬 강하게 보유하고 있다. 내이션 스테이트를 민족 국가로 번역하느냐 국민국가로 번역하는냐에 따라 그 의미는 판이하게 달라진다는 말이다. 일례로 대한민국은 하나의 완전한 국민국가이지만 통일이 이뤄지기 전에 민족국가라고 보기는 어려워진다. 이처럼 번역에 따라 현실

7) 일부에서는 국민국가라는 표현을 선호하고(김장권, 1994; 사까이, 2004) 다른 일부에서는 여전히 민족국가를 선호한다(김영명, 2002). 그러나 같은 저서 속에서 국민국가와 민족국가가 혼용되는 경우도 있다(임지현 외, 2004).

을 바라보는 틀이 달라지고 동시에 현실에 대한 판단도 달라진다는 사실에 모든 사회과학자는 유념해야 할 것이다.

사회과학 일부에서는 국족주의와 같은 또 다른 개념을 사용하기도 한다. 천꽝싱은 네이션 스테이트를 쑨원의 중화 민족주의의 개념을 전승한 것으로 보고 있으며 민족국가 또는 국민국가라고 부르는 한편, 국족주의 및 국족국가는 홉스봄을 인용하며 네이션과 네이셔널리즘의 불가분의 관계, 특히 국가가 민족을 만든다는 점을 강조하고 있다고 주장한다(천꽝싱, 2003). 하지만 이러한 생소한 개념이 한 학자의 개인적 사상을 밝히는 데 유용할지는 모르겠지만 학술계 내부의 소통조차 복잡하게 한다는 점에서 그리 바람직해 보이지는 않는다.

동아시아에서 내이션이 그 근대적 정치 공동체의 의미는 상당히 상실한 반면 원초적 문화 종족 공동체의 부분이 강조되어 변용되었다는 사실은 내이션과 관련된 용어에서도 발견할 수 있다. 예를 들어 서구에서 사용되는 nationality라는 용어는 민족성 또는 민족적(民族籍)으로 번역되는 것이 아니라 국적으로 번역된다. 생산수단의 nationalization은 민족화가 아니라 국영화 또는 공영화로 번역된다. 이 같은 사례에서 우리가 알 수 있는 것은 사실 서구에서 내이션이나 스테이트로 사용되는 개념이 동아시아에서는 거의 모두 국가라는 개념으로 포괄되었고 오히려 내이션의 혈통 종족 문화 공동체적 성격만이 민족이라는 번역어로 전달되었다는 것이다.

21세기적 시각에서 볼 때 동아시아에서 국가라는 개념[8]은 그 어감상 근대적 의미의 냉정한 합리적 이성적 기구라기보다는 가부장주의적 성격이 강한 집단주의적 공동체로 다가온다. 마찬가지로 민족의 어원 역시 고

8) 실제로 국가 즉 state라는 개념은 프랑스와 독일에서 일상적으로 즐겨 사용되고 있으며 영국이나 미국에서는 정부 즉 government와 행정부 즉 administration 등이 선호되고 있는 것으로 보인다.

대부터 내려오는 원초적 혈통 종족 문화 공동체의 색채를 강하게 띠고 있다. 반면 국가와 민족이라는 근대성의 대표적 개념에서 가(家)와 족(族)이라는 두 글자를 제외하고 국(國)과 민(民)이라는 두 글자로 만들어진 개념이야말로 state와 nation의 개념을 가장 충실하게 전달해 준다고 하겠다.

2. 동아시아 민족 개념의 다양성

한국과 일본의 민족 개념은 상당부분 독일식 문화 공동체로서의 의미가 가장 강하게 반영되어 있다고 볼 수 있다. 특히 단군 신화에서와 같이 혈통 공동체를 주장하는 민족의 개념은 강대국 사이에서 생존해야 했던 한반도 민족의 강한 정체성에 관한 욕구를 반영하는 것으로 보인다.[9] 일본 역시 지리적 환경에 의해 독특한 문화를 형성할 수 있었고 외부의 대규모 점령에서 피해 있었던 역사를 기초 삼아 공통의 혈통에 의해 구성된 단일 민족론을 주장할 수 있는 것이다.

일본의 경우 한국과 대만을 식민지로 삼으면서 제국주의적 필요에 의해 민족에 관한 논의와 개념이 한동안 개방적으로 다뤄졌던 것으로 보인다(사까이, 2003: 150~183). 그러나 이에 관해서는 보다 상세한 연구가 필요하며 적어도 사상적 철학적 논의가 아닌 국민 대중의 인식이라는 차원에서 본다면 여전히 단일 민족의 의식이 지배하고 있다고 보겠다(Wilson, 2002). 한반도에서는 남북이 체제의 차이에도 불구하고 근본적으로 혈통 종족 공동체로서 단일 민족의 이념을 공유해 왔으며 여전히 민족 통일이라는 민족주의적 과제가 두 체제를 지배하고 있다고 할 수 있다.

민족에 관한 인식이 가장 집중적 노골적으로 표출되는 국적법을 보아도 일본과 한국은 프랑스식 계약적 민족이라기보다는 독일식 문화적 공동체의 성향을 여지 없이 드러내고 있다. 일본은 독일이 동구 독일인 후예에

9) 예를 들어 (송두율, 2000)을 참고할 것.

게 그랬던 것처럼 과거 남미에 이민했던 일본인의 후예들을 일본 민족의 일원으로 보고 이들에게 관대한 국적 부여 정책을 폈다(Lone, 2002: 69~80). 마찬가지로 한국도 외국 국적을 가진 해외 동포를 우대하는 정책을 유지 발전시키고 있다.

한국이나 일본과 대조적인 경우가 중국이다. 중국은 다민족 국가로서 공식적으로 한족(漢族)과 55개의 소수 민족으로 이뤄진 나라이다(Safran, 1998). 그러나 이같은 현실적 다양성에도 불구하고 중국은 영국과 같은 신민적 민족도 아니고 미국 같은 계약적 민족도 아니다. 형식적으로 본다면 영국의 다양한 민족이 자율권을 누리듯이 중국에도 소수 민족 자치 단체들이 존재한다. 미국에서 약소 민족에 대한 우대 정책이 있듯이 중국도 소수 민족에 대한 다양한 우대 정책이 있다. 그러나 권위주의 정치체제의 현실과 한족의 압도적 수적 우세를 통해 이러한 형식적 제도와 정책의 의미는 축소되고 만다. 따라서 다민족 국가라는 공식적 표어는 실제로 중화민족이라는 이름을 빌린 한족 중심의 단일 민족주의의 현실에 매몰되는 경향을 보이고 있다.

다른 한편 대만은 민주화 과정을 거치면서 독립주의적인 성향이 강하게 나타나고 있으며, 이는 한족 또는 중화민족에서 분리해 가는 새로운 민족의 형성이라는 점에서 무척이나 흥미롭다. 전통적 문화 공동체라는 의미에서 대만 민족이라는 것은 존재하지 않는다. 원래 대만섬의 원주민으로 고산족이 있었고 대만의 대다수 주민으로는 대륙 푸지엔성에서 이민 와 정착한 사람들이 있다. 이들은 대륙에서 내전 패배 이후 건너온 지배자들에 대한 강한 반감을 가져 왔고 이러한 감정이 민주화와 함께 대만 독립주의적인 성향으로 발전한 것으로 보인다(천팡싱, 2003: 180~268).

위와 같이 남북한, 일본, 중국, 대만 등은 모두 각각의 정치적 역사적 배경에서 생성된 다양한 민족의 현실을 보유하고 있으며 각각의 개념과 인식을 가지고 있다. 결국 같은 서구의 프랑스 독일 영국 미국이 특수한 민족의 개념을 각각 가지고 있듯이 말이다. 물론 동아시아 민족 모형의 다양성에 대한 연구는 아직 개척되어야 하는 분야이며 여기서는 무척이나 시도적 성격의 문제제기로 그친 감이 있지만 이러한 탐구의 지속은 보다 장기적인 과제라고 하겠다. 그렇다면 서구의 nation과 동아시아의 민족이라는 개념은 과연 사회과학에서 사용될 수 있는 개념인가, 아니면 용도폐기되어야 하는가?

V 개념의 유용성

민족의 개념은 위에서 살펴본 바와 같이 여러 가지 문화사회적 배경 속에서 비교해 볼 때 그 다의미성으로 인해 상당한 혼동을 동반한다. 사회과학에서 주어진 특정 개념의 가치는 그 유용성에서 비롯된다고 할 때 민족 개념의 유용성은 어디에 있는 것일까? 우리는 혼동 속에서 어떻게 질서를 잡으며 민족에 관한 논의를 진행할 수 있을 것인가? 여기서는 사회과학적 연구의 도구로서 민족의 개념과 연구의 대상으로서 민족을 나누어서 검토해 본다.

1. 연구 도구로서 민족

사회과학은 현실을 포착하는 데 있어 개념이라고 불리는 다양한 도구를 사용한다. 연구의 도구로서 개념이 사용된다면 그 개념이 보편적일수록 만족하고 유용한 도구의 성격을 갖는다고 하겠다. 예를 들어 마르크스의 지배/피지배계급이라는 개념은 그 이론적 적절성을 떠나 시기적으로 또 공간적으로 상당히 보편적으로 적용 · 응용 · 활용될 수 있는 유용한 연구 도구라고 하겠다. 보편성의 기준에서 볼 때 민족은 결코 만족할 만한 연구 도구라고 하기는 어렵다. 우선 시대적으로 민족은 국가 및 개인주의와 함께 근대성을 규정하는 중요한 요소임에도 불구하고 마치 탈역사적으로 존재해 온 현실로 착각될 가능성마저 높은 위험한 개념이다. 달리 말해서 시대적으로 보편적이지 못하면서도 보편성의 외모를 너무나 쉽게 뒤집어 쓴다는 뜻이다. 공간적으로도 같은 단어 또는 번역된 단어가 서로 다른 현실을 지칭함에도 불구하고 연구자의 주관적 이해에 따라 개념의 의미를 속단할 위험이 도사리고 있다. 결국 민족의 개념은 보편적이지 못하면서도 보편성을 위장하고 있는 함정을 내포하고 있다. 다른 한편 우리가 살고 있는 상호주관적 세계에서 완벽하게 보편적인 개념이란 존재하기 어렵다. 결국 보편성이라는 기준에서 민족의 개념이 불만족스럽더라도 다른 기준을 잘 충족시켜 준다면 도구로서의 유용성이 인정된다는 말이다.

연구 도구로서의 개념은 무엇보다 설명력으로 자신의 존재 이유를 증명한다. 일상적인 접근법이나 다른 개념을 사용했을 때보다 새로운 개념으로 사회 현실을 비추어 보았을 때 더욱 뚜렷한 양상이 드러나거나, 더욱 명백한 현상의 설명이 가능하다면 이 개념은 필요한 도구라고 할 수 있다. 일반적으로 정치사회학에서는 국가와 시민사회라는 개념을 통해 근대 사회 현상을 분석해 왔다. 강하고 약한 국가와 사회론, 코포라티즘, 자유주의적 다원주의 등의 이론들은 모두 국가와 시민사회의 상호관계를 통해 만들어졌다. 그렇다면 민족이라는 개념을 도입함으로써 시민사회에서 얻을 수 없었던 설명력을 획득할 수 있는가?

민족이라는 개념은 시민사회와는 몇 가지 점에서 차별성을 보유하고 있으며 그로써 또 다른 설명력을 제공할 수 있는 것으로 보인다. 민족과 사회 또는 시민사회의 개념은 모두 국가와는 대비될 수 있는 집단이지만 독일 퇴니스류의 전통적 공동체로서 gemeinshaft와 근대 사회로서 gesell shaft의 대립성을 보여주고 있다. 민족은 하나의 공동체로서 그것이 의지가 되있건 '사언' 스런 분화적 동질성이 되었건 일정한 정서적 결집력을 보유하고 있다는 의미이다. 따라서 한 사회에 대해 민족이라는 개념을 사용한다는 것은 뒤르껭이 이미 강조했던 사회의 통합 정도를 나타내는 하나의 기준으로 바라본다는 의미를 갖는다(Lacroix, 1974: 526~558). 게다가 사회 또는 시민사회가 국가와의 관계에서 합리적이고 물질적인, 달리 말해 경제적 이익의 차원이 중점적으로 논의된다면 민족과 국가라는 상호 관계는 보다 정서적이고 이념적인 정치적 열정의 차원에서 규정된다고 할 수 있다(Giddens, 1986). 마지막으로 사회가 경계가 명확하지 않은 하나의 열린 개념이라면 민족은 그 경계와 정의 자체가 다양하지만 언제나 폐쇄성과 개방성, 포괄성과 배타성을 동반하는 개념이다. 따라서 국제 정치를 분석하는데도 다양한 사회의 상호관계가 보여주지 못하는 부분을 민족이라는 개념은 보다 명백하게 보여주고 설명할 수 있다는 장점이 있다. 결국 위장된 보편성의 함정이라는 단점에도 불구하고 민족의 개념은 사회 또는 시민사회가 설명하지 못하는 부분을 보충하거나 대신할 수 있는 요긴한 연구 도구로 사료된다.

마지막으로 사회과학이 하나의 통일된 보편적 학문이 될 수는 없더라도 적어도 의식적으로는 보편성을 추구해야 한다면, 연구 도구의 중요한 기준은 그 소통성이라고 할 수 있다. 예를 들어 부르주아라는 개념은 서유럽 학계가 현실 사회에서 도입하여 사용한 개념인데 과연 다른 지역과 문화에서 소통될 수 있는가라는 문제이다. 위에서 간략하게 검토한 바와 같이 서구의 nation과 동아시아의 민족 사이에는 상당한 오해와 차이 및 괴리가 존재하는 것이 사실이다. 달리 말해 'nation－민족' 개념은 상당한 소통성의 문제를 안고 있다는 것이다. 현실적으로 서구의 지적 전통과 학계가 세계를 지배하는 현 상황에서 소통성의 문제를 가장 크게 안고 있는 것은 기타 비서구 지역의 학계일 것이다. 비서구 학자들은 서구적 학술 개념을 사용하면서 비서구적 현실을 분석하는 일이 잦은데 이 과정에서 서구 문화사회적 배경에서 생성된 개념의 정의와 현지 문화사회적 배경이 이해하고 있는 개념의 정의 사이에서 혼란스런 긴장 관계를 경험하지 않을 수 없다. 특히 민족이라는 개념은 이러한 소통성 문제의 대표적인 경우라고 하겠다.

종합적으로 민족이라는 개념은 연구 도구로서 상당한 보편성과 소통성의 문제를 안고 있음에도 불구하고 다양한 차원의 설명력을 제공하는 유용한 도구로 판단된다. 따라서 민족이라는 각도에서 세계를 분석하려는 시도에는 언제나 그 보편성의 함정을 우회하면서 타지역 타문화 학술계와의 소통성을 염두에 두는 조심스런 태도가 필요하다고 하겠다.

2. 연구 대상으로서 민족

학자는 민족이라는 사회과학적 개념을 통해 현실을 바라볼 수도 있지만 민족이라는 실체를 현실에서 발견하여 연구할 수도 있다. 현실 사회에서 민족이라고 부르는 집단은 사회과학자가 가지고 있는 개념과는 다른 실상일 수도 있을 뿐 아니라, 대부분의 경우 다른 실상이다. 예를 들어 정치학에서 국가는 정당한 폭력을 독점하는 기구라고 자주 정의내려지지만 현실의 국가는 무엇을 중앙적으로 독점할 만큼 단일화된 일사불란한 기구도 아니고 (경찰과 군이 충돌하는 경우), 국가 폭력의 정당성이 항상 보장되는 것은 더더욱 아니며(시위대가 국가보다 훨씬 커다란 민주적 정당성을 보유하고 경우), 그 어디에도 정당한 폭력을 독점하는 기구로서의 '이상적 국가'는 현실 속에 존재하지 않는다.[10] 어찌 보면 사회과학은 스스로의 개념과 현실의 괴리를 연구하는 것이 커다란 과제라고 할 수도 있다. 민족의 개념도 예외가 아니다. 여기서는 연구 대상으로서 민족이 제공하는 풍부한 주제 중에서 몇 가지만 제시해 본다.

첫째, 민족은 자연스럽게 주어진 실체라기보다는 만들어지고 변하하는

---

10) 헤슈터는 민족과 폭력의 문제를 다루면서 민족으로 정의내려진 근대 국가는 바로 간접 통치에서 직접 통치로의 변화를 의미하고 그 이유 때문에 민족 국가의 형성은 대부분 폭력적 충돌을 야기한다고 주장하였다(Hechter, 2000).

역동적 사회 과정으로서 민족이라는 실체에 관한 이론보다는 민족이라는 개념 형성에 관한 연구가 필요하다.[11] 어느 시점에 어떤 집단이 어떤 동기를 가지고 민족의 개념을 정리 · 개발 · 제공하는가? 일단 규정된 민족의 개념은 사회 및 환경의 변화에 어떤 방식으로 대응하고 적응하는가? 민족의 개념 역시 다른 사회 현상과 마찬가지로 경로의존적인 성향을 나타내는가? 민족의 성격과 범위, 구성의 가변성을 감안할 때 이러한 작업은 민족 현상에 대한 긍정 또는 부정적 견해와 무관하게 객관적으로 진행될 수 있을 것이다.

둘째, 다양한 민족 개념의 비교 연구는 그 자체로 하나의 연구 영역을 형성할 수 있을 것이다. 보다 상세하고 심도 있는 연구가 필요하겠지만 위의 프랑스, 독일, 영국, 미국 등 서구 4개 사회의 민족 개념을 비교하면서 우리는 적어도 의지/문화의 차원 그리고 동질적/이질적 사회의 차원을 가지고 4종류의 모형을 구분할 수 있었다.

표 1 • 민족 개념의 유형

변수	의지적 계약 공동체	종족적 문화 공동체
상대적 동질적 사회	프랑스	독일
상대적 이질적 사회	미국	영국

이러한 민족 개념의 모형은 현실 정책에서 어떤 방식으로 구현되는가? 민족의 경계 짓기라고 할 수 있는 국적법의 비교 연구나 이민자에 대한 정책 비교연구 등은 모두 이러한 개념 탐구에서 시작되어야 할 것이다(Noiriel, 2001). 동아시아에서도 다양한 민족 개념이 존재하고 있으며 유익한 비교의 대상이 된다. 예를 들어 중국에는 적어도 다섯 가지의 민족 개

11) 벨은 프랑스의 사례 연구를 통해 프랑스라는 민족의 개념이 근대화 과정에서 대혁명 이전에 이미 역사적으로 형성되는 모습을 잘 보여주고 있다(Bell, 2001).

념이 존재하는 것으로 분석되었다(Townsend, 1986). 대만이나 한국과 같은 경우 다원적 민주사회로서의 변화하는 과정에서 대만 민족 또는 한국 민족과 같은 새로운 정치 공동체로서 민족의 개념이 형성되었는가, 또는 그럴 가능성이 존재하는가? 너무 쉽게 동아시아 민족 개념의 당위성만을 주장할 것이 아니라 그 다양성에 주목해야 할 것으로 판단된다.

마지막으로 민족의 미시적 분석은 중요한 연구 대상으로 여겨진다. 민족은 사회과학자에 의해서 합리적으로 또는 역사적으로 차갑게 규정될 수 있지만 현실 속의 민족은 '피를 끓게' 하거나 '마음에 평안을' 안겨 주는 정서적인 개념이다. 따라서 주어진 개인들에게 민족이라는 개념이 어떻게 강요되거나 스며들거나 흡수되는지는 중요한 연구의 대상이다(Ro-sanvallon, 1992; Billig, 1995). 달리 말해서 사회과학은 더욱 활발하게 민족의 사회화 과정에 대해 관심을 기울여야 하며 특히 관습, 교육, 의식주 등 선험적으로 비정치적으로 여겨지는 일상의 민족 경험을 보다 집중적으로 연구해야 할 것이다.

이상의 세 가지 사례에서 볼 수 있듯이 민족은 실제로 연구 대상으로 무척 풍부한 존재이다. 그러나 연구 자체가 학술적으로 의미 있는 결과를 생산하기 위해서는 민족 개념의 시간적 공간적 가변성을 인정해야만 한다. 이와 동시에 민족의 개념을 너무 단순하게 민족주의자들의 인공적 조작물으로만 볼 것이 아니라, 그것이 가지고 있는 문화적 · 감각적 · 정서적 차원을 포괄적으로 이해해야지만 비로소 민족 현상의 진정한 의미를 포착할 수 있을 것이다. 부연하자면 민족의 개념과 현상에 대해 일정한 학술적 거리두기와 함께 너무 단순한 음모론적 함정도 피해 가야만 한다는 말이다.

VI 개념적 고찰을 위하여

이 연구는 민족이라는 개념을 사회문화적 개념으로 파악하고 그 다양한 사용 방식과 의미를 검토함으로써 사회과학에서 이를 어떻게 활용할 수 있는지에 대해 고찰하였다. 이를 위해 민족 개념이 처음 생성되어 사용되었던 서구의 프랑스와 독일의 상반되어 보이는 민족 모형을 비교적 시각으로 살펴보았다. 또한 기존 학계에서 제시한 프랑스식 계약론과 독일식 문화공동체론에 대한 다양한 설명을 요약하였다. 그 다음은 다양한 문화 공동체의 집합으로서 영국과 미국의 독특한 민족 개념의 사례를 역시 비교 검토하였다. 상기 네 나라의 경우를 통해 내릴 수 있는 잠정적인 결론은 민족이라는 하나의 개념이 사실 문화적 배경이 다른 네 사회에서 각각 다른 방식으로 이해되고 사용되고 있다는 점이다. 이에 덧붙여 동아시아에서도 역시 번역 과정에서 상당한 오해의 소지가 개입된 것은 물론 동아시아의 각 사회도 그 역사적 경험의 차이에 따라 민족에 대한 다양한 개념을 형성하게 되었다고 볼 수 있다.

이상의 개념적 고찰을 통해 얻을 수 있는 교훈은 민족의 연구가 연구자에게 상당한 상상력과 유연한 분석을 요구한다는 점이다. 여기서 상상력은 민족의 개념이 각 문화적 배경 속에서 가지고 있는 어감과 내용을 이해하기 위한 상상력을 의미한다. 또한 유연한 분석이란 연구자 또는 연구자가 속한 사회가 가지고 있는 특정한 개념의 정의를 가지고 다양한 현실적 민족을 분석하기는 불가능하기 때문에, 보다 개방적인 접근이 필요하다는 의미이다. 이 같은 연구자의 기본적인 태도와 원칙을 전제한다면 민족은 여전히 정치와 사회를 분석하는데, 시민사회나 국가와는 다른 차원의 현실을 포착할 수 있도록 도와주는 요긴하면서도 풍부한 개념이라고 할 수 있다.

마지막으로 민족이라는 개념에 대한 고찰에서 발견할 수 있었듯이 서구 중심의 사회 과학과 그 개념들, 그리고 이의 활용과 번역에 의존하면서 발전한 비서구의 사회과학과 그 개념들의 상호 관계에 대해 조금 더 체계적이고 적극적인 성찰이 필요할 것으로 보인다. 이를 위해서는 서구에서 어떤 문화적 배경을 가지고 개념이 형성되었는지에 대한 정확한 이해를 요구하며, 동시에 비서구에서 어떻게 이러한 개념이 번역, 활용되었는지에 대한 탐구가 필요하다. 특히 학계 내부에서 사용되는 자유주의, 코포라티즘, 국가주의 등의 학술적 개념뿐 아니라 국가, 공화국, 민주주의, 인민, 대중 등의 일상적이면서도 학술적인 개념에 유의해야 할 것이다. 이러한 노력이 없이 자율적 학술의 장을 형성하는 것은 불가능할 뿐만 아니라, 기초적인 개념에 대한 성찰이 없이 이론적 독창성만을 추구할 경우 오히려 소통이 불가능한 공허한 메아리에 그칠 가능성이 높다. 결국 이상에서 전개한 것과 같은 개념적 고찰은 비서구권 학계는 물론 서구권 학계에서도 필수적으로 거쳐야만 하는 기본 과제임에도 불구하고 그동안 너무나 등한시해 왔던 것은 아닌지 고려해 보아야 할 것이다.

참고문헌

김영명(2002), "세계화와 민족주의: 약소국 시각 정립의 방법", 『한국정치학회보』 36권 2호, 367~384.

김용선(1999), 『통일 신라와 고려의 민족 통합 정책 비교』, 춘천: 한림대민족통합연구소.

김장권(1994), 『국민국가 형성과 지방자치: 일본 국가주의의 사회적 기반』, 서울: 서울대출판부.

사까이 · 나오끼(2003), 『국민주의의 포이에시스』, 서울: 창비.

송두율(2000), 『민족은 사라지지 않는다』, 서울: 한계레신문사.

임지현 이성시 엮음(2004), 『국사의 신화를 넘어서』, 서울: 휴머니스트.

조민(1994), 『한국 민족주의 연구』, 민족통일연구원 연구보고, 서울: 민족통일연구원.

천꽝싱(2003), 『제국의 눈』, 서울: 창비.

Anderson, Benedict(1983), *Imagined Communities: Reflections on the Origin and Spread of Nationalism*, London: Verso Editions.

Badie, Bertrand(1987), *Les deux Etats*, Paris: Fayard.

Badie, Bertrand(1992), *L' Etat importé*, Paris: Fayard.

Bell, David A(2001), *The Cult of the Nation in France. Inventing Nationalism 1680~1800*, Cambridge: Harvard Univesity Press.

Billig, Michael(1995), *Banal Nationalism*, London: Sage Publications.

Breuilly, J., ed.(1992), *The State of Germany: The National Idea in the Making, Unmaking, and Remaking of a Modern Nation-State*, London: Longman.

Brubaker, Rogers(1992), *Citizenship and Nationhood in France and Germany*, Cambridge, MA: Harvard University Press.

Delannoi, Gil(1999), *Sociologie de la nation. Fondements théoriques et expériences historiques*, Paris: Armand Colin.

Elias, Norbert(1973), *La civilisation des moeurs*, Paris: Calmann Lévy.

Gellner, Ernest(1983), *Nations and Nationalism*, Ithaca and London: Cornell University Press.

Giddens, Anthony(1986), *The Constitution of Society*, Berkeley: University of California Press.

Greenfeld, Liah(1992), *Nationalism: Five Roads to Modernity*, Cambridge: Harvard University Press.

Hechter, Michael(1999), *Internal Colonialism: The Celtic Fringe in British National Development*, New Brunswick, NJ: Transaction Publishers.

Hechter, Michael(2000), *Containing Nationalism*, Oxford: Oxford University Press.

Hobsbawm, Eric J.(1992), *Nations and Nationalism Since 1780: Programme, Myth, Reality*, Cambridge: Cambridge University Press.

Hobsbawm, Eric J. and Terence Ranger. Eds.(1983), *The Invention of Tradition*, Cambridge: Cambridge University Press.

Lacroix, Bernard(1976), "Le discours communautaire", *Revue franéaise de science politique*, 24(3). 526–558.

Lone, Stewart(2002), "Between samurai and carnival: Identity, langage, music and dance among the Japanese expatriate community in 1930s Brazil" in Wilson, Sandra(2002), *Nation and Nationalism in Japan*, 69~80, London: Routledge Curzon.

Noiriel, Gérard(2001), *Etat, nation et immigration, Vers une histoire du pouvoir*, Paris: Belin.

Renan, Ernest(1887), "Qu' est-ce qu' une nation?" in Ernest Renan. *Discours et conférences*, Paris: Calmann Lévy.

Rosanvallon, Pierre(1992), *Le sacre du citoyen*, Paris: Gallimard.

Safran, William. ed.(1998), *Nationalism and Ethnoregional Identities in China*, London: Frank Cass.

Schnapper, Dominique(1974), 'Centralisme et fédéralisme culturels: Les émigrés italiens en France et aux Etats-Unis', *Annales ESC.* Septembre. 1141–1159.

Schnapper, Dominique(1991), *La France de l'intégration. Sociologie de la nation en 1990*, Paris: Gallimard.

Schnapper, Dominique(1994), *La Communauté des citoyens. Sur l' idée moderne de nation*, Paris: Gallimard.

Smith, Anthony D.(1986), *The Ethnic Origins of Nations*, New York: Blackwell.

Smith, Anthony D.(1998), *Nationalism and Modernism: A Critical Survey of Recent Theories of Nations and Nationalism*, London: Routledge.

Townsend, James R.(1986), 3rd ed. *Politics in China*, London: Little Brown.

Todd, Emmanuel(1990), *L' invention de l' Europe*, Paris: Seuil.

Wilson, Sandra(2002), *Nation and Nationalism in Japan*, London: Routledge Curzon.

Wood, Gordon S.(1998), *The Creation of the American Republic 1776–1787*, Chapel Hill: The University of North Carolina Press.

Part 2

민주주의, 진정한 인간이해인가?

말 알아듣기와 사람 알아보기[1)]

-『논어』『맹자』『계사』의 '지언(知□言)' 론-

곽신환

I 사람에 대한 정보 판단 기술

춘추 · 전국시대는 말의 시대였다. 내용이 있고 의욕이 있고 능력이 있다면 누구나 다 말하고 주장하고 유세(遊說)할 수 있었다. 유사(游士)와 변론가들이 지식과 아이디어의 행상꾼처럼 떠돌며 종횡으로 논리를 펼치고 설득하여 득세할 수 있는 시기였다. 이른바 제자와 백가는 춘추와 전국시대라는 공간이 만들어낸 말의 성찬(盛饌)의 결과이다.

공자나 맹자는 '지언(知言)'을 강조하였다. 『논어』는 교언(巧言)과 눌언(訥言)으로 인자와 불인자를 구별하며, 마지막장에서 "말을 알지 못하면 사람을 알 수 없다"고 하였고, 맹자 역시 자신은 '말을 아는' 일을 잘한다고

---

1) 이 글은 2007년 12월에 간행된 한국동양철학회의 학술지 [동양철학] 28집에 게재하였던 것을 내용을 일부 수정하고 전체적으로 윤문한 것이다.

하였고, 폐단 있는 말의 대표적 경우 넷을 들었다. 순자(荀子)는 「비십이자(非十二子)」 편에서 당시 대표적인 사상가 집단의 주장에 대하여 분석하고 비판했다. 「해폐(解蔽)」편에서도 그들의 주장의 폐단을 구체적으로 지적하였다. 예를 들면 혜시(惠施)에 대해서 "언사(言辭)에 가리어 실제를 알지 못했다. … 언사에 의거하여 도(道)라고 주장하면서 논변(論辨)에 진력했다"라고 하였다. 『장자』 「천하」편의 저자 역시 당시 저명한 사상가들을 분류하여 그들의 말을 분석하고 평가하였다. 묵적(墨翟)은 "그런 말로 내 말을 비난하는 것은 마치 계란으로 바위를 치는 격이다. 세상에 있는 계란을 다 던져도 바위는 그대로 있다. 깨지지 않는다"라 하였고, "말은 많이 하려고 힘쓰지 말고 지혜에 힘써야 하며, 기교(技巧) 문식(文飾)에 힘쓰지 말고 사물을 통찰하는 데 힘써야 한다"고 했다. 법가의 한비(韓非)는 "같고 다른 말을 살펴서 붕당의 나뉨을 알고, 세 사람과 다섯 사람의 말을 증험하여 진술한 말의 실제를 따진다"라고 하였다.

이 시기에는 말을 잘 알아듣기에 대한 관심과 기술도 개발되었지만 한편 언어의 한계와 부정적 측면에 대한 논의도 활발했다. "말을 하지 않는다"거나 언어는 한낱 통발이나 올가미 또는 달을 가리키는 손가락과 같은 도구에 지나지 않는다거나, '도는 편파적 주장에 은폐되고 말은 화려한 논변 속에 숨겨진다' '지극한 말은 말을 제거한다. … 말을 안다는 것은 말로써 말하는 것이 아니다' 라는 등이 이 시기의 문헌들 속에 있다.

이처럼 시대와 유파에 따라 태도가 다소 다르기는 하지만 다른 사람의 말이나 학인(學人)들의 주장에 대한 여러 관점의 분석과 이해가 있었다. 여기서는 유가의 '지언'론을 『논어』 『맹자』 『역』의 경우를 중심으로 고찰해 본다. 왜냐하면 이 세 문헌의 '지언'이 서로 상관이 있다고 말한 학자들이 여럿이기 때문이다.[2)]

II 『논어』의 '지언(知言)'과 '지인(知人)'

1. 지도자와 지인(知人)

지도자에게서 무엇보다 필요한 것은 인재의 발굴일 것이다. 그런데 예나 이제나 대부분의 사람들이 우선 자기 자신이 발탁되고 등용되기를 바라며, 자기능력을 남들이 몰라준다고 생각하여 심각한 스트레스를 받는다. 그래서 공자는 자신의 능력을 키워 자리와 역할이 주어지면 제대로 그 직책을 수행할 것에 우선적 관심을 가지라고 하였고, 능력이 갖추어졌다면 비록 쓰이지 않아도 그 귀책(歸責) 사유가 자신에게 있지 않으니 화낼 일이 아니라고 하였던 것이다. "남이 알아주지 않아도 성내지 않으면 또한 군자가 아니겠는가?" "남이 나를 알아주지 않는 것을 염려하지 말고 능력이 부족함을 염려하라." "군자는 무능함을 염려하고 남이 자기를 알아주지 않음을 염려하지 않는다." "지위 없음을 염려하지 말고 제대로 역할을 수행할 수 있을지를 염려하라" 등이 그것이다.

지도자에게 있어서 '지인'의 중요성에 관한 공자의 관심은 제자 번지와의 문답 중에 나타난다. 번지가 '인(仁)'에 대하여 묻자 '사람을 사랑하는 것'이라고 했고, '지(知)'에 대하여 물으니 '사람을 아는 것'이라고 했다. 무슨 뜻인지 알아듣지 못하는 제자에게 공자는 "곧은 것을 들어 굽은 것에 두면 굽은 것이 반듯하게 된다"라고 했다. 선생의 말뜻을 알아듣지 못하는 동

---

2) 호운봉에 따르면 『맹자』의 '지언'은 『논어』에 근거를 갖는다. 장식(張栻)은 "『논어』「요왈」편의 '지인'은 『역』「계사」의 '지인'과 같은 것이라고 한다. 『논어집주』 요왈 "南軒張氏曰此所論 … 知言如吉人之辭寡, 躁人之辭多之類. 不知言, 則無以知其實情之所存, 其將何以知人乎?/故知言, 則取友不差矣" 경원 보씨 역시 『논어』의 '지인' 『역』「계사」에서 말하는 '선한 사람은 말이 적고 조급한 사람은 말이 많다'와 『맹자』의 '지언'이 같은 것이라고 했다. 『論語纂疏』「요왈」 "慶源輔氏曰 … 繫辭所謂吉人之辭寡, 躁人之辭多, 孟子所謂?淫邪遁云者, 皆是也. 此其工夫密矣. 固非臆度意料者之所爲必先格物窮理然後能之."

료를 위하여 곁에 있던 자하는 번지에게 순(舜)이 천자가 되자 무리 가운데서 인재를 선발할 때 고요(皐陶)를 들어 쓰니 불인한 자들이 멀리 갔고, 탕(湯)이 천자가 되어 무리 가운데서 이윤(伊尹)을 들어 쓰니 불인자들이 멀어졌다는 것을 두고 한 말씀이라고 설명했다.

2. 지인(知人)과 '지언'(知言)

『논어』「요왈(堯曰)」편 마지막 구절은 "말을 알지 못하면 사람을 알 수 없다"이다. 지도자는 사람을 아는 것이 중요한데, 말을 알지 못하면 사람을 알 수 없다는 것이다. 이 『논어』 20편의 종결사는 앞에 두 단락이 더 있다. "명(命)을 알지 못하면 군자가 될 수 없고, 예(禮)를 알지 못하면 역할을 수행할 수 없다"가 그것이다.

『논어』를 편집한 사람들이 이 구절을 여기에 배치한 것이 아무런 의도 없이 이루어진 것은 아닐 것이다. 『논어』가 이 세 구절로 끝맺음한 것은 『논어』 첫머리 「학이」편에서 말한 것과 서로 시종(始終)이 되게 하려고 해서이다. 즉 공자는 평소 군자는 항상 "남이 날 알아주지 못하는 것을 염려하지 않고 내가 남을 알지 못할까 염려한다"라고 하였는데 첫머리에서 "남이 나를 알아주지 않아도 화내지 않으면 또한 군자가 아니겠는가"라고 한 구절과 마지막 편에서 말을 알아서 남을 알라고 한 것은 서로 상관이 있다는 것이다. 윤화정(尹和靖)은 "천명을 알고 예를 알고 말을 알면 군자의 일이 갖추어진다. 제자들이 이 말씀을 기록하여 편(篇)을 마쳤으니 어찌 깊은 뜻이 없겠는가? 배우는 사람들이 어려서부터 이 책을 읽고서도 늙어서 한마디 말씀도 쓸 만하다는 것을 알지 못한다면, 성인의 말씀을 모독하는 사람에 가깝지 않겠는가. 이는 공자의 죄인이니 생각하지 않을 수 있겠는가?"[3]라고 하였다.

3) 주희 『논어집주』「요왈」 尹氏曰. "知斯三者, 則君子之事備矣. 弟子記此以終篇, 得無意乎? 學者少而讀之, 老而不知一言爲可用, 不幾於侮聖言者乎? 夫子之罪人也, 可不念哉?"

"말을 모르면 사람을 알 수가 없다"를 주희는 "말의 잘잘못에 따라 사람의 간사함과 올바름을 알 수 있다"로 풀이한다. 경원 보(輔)씨는 '말이란 마음의 소리'이기에 말의 잘잘못에 의거하여 남의 마음의 바르지 못함과 바름을 아는 것이다. 이는 '격물(格物) 궁리(窮理)하는 군자만이 가능한 일'이며, 『맹자』의 '지언(知言)' 역시 남의 말을 듣고 그 마음 씀의 간사함과 올바름을 아는 것이라고 하고, 또 "명을 아는 것은 나에게 있는 것에 대해 일정한 식견이 있는 것이고, 예를 아는 것은 나에게 있는 것을 일정하게 지키는 것이고 말을 아는 것은 남에게 있는 그 실정을 숨기지 않는 것이니 이 세 가지를 알면 안으로 자기의 덕을 완성하기에 충분하고 밖으로 남의 실정을 다 구현하기에 충분하니 그래서 윤화정이 이 세 가지를 갖추면 군자의 덕이 다 완비된다고 말했다"[4]라고 했다. 말을 아는 것이 군자적 인격 형성에 있어서 필수적 조건임을 분명히 하고 있다.

3. 교언(巧言)·편녕(便佞)과 눌언(訥言)

'지언'과 관련하여 주목할 만한 것으로 교언(巧言)과 눌언(訥言)이 있다. 교언(巧言)은 듣기 좋은 잘 다듬어진 말로 남을 기쁘게 하는 말이고 또 시비(是非)를 변란(變亂)시키는 말이어서 이런 말을 들으면 사람들이 그 지킬 바를 상실하게 된다.

> "듣기 좋은 말[巧言]과 좋은 얼굴빛[令色]을 하는 사람에게는 인자가 드물다."(「학이」)
> "듣기 좋은 말, 좋은 얼굴빛, 지나치게 공손한 태도[足恭]를 좌구명이 부끄럽게 여겼는데 나도 부끄럽게 여긴다. 원망을 숨기고 그 사람과 벗을 하는 것을 좌구명이 부끄럽게 여겼는데 나도 또한 부끄럽게 여긴다."(「공야장」)

---

4) 『논어집주』「요왈」 집설. "知命, 則在我者有定見, 知禮, 則在我者有定守, 知言, 則在人者無遁情. 知斯三者, 則內足成己之德, 外足盡人之情, 故君子之事備"

"듣기 좋은 말[巧言]이 덕을 어지럽힌다. 작은 것을 참지 못하면 큰 것을 어지럽힌다." (「위령공」)

교언과 유사한 말이 말재간이 있다는 뜻의 영(佞) 또는 편녕(便佞)이다. 예나 지금이나 듣기좋은 말을 잘하는 사람으로 종교관련 사제를 들 수 있다. 공자 당시에도 종묘(宗廟)의 축관(祝官) 가운데 타(鮀)라는 사람이 특히 말재간이 뛰어났던 모양이다. 그래서 공자는 당시 혼란한 세태에는 타처럼 말을 잘해야 살아남을 수 있나보다라고 하였던 적이 있다. 그러나 공자는 편녕(便佞)에 대하여 매우 부정적 태도를 갖고 있다. 말재주는 남의 입을 종종 막아 자주 그들에게 미움만 살 뿐 아무 쓸데가 없다고 하였고, 나라 다스리는 것에 대한 안연의 물음에 공자는 "정(鄭)나라 음악을 멀리하고 말재주 있는 사람을 멀리하라. 정나라 음악은 음탕하고 말 잘하는 사람은 위태롭게 때문이다"라고 하였다. 또한 벗을 삼을 때에 정직하고 성실하고 견문이 많은 사람을 벗하면 유익하고, 한 쪽만을 잘하고 남에게 부드럽게 아첨 잘하고, 말 잘하는 사람을 벗으로 하면 손해가 난다고도 하였다. 그러나 상대를 설득하기 위한 말이 종종 편녕으로 오해되기도 한다. 미생무(微生畝)가 공자에게 "너는 왜 이리도 연연해 하는가? 말재주를 구사하는 것 아닌가"라고 하자 "어찌 감히 말재주를 부리겠는가? 고집불통(固執不通)을 미워해서이다"라고 답한 일이 있다. 상대의 고집불통을 깨치고 설득에 주력하다 보니 말재주 부리는 것으로 보였던 모양이다.

교언(巧言) · 편녕(便佞)과 상대되는 말이 눌언(訥言)이다.

"군자는 말은 더듬듯 느리게 하고 행동은 민첩하게 하고자 한다."(「리인」)

"굳세고, 의연하고, 질박하고, 느리고 둔한 것이 인(仁)에 가깝다."(「자로」)

눌(訥)은 지둔(遲鈍) 곧 느리고 둔한 것으로 풀이되며 교(巧)에 상대되는 것이다. 누구나 다 함부로 말하는 것은 쉽고 힘써 실천하는 것은 어렵기 때문에 군자는 말은 더듬듯 느리고 조심스럽게 하고, 실천은 민첩하게 하려고 한다는 것이 공자의 생각이다. 그는 군자가 말을 조심해서 하는 이유를 몇 가지 들었다. 예를 들면 "옛 사람이 말을 하지 않은 것은 몸이 미치지 못할 것을 부끄러워해서이다"(「리인」) "군자는 그 말이 실천을 지나치는 것을 부끄러워한다"(「헌문」)와 같은 것들이다. 또한 "말이란 알아들으면 그만이다"(「위령공」)라는 생각도 바탕에 있는 듯하다.

눌언은 신언(愼言) 곧 말에 삼가는 것과 가깝다. 『논어』에서 신언을 말한 경우가 적지 않다. "군자는 먹음에 배부르기를 추구하지 않고 거처에 편안하기를 추구하지 않는다. 일에는 민첩하고 말에는 삼가하며, 도 있는 사람에게 나아가 바르게 하면 배우기를 좋아한다고 할 수 있다."(「학이」) "많이 듣고 의심나는 부분은 비워두고 그 나머지를 삼가서 말하면 허물이 적을 것이다. 많이 보고 위태한 것을 비워두고 그 나머지를 행하면 후회가 적을 것이다. 말에 허물이 적고 행동에 뉘우침이 적으면 녹봉이 그 가운데 있나."(「위정」) "군자는 한마디 말에 지혜롭다 하고 한마디 말에 지혜롭지 못하다 하는 것이니 말을 삼가하지 않을 수 없다."(「자장」)

눌언은 또한 인언(訒言)과 유사하다. 공자는 "인자는 그 말이 참는 듯 어려운 듯 한다"고 하여 눌언이 인자에 가깝듯 인언도 인자에 가깝다고 하였다. 이 말은 사마우(司馬牛)라는 제자와의 문답에서 나온 것이다. 사마우는 평소 말이 많고 또 조급한 사람이었다. 그는 말을 참고 하고 또 어려운 듯 하라는 말에 그렇게 하면 인이 되느냐고 물었다. 이 때 공자는 "실천이 어려우니 말하기를 어찌 참고 어려운 듯 하지 않을 수 있겠는가"라고 하였다. 강희제는 『예기』를 인용하여 설명한다. 즉 "인은 그 그릇이 무겁고 그 길은 멀어, 들 수도 없고 갈 수도 없다. 인에 힘쓰는 것 또한 어렵지 않겠는가? 인을 쉽게 말하는 자는 실천하지 않는 자이다. '인'을 실천한 후에야 '인'에 힘쓰는 것이 어려운 줄 안다. 그러므로 감히 가볍게 말하지 못한다"고 하였는데 정약용은 강희제의 풀이가 가장 명확하다고 평하고 있다. 최고의 개념에 대한 실천의 문제를 너무 안이하게 경솔하게 발언하는 것에 대한 경계이다.

그런데 공자는 어느 때 "나는 말을 하고 싶지 않다"고 제자들에게 선언하였다. 주로 말씀을 통하여 가르침을 받던 제자들은 깜짝 놀랐을 것이다. 말씀으로 여태까지 가르쳐온 선생이 입을 다물겠다는 것은 이제 가르치지 않겠다는 뜻을 나타낸 것으로 보았기 때문이다. 그런데 선생은 이내 그 의도를 밝혔다. "하늘은 무슨 말을 하는가? 사계절이 운행하고 만물이 잘 생육하고 있는데 하늘이 무슨 말을 하던가?"라고. 훗날 사람들은 공자의 말을 풀이하여 제자들이 지나치게 스승의 언어문자에만 매몰되는 것을 경계하기 위하여 경계한 말이라고 하였다. 언어문자의 한계 또는 언어문자의 본질적 기능을 환기(喚起)시켜주고자 한 것이라는 말이다.

III 『맹자』의 '지언'

1. 호변(好辯)과 이단(闢異端) 배척

맹자에 대한 역사적 평가는 극단적으로 갈라지지만 대체로 그의 위상은 아성(亞聖)이다. 맹자를 긍정적으로 평가하는 사람들은 그가 성선(性善)설, 양기(養氣)론, 인의(仁義)론을 제기하고, 사설(邪說)의 폐해를 거론하여 막은 것을 든다. 맹자는 공자와 달리 주변에 적대(敵對) 언론이 많았다. 공자가 천하를 두루 돌아다녔어도 적대자와 논쟁을 벌인 일이 별로 없었다. 초나라에 여행할 때 은자들로부터 관념적 도전이 있었지만[5] 논변을 벌이지는 않았다. 그러나 맹자의 시대는 양주 묵적의 사상이 이미 성행하고 있었고 그밖에 신도 송견 장의 소진 허행 등이 모두 제각기 자신들의 주장을 펼치고 있었다. 맹자는 이들 사상에 대하여 주요 논적들과 신랄(辛辣)한 논변을 벌였다. 이지 허행 고자 등이 주요한 논적이다. 그러다 보니 맹자에 대

5) 『논어』「미자」편에 초나라의 장저 걸익 등에 관한 이야기가 있다.

하여 '논변을 잘 한다'거나 말이 많다는 평이 있었다. 공도자와 이른바 '호변(好辯)'에 관한 논의가 있다.

'호변(好辯)' 즉 변론을 좋아한다는 칭찬과 기롱이 섞인 말을 들은 맹자는 자신이 변론에 적극적인 이유를 자신이 느끼는 사명과 결부하여 설명한다. 즉 그는 자신이 하고 있는 사업인 '사설을 종식시키고' '피행과 음사를 차단하는 일'을 스스로 우(禹)의 치수(治水), 공자가 『춘추』를 지은 공적에 비견하고 있다. 우임금이 홍수를 다스릴 때 세상이 태평해졌고, 주공이 오랑캐를 아우르고 맹수를 쫓아내자 백성이 안심하게 되었으며, 공자가 춘추를 완성하자 난신적자가 두려워했는데, 자기도 역시 인심을 바로잡고 간사한 학설을 종식시키고 치우친 행위를 배격하고 방탕한 말을 추방하여 세 성인을 계승하겠다는 것이며 그렇게 하기 위하여 부득이 논변을 하게 된 것으로써 좋아서 한 것이 아니라는 변명이다.

변론을 즐김이 좋은 일이라고 할 수는 없지만 그것이 사설을 물리칠 수 있는 일이라면 부득이한 일이라는 것이다. 그는 당시의 사설로 양주와 묵적의 주장을 거론하였다. 맹자에 따르면 성왕이 나타나지 않으니까 천하의 제후들이 방자해졌고, 산림에 은거하던 처사들이 의론을 함부로 펼치게 되었는데 그 가운데 양주와 묵적의 말이 세상에 풍미했다는 것이다. 그는 이를 "세상의 말이 양주에게로 돌아가지 않으면 묵적에게로 돌아갔다"로 표현했다. 그들의 학설을 평가하여 "양주는 나를 위해라고 주장하는데 이는 군주를 부정하는 것이요, 묵적은 다 함께 무차별로 사랑해야 한다고 하는데 이는 아비를 부정하는 것이다. 아비를 부정하고 군주를 부정하는 것은 금수이다"라고 하였다. 공명의는 당시 권세가의 집 "주방에는 살진 고기가 있고 마구간에는 살진 말이 있으나 일반 사람들에게는 굶주린 기색이 있고 들에는 부황나서 죽은 시체가 있다. 이는 짐승을 끌어다 사람을 먹이는 것이다"라고 말했는데 맹자는 이 말을 인용하여 "양주 묵적의 도가 종식되지 않으면 공자의 도가 드러나지 않으니 이는 사설이 백성을 속이는 것이요,

인의를 틀어막고 차단하는 것이다. 인의를 틀어막고 차단하는 것은 짐승을 몰아다 사람을 먹이는 것이요, 사람들끼리 서로 잡아먹게 하는 짓이다"(「등문공」하)라고 하였다.

맹자의 논리는 매우 자극적이다. 그러나 사람은 굶주리고 있고 짐승을 살져 있으며, 그 짐승을 살지게 하기 위하여 사람이 굶주리고 있으니, 이는 사람이 짐승의 고기를 먹는 것이 아니라 오히려 짐승이 사람을 먹는 현상이며, 사람이 굶주리며 살지게 한 짐승의 고기를 일부 특권층이 먹고 즐기고 있으니, 이 또한 결국 사람이 사람의 고기를 먹는 것과 같다는 논리인 것이다. 그리하여 맹자는 "나는 이것을 두려워하여 옛 성인의 도를 보위하고 양주 묵적을 거부하며 방탕한 말을 몰아내 멀리하고 사설이 일어나지 못하게 했다. 마음에서 일어나면 그 일에 해롭고, 그 일에서 일어나면 그 정사에 해로우니 성인이 다시 일어나더라도 내 말을 바꾸지는 않을 것이다"(「등문공」상)라고 했다. 또한 "양주 묵적의 말을 거절할 수 있는 이는 성인의 문도이다"(「등문공」하)라고 말했다. 이는 사설을 물리치는 것을 자신의 주요 사명으로 삼았음을 드러내는 표현이다.

맹자는 사설이 일어나 천하를 망치는 것은 결국 마음의 문제라고 본다. 마음이 잘못되어 결국 이러한 잘못된 현상이 빚어졌다는 것이다.

2. '지언'과 사폐(四蔽)

호변과 관련 있는 맹자의 발언이 '지언'이다. 무엇을 잘하느냐는 제자의 물음에 대하여 맹자는 자신은 '지언'을 잘하고 '호연지기를 잘 기른다'고 대꾸했다. (「공손추」상) 남이 하는 말을 잘 이해하기에 그에 대한 논변이 가능하고 또 쟁론에서 상대를 제압할 수 있을 것이다. 따라서 쟁변을 좋아한다는 주변의 평가를 스스로 인정하는 셈이다. 주희는 이때 맹자가 말한 '지언'의 의미를 마음을 다하고 본성을 알며 세상의 모든 말에 대해서 그 이치를 지극히 탐구하지 않음이 없어 그 시비득실의 까닭을 아는 것'[6]이라고 하였다.

'말을 안다'는 것은 무엇을 뜻하는가 하는 물음에 맹자는 폐단이 있는 말 네 가지, 즉 피사(詖辭) 음사(淫辭) 사사(邪辭) 둔사(遁辭)를 들었다.

"치우친 말에 그 가린 곳이 있음을 알고,
방탕한 말에 그 빠진 곳이 있음을 알고,
사벽한 말에 그 이간하는 것을 알며,
도피하는 말에 그 곤궁하고 굴욕적인 것임을 안다.
이것은 마음에서 생겨서 그 정사를 해치고, 그 정사에 발휘되어 그 일을 해친다.
성인이 다시 일어나도 반드시 내 말을 따를 것이다."[7]

이 말을 주희는 피사는 편파적인 말, 음사는 방탕한 말, 사사는 사벽한 말, 둔사는 도피하는 말로 풀이한다. 또 치우친 말의 가리웠음이라는 것은 차단하고 격리시켰다는 뜻이고, 방탕한 말의 빠진 곳이 있다는 것은 가라앉았다는 것이며, 사특한 말의 이간한다는 것은 배반하고 떠나갔다는 것이고, 도피하는 말에 막혔다는 것은 곤궁하여 굽혔다는 것이라고 하였다. 그리고 그는 이 네 가지 말은 서로 상관이 있고 모두 마음의 잘못이라고 하였다. 조기(趙岐, 108(?)~201)는 4가지 말의 유형을 맹자가 들으면 그 사람의 마음의 취향을 알 수 있다는 것이라고 '지언'의 의미를 규정하였다.

주희에 따르면, 사람이 말을 하는 것은 모두 마음에 근본을 두고 있는데, 그 마음이 바른 이치에 밝고 차단되고 격리된 것이 없어진 다음에야 그 말이 평정 통달하여 병폐가 없다. 참으로 그렇지 못하면 반드시 위와 같은

---

6) 주희 『맹자집주』「공손추」상 "知言者, 盡心知性, 於凡天下之言, 無不有以究極其理, 而識其是非得失之所以然也."

7) 『맹자』「공손추」상. 詖辭知其所蔽, 淫辭知其所陷, 邪辭知其所離, 遁辭知其所窮. 生於其心, 害於其政, 發於其政, 害於其事. 聖人復起, 必從吾言矣.

네 가지 병폐가 생기게 된다. 그 말의 병폐에서 그 마음의 잘못을 알게 된다. 또 그것이 정사의 결단에 해가 되어 바꾸지 못하는 것이 이와 같음을 아니 마음이 도에 통달하여 세상의 이치에 의심이 없는 경우가 아니면 누구도 가능한 일이 아니라는 것이다. 따라서 맹자는 고자가 '말에서 얻지 못하면 마음에서 구하지 말라'고 하였고 '의는 외부의 것'이라는 주장을 하기에 이르렀는데, 이는 모두 스스로 네 가지 병폐에서 벗어나지 못한 것이라 하였고, 따라서 그가 어찌 천하의 말을 알아 의심이 없겠는가라고 했다.

피사 · 음사 · 사사 · 둔사 가운데서 맹자가 전력을 기울여 배척한 것은 앞의 세 가지인 듯하다. 「등문공」 하편에서 맹자는 "나는 또한 사람들의 마음을 바르게 하고 사특한 말을 종식시키고 치우친 행위를 막고 방탕한 말을 추방하여 세 성인을 계승하고자 한다"라고 했듯이 피사 음사 사사는 거론하였으나 둔사만을 빼놓고 있다. 둔사의 경우는 그것이 논리가 곤궁하여 회피하는 말이기 때문에 상대적으로 피해가 덜하여 그리 심하게 공박하지 않은 듯하다. 주희는 맹자가 묵가를 추종하는 이지(夷之)의 말을 둔사로 보고 공박했다고 하였다.

3. 마음과 말과 정사(政事)

"마음에서 생겨서 그 정치를 해치고, 그 정치에 발휘되어 그 일을 해친다"(「등문공」상)는 것이 맹자가 피사 · 음사 · 사사 · 둔사를 적극적으로 막는 논거이다. 맹자는 고자의 "말에서 얻지 못하면 마음에서 구하지 말라. 마음에서 얻지 못하면 기에서 구하지 말라"를 거론하면서 "마음에서 얻지 못하면 기에서 구하지 말라"는 말은 옳다고 하였다. 마음의 의지(意志)는 기(氣)의 장수와 같아 의지(意志)가 우선적이고 기가 그 다음이다. 지와 기의 관계가 이러하므로 "뜻을 잘 지녀서 그 기를 함부로 하지 말라"는 말이 있다는 것이다. 그래서 마음에서 얻지 못한다면 그것의 다음 단계인 기에서 얻는 것은 불가능하므로 고자의 말이 맞다는 것이다. 그러나 "말에서 얻지 못하면 마음에서 구하지 말라"는 고자의 말은 옳지 않다고 하였다.

맹자의 답변에 대하여 주희는 다음과 같이 해석하였다. "고자는 말에 통달하지 못함이 있으면 마땅히 그 말을 버려두고 마음에서 돌이켜 그 이치를 찾을 필요가 없다. 마음에 편안하지 못함이 있으면 마땅히 힘써 그 마음을 제재하고 다시 기에서 그 도움을 구할 필요가 없다. 이는 그 마음을 굳게 하고 빨리 움직이게 하지 않음이 된다고 여겼다. 맹자는 고자의 말을 인용하면서 그가 말하는 마음에서 얻지 못하면 기에서 구하지 말라고 하는 것은 근본에 힘쓰고 말단에 느슨하게 함이니 오히려 옳은 것 같다. 말에서 얻지 못히면 마음에서 찾지 말라고 한 것은 이미 밖에서 잃었는데 드디어 안의 것을 버리는 것이니 그것이 옳지 않음이 틀림없다. 그러나 무릇 가능하다고 한 것은 그저 겨우 가능하며 다하지 못함이 있음을 말한 것이요, 만약 그 지극한 것을 논하면 뜻이 참으로 마음이 가는[之] 것이요, 기의 장수가 되는 것이다. 기는 사람이 그 몸에 가득 채우는 것이지만 의지의 졸도(卒徒)가 된다. 그러므로 의지(意志)가 참으로 지극하고 기는 그 다음이다. 사람이 본래 마땅히 그 뜻을 경건히 지키지만 그러나 또한 그 기를 기르지 않으면 안 된다. 그 내외본말이 서로 교대로 길러주는 것이다. 이러하니 맹자의 마음이 기필코 부동하려 하지 않아도 저절로 흔들리지 않게[不動] 된 대략이다."

정약용은 '말을 안다'와 '호연지기를 잘 기른다'라는 맹자의 언급은 상호 연관성이 있다고 본다. 그의 해석에 따르면, 마음에서 나오는 것은 말이요, 정시에서 나오는 것도 말이다 정치[政]는 큰 일[大事]이고, 일[事]은 작은 정치[小政]이다. 피사와 음사는 가리우고 빠진 그 마음에서 일어나는 것이기 때문에 그 정사(政事)를 해치게 된다. 이것이 이른바 마음은 모든 일의 근본이 된다는 것이다. 마음에 병이 있으면 병폐가 없는 말을 하지 못할 것이요, 말에 병폐가 있으면 해가 없는 일을 행할 수 없다. 모든 말과 일의 근본이 한 마음에 있으니 어찌 말에서 얻지 못한 것을 마음에서 구하지 말라고 이르겠는가. 그러므로 스스로 말하고 스스로 단정지어 말하기를 "성인이 다시 나온다 해도 반드시 내 말을 따를 것이다"라고 한 것이다.

IV 『역』「계사전」의 여섯 가지 말[六辭]

『역』「계사」하 마지막 구절은 다음과 같다.

"반역하려는 사람은 그 말이 부끄럽고,
마음에 의심이 있는 사람은 그 말이 갈라지며,
선인의 말은 적고,
조급한 사람의 말은 많고,
선인을 속이는 사람은 그 말이 종잡을 수 없이 떠다니고,
그 지킬 것을 잃는 사람은 그 말이 비굴하다."[8]

이 구절 앞에 "사람과 사람이 좋아하고 싫어하는 감정으로 서로를 공격하니 길흉이 이로써 생긴다. 감정과 행위가 서로 부딪쳐서 이로움과 해로움이 이로써 생긴다. 사람과 사람이 서로 가까이 있으면서도 서로 얻지 못하면 곧 서로 증오하게 되고 서로 해치게 되는데 이것이 바로 흉이다. 때로는 해친다. 해치는 사람이 나타나면 후회하는 상황[悔]과 안타까운 상황[吝]이 이르게 된다"고 하였다. 상하 문맥에 주의할 필요가 있다.

주희는 이 구절에 대하여 "괘와 효의 말이 또한 이와 같다"[9]라고 하였다. 『어류』에는 '마음에 의심이 있는 자는 그 말이 갈라진다' 는 구절에 대

8) 『역』「계사」하, 12 "將叛者, 其辭慙, 中心疑者, 其辭枝, 吉人之辭寡, 躁人之辭多, 誣善之人, 其辭游, 失其守者, 其辭屈."

9) 『주역본의』「계사」하 12장 "卦爻之辭, 亦猶如是"

하여 "마음에 의심이 있으면 말이 감히 줄어들지 않는다. 그 말이 갈라진다는 것은 나무에 가지가 있는 것처럼 말이 갈라진다는 것이다"라고 하였다. 소식(蘇軾)은 이 구절에 대하여 "은미한 것이 현저하게 드러남과 진실함을 덮어 감출 수 없음이 이와 같다. 그러므로 혹 해치려는 자가 있을지라도 나는 반드시 그것을 밖에 드러내야 한다"[10]라고 풀이하였다. 앞에 있는 구절과의 연관 속에서 의미를 파악하고 있는 것이다. 즉 따라서 이 구절 다음에 나오는 여섯 경우는 모두 나를 해치는 사람이고 그 해치는 사람의 말이 어떠한지를 밝혀 놓은 것이 된다. 진고응(陳鼓應)은 장사(長沙) 한묘(漢墓) 출토 백서본(帛書本) 『역』에서는 위 문제의 구절 가운데 '부끄럽다(慙)' 대신에 '문란하고 혼잡하다(亂)'로 되어 있음에 근거하여 『춘추좌전』에 "역은 험난함의 여부를 점칠 수 없다(易, 不可以占險)"라고 했으니[11] 반심을 품은 사람은 이를 드러내 말할 수 없기에 신탁을 하고자 할 때 감히 밝게 드러내 말하지 못하고 묻는 말이 반드시 문란(紊亂)하게 되어 있는 것이라고 한다. 또 마음에 의심이 있는 사람은 그 말이 산만하여 중심이 없음이 마치 『순자』「해폐」편에서 "마음이 갈라지면 알지 못한다"라고 한 것과 같으며, 선한 사람의 말은 간약하고, 초조한 사람의 말은 번거롭고 복잡하다는 것은 『한비자』「해로」편에 "보통사람이 신(神)을 쓰는 것은 조급하다. 조급하면 비용이 많이 든다. … 성인(聖人)이 신을 쓰는 것은 안정되어 있다. 안정되면 적게 비용이 든다"라고 했고, 『한서』에서 "안정되면 길하고 조급하면 흉하다"고 한 것과 같은 말이다. 즉 선인(善人)이 점서하면 간약한 지침이 나오고, 조급한 사람이 점서하면 번거로운 지침이 나온다는 뜻이 된다. '선인(善人)을 무함하는 사람의 말'에서 무함(誣)은 백서본(帛書本)에 '없

10) 蘇軾 『蘇氏易傳』 8권, 「계사」하 "微之顯 誠之不可掩如此. 故或害之者, 我必有以見於外也"

11) 『春秋左傳』 「昭公」 12년 10월 "惠伯日, "吾嘗學此矣, 忠信之事則可, 不然, 必敗. … 且夫易, 不可以占險, 將何事也?"

다(無)'로 되어 있는데, 뜻은 서로 통한다. 지조를 상실한 사람은 그 마음은 부끄러우며 그가 점을 칠 때 하는 말은 모두 굴곡이 있고 경색(梗塞)되어 있다. 이런 사람들이 점을 쳐서 얻은 말 또한 그러하다고 하였다.

성호 이익은 "사정(事情)이 아직 드러나지 않았으면 점서에 의존하여 흉해(凶害)와 회린(悔吝)을 피할 것이지만, 사정이 이미 드러났다면 점칠 필요가 없고 그 말을 들어서 알 수 있다. 그 부끄럽고, 갈라지고, 떠돌고, 비굴한 말은 말을 아는 사람은 스스로 먼저 깨달을 수 있으니 이는 또한 우환(憂患)에 대처하는 요령이다. 이글의 앞에서 점서(占筮)하는 법을 상세히 기술하고, 이 말로 「계사전」을 끝낸 까닭은 기미(幾微)를 살피고 선(善)하게 대처하게 하려 함이니 이것이 군자의 마음의 역(易)이다"[12] 라고 하였다. 그는 이 구절을 『논어』『맹자』의 맥락에서 '지언'으로 규정하고, 또 '지언'을 '마음의 역[心易]'으로 규정한 것이 주목할 부분이다. 고형(高亨)은 참(慙)은 참(慚)이며 점(漸)으로, 그 뜻은 사(詐)라고 했다. 즉 배반하려고 하는 사람은 그 말이 거짓되다(詐僞)라는 것이다. 만일 참(慙)을 괴(愧)로 풀이한다면 배반하려는 사람이 그 마음에 부끄러움이 있고 그 얼굴에 부끄러운 기색이 있다면 이는 참으로 그래야 한다. 그런데 어떻게 말에 부끄러운 기색을 띠어 스스로 그 반역하려는 것을 드러낼 수 있겠는가? 이로 보면 참(慙)을 괴(愧)라고 한 옛 풀이는 옳지 않다고 했다.[13] 그는 또 지(枝)는 기(岐)로 읽어야 하고 분기(分岐), 갈라짐의 뜻이라고 했다.[14] 지욱(智旭)은 선사(禪師)답게 이 구절도 마음의 문제로 풀이한다. 계사전의 여섯 가지 경우를 시험 삼아 살펴보면 모두 "일체의 길흉화복이 자기의 마음에서 나

---

12) 李翼 『星湖先生易經疾書』 5권, 「계사」 "事情之未顯, 須假占筮而避凶害悔吝야. 事情之旣露, 則不必占筮, 可以聽其辭而知之. 其慙枝游屈之辭, 知言者 自可以先覺, 此又處憂患之要也. 上旣備述占筮之道, 終之以此 俾有以察幾善處 此君子心易也. 莫非學中事, 其意密矣"

13) 高亨 『周易大傳今注』 齊魯書社 605쪽

14) 高亨 『周易大傳今注』 5976-5985쪽

오지 않음이 없고 마음 밖에 다시 다른 법이 없다는 것을 볼 수 있다"라고 하였다. 마음의 상태가 그 말로 나타난다는 것을 말함이다.

여섯 가지 말을 보면서 우리는 『역』 「문언(文言)」의 '말을 잘 품절하여 그 성실함을 확립한다[修辭立其誠]'를 생각하게 된다. 주희가 진실무망(眞實无妄)으로 풀이하는 성(誠)은 『역』에서도 『중용』에서도 존재론적으로 또 수양론적으로 최고의 개념이다. 그것은 자기를 존재론적으로 완성하며 타인을 완성하며 자연적 대상존재까지도 완성하고 나아가 천지의 만물 화육에까지 참여하게 된다고 설정해 놓은 개념이다. 그런데 이 진실무망함을 정립하고 확립하는 것이 바로 수사(修辭)라고 하였다.[15] 수사는 결국 마음의 진실함을 확보하는 길임을 말한 것이다. 여섯 종류의 말을 말한 것도 수사를 통한 성의 확립을 위한 것이다.

V 혹세무민(惑世誣民)은 언제나 가까이 있다

앞에서 밝힌 것과 같이 『논어』·『맹자』·『역』의 '지언'은 상호 관련이 있다. 『논어』의 교언(巧言) 눌언(訥言) 신언(愼言) 등의 개념에 주목했다. 공자에게 있어서 '지언'은 사람을 알아보는 것이지만 이때의 사람을 안다는 것은 그 사람됨 인격의 수양과 관련된 것이다. 『맹자』에서는 피사(詖辭) 음사(淫辭) 사사(邪辭) 둔사(遁辭)를 중심으로 맹자가 세상의 이단을 물리치는 논거를 살펴보았다. 이 때 맹자 스스로 말했듯이 말은 마음에서 나오는 것이고, 정사에 심각한 영향을 주는 것이어서, 말을 통하여 그 마음의 선악 징사를 바르게 판단하여 결과적으로 세상에 사설이 횡류(橫流)하는 것을

15) 주희는 『주역본의』 건괘문언 해당조에서 "수사는 일에 드러난 것이 한마디 말도 진실하지 않음이 없는 것이다"라고 하였다. [修辭見於事者 無一言之不實也]

막아야 한다는 경각심이 배어 있는 주장이었다. 양주와 묵적의 주장이 천하가 이 두 사람에게로 향배(向背)를 정할 만큼 당시인들 상당수가 좋아한 것이었지만 맹자의 시각에는 그것이 '짐승을 몰아다가 사람을 먹게' 하거나 '사람들이 장차 서로를 먹게 되는' 정황의 참혹함으로 귀결된다는 우환의식(憂患意識)을 갖게 하였던 것이다. 그리고 이러한 맹자의 우환정신은 훗날 유가들로 하여금 강고한 이단배척의식을 갖게 하였다. 주희가 육상산과 소동파 등을 배척할 때도 맹자의 이런 주장을 논거로 하였고, 조선조 학인들의 위정척사론 역시 거의 언제나 맹자가 그 논거로 활용되었다. 『역』「계사」에서는 참사(慙辭) 지사(枝辭) 과사(寡辭) 다사(多辭) 유사(游辭) 굴사(屈辭)의 여섯 종류의 말의 의미와 그것과 마음의 연관성을 살펴보았다. 이는 기본적으로 신탁할 때의 마음가짐과 그 때의 당사자의 말을 대상으로 한 것으로 특수한 정황에서 읽히는 구절이지만 어느 누구나 절대자 앞에서 신탁의 순간, 기도해야만 하는 절체절명의 상황이 있을 수 있는 만큼 이 구절을 통하여 자기 성찰의 계기로 삼을 수 있을 것이요, 또한 일반인들의 말에도 그대로 적용될 수 있다.

말의 홍수 상황에서 말 그 자체의 논리적 정합성과 선악 시비를 가리기 힘든 것은 물론이요, 그를 근거로 마음의 시비선악을 판단하기 힘든 상황 속에 있는 것은 예나 이제나 마찬가지이다. 춘추와 전국시대에 글자 그대로 온갖 사상가가 다 등장하여 각자의 장점을 드러내 세상의 이목을 집중시키려 했듯이 오늘날도 그러한 정황 속에 있는 듯하다. 상황의 다름이 이제 때로는 개인의 선악과 무관하게 대중의 판단과 공공의 의지 속에 악도 선으로 지양되는 경우가 없지 않다. 텍스트가 콘텍스트를 떠나 프리텍스트로 기능하는 것처럼 개인이 타자에 대한 물리적 억압은 용납하지 않아야 할 것이다.[16] 특히 언어의 경우, 의사표현의 경우에는 그러하다.

---

16) 맹자가 양주 묵적을 혹독하게 다루었어도, 주희가 육구연과 소동파를 매섭게 몰아쳤어도 결코 물리적 폭력을 사용한 일이 없다.

그럼에도 우리의 공동체는 말하는 사람들의 마음의 지향을 정확하게 읽어낼 필요가 있다는 것은 부정될 수 없을 것이다. 그것은 자신의 인격수양을 위해서도 그러하고, 한 때의 지도자를 선택하는 경우에도 그러하고, 온 세상과 내세(來世)에 대한 염려에서 이념적 향방을 모색하는 경우에도 그러하며, 개인의 실존적 위기의 순간에 자신을 성찰할 때에도 그러할 것이다. 혹세무민(惑世誣民)은 언제나 우리 가까이 있음을 유념해야 한다.

참고문헌

孔穎達　『論語正義』 13經注疏本, 북경대출판부, 2000.

朱熹　『論語集註』 內閣板 『經書』 大東文化研究院 刊, 1976.

丁若鏞　『論語古今註』 與猶堂全書本.

丁若鏞　『孟子要義』 與猶堂全書本.

孔穎達　『孟子正義』 13經注疏本, 북경대출판부, 2000.

朱熹　『周易本義』 明文堂 刊, 1978.

智旭　『周易禪解』 自由出版社印行, 民國, 1967.

蘇軾　『蘇氏易傳』 四庫全書本.

張立文　『帛書周易注譯』 中州古籍出版社, 1992.

卞斌　『周易通解』 孔子文化大全編輯部編輯 山東友誼書社出版, 1989.

宋書升　『周易要解』 孔子文化大全編輯部編輯 山東友誼書社出版, 1989.

南懷瑾　『周易繫傳別講』, 신원봉 옮김(『주역강의』), 문예출판사, 1997.

高亨　『周易大傳今譯』 齊魯書社, 1979.

陳鼓應　『周易注譯與硏究』 臺灣商務印書館, 1999.

胡宏　『知言』 四庫全書本.

朱熹　「知言疑義」 『朱熹集』 收錄, 郭齊 尹波 校點 四川敎育出版社, 1996.

민주주의의 확대 또는 축소: '매디슨의 지혜'

서병훈

I 민주주의 '고사작전(枯死作戰)'

우주의 기원을 둘러싸고 창조론자와 진화론자의 다툼이 치열하다. 진화론자들이 과학의 힘을 업어 우주의 비밀을 적잖이 풀어내고 있지만 아직 미궁의 영역이 곳곳에 널려 있다. 창조론자들은 이런 과학의 한계를 꼬집으며 인간으로서 넘을 수 없는 신의 영역이 존재한다는 사실을 강조한다. 그러나 진화론자들은 언젠가는 모든 의문이 풀릴 수 있다고 확신한다. 그러면서 과학의 힘이 아직 미치지 못한다고 해서 그것을 곧 창조주의 '능력'으로 치환하는 것은 비과학적이라고 공격한다. 인간의 이성으로 이해되지 않는 것이 있다고 그것을 '신의 공백'(god of gaps)이라는 말로 얼버무려서는 안 된다는 것이다.

양쪽의 싸움에 대해 편 들 생각은 없다. 그러나, 비유가 적절한지는 모르겠지만, '신의 공백'과 같은 개념을 접할 때마다 '민주주의'라는 또 다른 절대적 개념이 연상된다. 모든 사람들이 민주주의의 위대함, 그 당위성에 대해 한 목소리로 칭송하기 때문이다.

민주주의를 둘러싼 생각이 복잡다단하기 때문에 그것이 언제, 어디에서 출현했는지 정확하게 규정하기가 어렵다. 그러나 그 말의 기원에 대해서는 어느 정도 합의가 이루어지고 있다. 지금으로부터 2400여 년 전, 고대 도시국가 아테네의 정치인인 페리클레스가 '민주주의'라는 말을 처음 썼다고 보는 것이다. 페리클레스는 '소수의 특권층 대신 다수의 사람들에게 더 혜택을 주는' 아테네의 정치 체제에다 '민주주의'(dēmokratia)라는 이름을 붙였다. 소수 특권층으로부터 권력을 빼앗아 다수의 가난하고 힘없는 사람에게 국정 운영의 권한을 넘겨준 것이 바로 민주주의라는 것이다.

아테네 사람들은 이런 민주주의에 대해 대단한 자부심을 느끼고 있었다. 그래서 지도자들은 국가가 존망의 위기에 처했을 때, 아테네 민주주의를 위해 목숨이라도 던져야 할 당위를 역설하곤 했다. 아테네 사람들만이 아니다. 정치가 혼란스럽고 삶이 고달픈 현대에 들어 아테네식 민주주의를 그리워하는 사람들이 늘고 있다. 아테네 민주주의에 대한 향수, 이것이 현대 정치철학의 큰 축을 이루고 있다고 해도 과언이 아닐 정도이다.

그러나 정반대의 흐름도 있다. 페리클레스가 자랑스럽게 민주주의를 칭송하던 바로 그 무렵에도 적지 않은 아테네 시민들이 민주주의에 대해 극도의 거부감을 품고 있었다. 추첨을 통해 공직자를 선출하고, 국가 전체의 이익보다는 다수의 '당파적 이익'을 좇는다는 이유에서 민주주의를 '정신 나간 제도'라며 독설을 퍼붓는 사람도 있었다. 근대를 거쳐 현대에 들어서면 이런 생각을 가진 사람들이 더욱 많아진다.

크게 보면 지난 2400년여 역사는 일종의 민주주의 '고사작전(枯死作戰)'의 연속이었으며 이 흐름은 현대사회에 이르러 더욱 강화되고 있다. 대중과 엘리트 사이의 권력 배분 싸움에서 시대의 대세는 민주주의 과잉에 대한 우려 쪽으로 기울고 있다. 정치적 효율성을 제고하기 위해서는 민주주의를 억제해야 한다는 것이다. 대중에게 너무 많은 권력을 주지 말고, 국정 운영의 실권은 전문 엘리트에게 맡기자는 것이다. 그래서 '민주주의의 위기'를 내세우며 대중의 정치참여를 제한하려 하는 소위 '엘리트 민주주의론'이 힘을 발휘한다. 뿐만 아니라 '다수가 횡포'를 부리며 개인 자유를 억압한다면서 민주주의 자체의 본질적 한계를 거론하는 자유주의자들의 공격도 설득력을 키워가고 있다. 물론 이런 움직임에 대해 민주주의자들은 반격을 가한다. 다양한 철학적 논리를 만들어 민주주의 '고사작전'에 대응하고 있다. 그러나 상황을 반전시키지는 못한다.

이 글은 민주주의를 둘러싼 두 철학적 전선(戰線) 중 어느한쪽을 특별히 선호하지는 않는다. 다만 필자의 연구 수행 과정에서 제기된 필요성에 따라, 이 글은 '민주주의 억제론자'의 논지에 집중하고자 한다. 마침 민주주의가 하나의 사회과학적 절대 개념으로 받아들여진 그간의 사정을 염두에 두고, 민주주의가 과연 지고지선의 가치를 지닌 것인지, 아니면 버릴 수도, 그렇다고 안고 가기에도 벅찬 계륵(鷄肋)과도 같은 존재인지, 근원적으로 따져보고 싶은 생각이 있다.

이런 문제의식에서 민주주의를 부정하지는 않지만, 그렇다고 흔쾌하게 그것을 받아들이지도 못하는 사상가들을 세 부류로 나누어 정리하고자 한다. 아테네 민주주의를 직접 목격한 플라톤과 아리스토텔레스가 그 첫 번째 검토 대상이다. 그 뒤를 이어 18세기 미국 민주주의의 기초를 닦은 매디슨의 입장을 살펴볼 것이다. 마지막으로 플라톤과 아리스토텔레스, 그리고 매디슨의 '민주주의 억제론'을 계승한 현대 정치이론가들을 소개할 것이다.

II 아테네 민주주의에 대한 교정[1)]

1. 플라톤의 혼합체제론

흔히 플라톤을 '열린 사회의 적'에다 '반 자유주의자, 반 민주주의자'라로 낙인찍지만, 그가 민주주의를 깡그리 팽개친 것은 아니다. 플라톤은 민주주의가 시대의 대세이며 이를 거역하면 '民亂'이 일어날 수도 있다고 생각했다. 대중에게 정치적 권력을 나누어주지 않을 수 없다는 것이다. 동시에 플라톤은 대중의 민주적 정치참여가 불러일으킬 긍정적 효과에 대해서도 관심이 있었다. 자유가 있어야 '국민통합'이 된다는 것이다. 대중에게 자유와 정치 참여를 어느 정도 허용하면 국가에 대해 애착을 느끼고 필요하면 희생도 하게 된다고 생각했다. 그래서 플라톤은 자신의 최후, 최대작인 《법률》에서 '자유를 적정한 수준에서 허용했던 체제는 엄청난 발전을 이룩했지만 과도하게 자유를 억압하면 그 결과가 좋지 못했다'고 선언하면서, 왕정과 민주정의 두 요소를 골고루 내포한 혼합 체제'의 필요성을 역설한다.

그러나 플라톤이 민주주의를 액면 그대로 받아들인 것은 결코 아니다. 문제의 《법률》에서도 민주주의를 찬양하는 대목보다 심각하게 비판하는 대목이 눈에 더 많이 띈다. 민주주의라는 이름을 걸면서 그와 동시에 가능하면 대중의 정치 참여를 억제하기 위해 애쓰는 것이 플라톤 정치 이론의 실체이다. 우선 엘리트가 정치권력을 장악할 수 있도록 교묘한 방책을 동원했다. 이를테면 돈 많은 사람, 즉 사회적 지위가 높은 사람이 시민 총회나 몇몇 중요한 투표에 참석하지 않으면 벌금을 부과했다. 그러나 돈이 없고 무지한 일반 시민들이 정치 참여 권리를 방기하는 것은 묵인해주었다.

공직자를 선출할 때 선거 방식으로 하면 이런저런 이유로 지명도나 사

---

1) 이 부분은 서병훈(2008: 197~204) 참조.

회적 신분이 높은 사람이 선택될 가능성이 높다. 반대로 추첨 방식으로 하면 일정한 자격을 갖춘 시민은 누구나 공직을 맡을 개연성을 갖게 된다. 플라톤도 추첨 제도를 도입했지만 비중이 떨어지는 하위직 공직 일부분에 국한해 시행되었을 뿐이다. 고위직은 모두 투표로 선출되었다. 일반 시민들의 평등에 대한 욕구를 최소한의 수준에서 충족시켜주었을 뿐, 엘리트 지배라는 그의 염원에는 변함이 없었던 것이다.

결국 플라톤이 '민주정과 왕정의 혼합 체제'를 지향했지만, 민주주의는 부차적인 요소에 가까웠다. 해석하기에 따라서는 보통 사람이 정치의 주인인 것처럼 착각하게 만들어 그들의 충성을 담보한 뒤, 정치적 실권은 소수 엘리트에게 넘겨주는 "눈 가리고 아웅" 식의 '사이비' 민주주의 체제를 고안해낸 것이다. 굳이 명명하자면, 그의 혼합 체제는 '온건 과두정'에 가깝다. '대중의 승인을 받는 귀족주의'라는 평가도 있다.

플라톤이 대중의 정치 참여에 대해 그 소중함을 어느 정도 인정하면서도 끝내 민주주의로 완전히 돌아서지 않은 것은 여러모로 의미심장하다. 다수 지배와 인민주권을 토대로 하는 민주주의에 대한 플라톤의 불신은 그만큼 깊고 완강했다. 민주주의의 이런 곤궁한 처지는 플라톤의 저작에서 끝나지 않는다. 아니, 그것은 시작일 뿐이다.

2. 아리스토텔레스의 진입 장벽

이 점에서는 아리스토텔레스도 다르지 않다. 아리스토텔레스는 《정치학》에서 인간이 정치적 동물로 살아가지 않으면 안 될 당위를 강조한다. 정치공동체 안에서 정치적 참여를 해야 인간다운 삶을 살 수 있다는 것이다. 그러면서 아리스토텔레스는 "소수의 뛰어난 사람보다 다수가 지배자가 되어야 한다"라고 말한다. 다수를 구성하는 대중 개개인은 분명 전문가보다 뒤질지 모르지만 개인들이 한 자리에 만나 머리를 맞대면 집합체로서의 대중은 전문가들보다 더 현명하게 심의하고 더 건전하게 판단할 수 있다는 뜻이다. 설령 그들이 그 정도가 못되는 경우라 하더라도 적어도 전문가와 비슷한 수준의 판단을 내릴 수는 있다는 것이 아리스토텔레스의 주장이다. 나아가 그는 "만드는 사람보다 먹는 사람이 더 중요한 판단을 할 수 있고, 음악을 연주할 줄 모르는 사람도 잘 들을 수는 있다"는 말도 한다. '전문가가 더 우월하다'는 통념을 깨는 말이 아닐 수 없다. 이쯤 되면 아리스토텔레스를 민주주의자라고 부르지 않을 수가 없다.

그러나 이런 아리스토텔레스의 말을 액면 그대로 받아들이기는 어렵다. 그 역시 교묘한 방법으로 대중의 정치 참여를 제한하려 했기 때문이다. 그는 정치 구성원의 직업 등 사회적 변수에 따라 민주주의 체제를 분류한 뒤, 농업 종사자들이 다수를 이루는 체제가 가장 바람직하다고 평가했다. 반면 그는 상인과 육체노동자들이 대종을 이루는 민주주의 체제를 가장 좋지 않게 보았다. 농민들은 생업에 바빠 정치에 관여할 시간이 없다. 한마디로 정치 참여 욕구가 작다. 반면 상인과 육체노동자들은 덕이 모자라는 인간들인데도 도시에서 살다 보니 정치에 관여할 기회도 많아진다. 대중이 정치에 참여할 기회가 많은 정치 체제일수록 나쁘다는 것이다.

아리스토텔레스는 다수를 차지하는 가난한 대중이 원하는 한, 민주주의라고 하는 시대적 대세를 막을 길이 없다는 것을 잘 알고 있었다. 그러면서도 그는 다수가 (비록 명목상이지만) 지배권을 유지하되, 실제 국가를 움직이는 힘은 자격을 갖춘 자, 즉 일정 수준 이상의 재산을 가진 소수 엘리트에게 집중되는 체제를 구상했다. 능력과 인품을 갖춘 자들이 정치를 담당해야 무지한 다수가 정도 이상의 권한을 행사하는 일을 방지할 수 있다는 것이다.

결국 다수 대중이 정치에 참여하기 어렵게 일종의 '진입 장벽'을 설치하는 것이 민주주의 시대에 대처하는 아리스토텔레스의 전략이었던 것이다. 이 점에서 플라톤의 문제의식과 크게 다르지 않다. 플라톤과 아리스토텔레스는 민주주의를 좋아할 수 없지만, 그렇다고 내칠 수도 없는 상황에서 다수 대중의 정치 참여를 실질적으로 봉쇄하는 방안을 마련하는 데 골몰했다.

플라톤이나 아리스토텔레스가 정치참여의 소중함을 어느 정도 인정하면서도 민주주의를 일정 수준에서 제어하고 제약할 필요성을 통감하고 있었다는 것은 여러 모로 의미심장하다. 민주주의가 이 땅에 처음 그 모습을 드러낸 이후 지금까지 다수와 소수 사이에는 정치적, 철학적 알력과 반목이 끊이지 않고 있다. 대중은 '다수의 지배'라고 하는 민주주의의 근간을 놓치지 않으려 한다. 오히려 그 실천 원리를 더욱 확대하려 한다. 이에 반해 소수 엘리트들은 다수의 지배권력을 제어, 약화시키기 위한 이론적, 현실적 방안을 마련하는 데 골몰하고 있다.

아래에서는 '민주주의 억제론'의 현대적 효시라고 할 수 있는 매디슨의 생각과 이에 공감하는 몇몇 이론가들의 주장을 정리한다. 이어서 매디슨과 상반되는 입장을 취하는 민주주의자들의 반론을 간략하게 소개할 것이다.

III '매디슨 민주주의'

1. '매디슨의 지혜'

미국의 제4대 대통령을 지낸 매디슨(James Madison, 1751~1836)은 1787년 헌법제정회의에서 주도적 역할을 함으로써 '미국헌법의 아버지'로 불린다. 그는 해밀턴 등과 함께 《The Federalist Papers》를 썼는데, 이 책자는 미국정치의 기초를 닦은 것은 물론 현대 민주주의를 둘러싼 논란의 큰 축을 형성하고 있다.

매디슨의 문제의식은 그보다 2000여년을 앞서간 플라톤의 고민과 크게 다르지 않다. 물론 플라톤과 동일선상에 놓기 어려울 만큼 그는 분명 '민주주의자'였다. 그러나 '다수의 지배'에 대해 불편해하고, 이를 적절히 제어

할 방안을 찾으려 했다는 점에서는 비슷한 범주에 포함시킬 수도 있다. 곧 보겠지만, 달(Robert Dahl)은 이런 매디슨의 정치철학에다 '매디슨 민주주의'라는 이름을 붙였다. 중요한 것은, 현대 서구사회의 주류 정치철학이 매디슨 민주주의를 강력하게 엄호하고 있다는 사실이다.

대혁명을 전후한 프랑스사회[2]에서도 그렇지만, 독립선언이 나올 무렵까지 미국에서는 '민주주의' 하면 곧 직접 민주주의를 의미했다. 연방주의자와 반연방주의자들은 이런 민주주의의 성격을 두고 치열한 논전을 펼쳤다. 연방주의자의 대표 논객인 매디슨은 아테네에서 선보였던 직접 민주주의, 즉 '순수(pure) 민주주의'가 약한 당파와 미움 받는 개인을 보호하는 데 무력하다면서, 그 편협성과 불안정성, 불공평성을 공격하였다. 그는 다수와 소수의 권력 사이에 타협을 이끌어내려 했다. 한편으로 모든 성인 시민의 정치적 평등을 추구하고, 다른 한편으로는 그들의 주권을 제한하고자 하는 기획 사이에 균형을 맞추고자 했다. 그는 특히 다수의 근거지라고 할 의회의 위협에 대해 깊이 고민하면서, "세심하게 관찰하며 주의를 집중해야 한다"고 역설했다(Dahl, 1956: 4~9 참조).

매디슨의 문제의식에 충실했던 후계자들, 아니 어쩌면 매디슨보다 더 '매디슨다웠던'(successors who out-Madisoned Madison) 사람들은 다양한 실천 방안을 마련했다. 견제와 균형에 관한 복잡한 헌법 규정, 대통령과 상원, 하원 의원을 각각 선출하는 별개 선거인단, 대통령 비토권, 양원제 의회, 대통령의 임명권과 상원의 인준권 부여 등이 그것이다(Dahl, 1956: 14~15).

---

2) 당시 'sans-culottes'로 불리던 하층 계급 사람들은 자신이 곧 주권자라고 선언했다. 그러면서 민주주의를 기득권 계급이 아닌 다수 보통 사람(demos)에게 더 많은 정치적 권력을 부여하는 정치체제로 이해했다. '부르주아 민주주의'(즉, 대의제 민주주의)가 아니라 인민 민주주의(popular democracy)를 지향했다. 후자는 인민의 직접 참여를 보장한다는 점에서 직접 민주주의와 같은 뜻으로 통용되었다. 프랑스 혁명 시기의 직접 민주주의와 대의제 민주주의 사이의 대립에 관해서는 홍태영(2008: 제2장) 참조.

'매디슨의 지혜'라고 불리는 정치적 관행도 눈여겨볼 만하다. 민주주의는 다수가 결정권을 가지는 정치체제이다. 그러나 그 다수가 다수의 이름으로 졸속 또는 바람직하지 못한 선택을 할 수도 있다. 이런 우려를 담고 있는 것이 바로 '매디슨의 지혜' 이다. 국민투표를 너무 자주 하지 못하게 하는 것이 그 한 예가 될 수 있다. 또 헌법 개정 등 주요 사안에 대해 현상 변경을 하고자 할 때, 개정 절차를 어렵고 복잡하게 하며 시간도 오래 걸리게 제동 장치를 설치해두는 것도 같은 이유에서이다. 개정 과정에서 상호 협상을 할 수 있고, 또 성가신 과정과 강제 유예 기간 등을 통해 국민들에게 생각할 기회를 줌으로써 결과적으로 정책 결정의 질을 향상시킨다는 복안도 모두 '매디슨의 지혜'에서 따온 것이다(Akkerman, 2003: 156~7).

2. 대의 민주주의의 장점

'매디슨의 지혜'는 직접 민주주의를 축소하고 그 대신 대의민주주의를 제도화시키는 방향으로 나타나기도 했다. 많은 사람들이 '물리적인' 이유, 즉 전체 시민을 한 데 모으기가 실질적으로 불가능하기 때문에 대의민주주의가 불가피하다고 생각한다. 그러나 대의제를 처음 고안한 사람들 심중에는 원모(遠謀)가 자리 잡고 있었다. 대중의 정치참여를 제약하기 위한 일련의 문제의식이 바로 그것이다. 따라서 대의제는 그 태생에서부터 '엘리트의 지배 도구'라는 혐의에서 자유롭지 못하다.

미국의 연방주의자들은 '민주주의'의 대칭 개념으로, 즉 가난한 자들이 일정한 몫과 발언권을 가지지만 유산자나 부자들을 압도하거나 그들의 이익을 무시하지 못하게 하는 정치 체제라는 뜻으로 제한 정부, 공화주의 또는 '대의제 정부'라는 말을 썼다. 해밀턴(Alexander Hamilton) 같은 이는 더욱 단도직입적으로 대의 정부가 "민주주의의 무분별(imprudence)을 제어하고, 부자나 귀족들이 정부 안에서 두드러지고 항구적인 지분을 확보하게 해 줄 것"이라고 기대했다. 그러면서 이들은 대의제가 직접 민주주의보다 더 우월하다는 주장을 펼쳤다.

매디슨도 대의정을 기술적인 필요 때문에 만들어진 것으로 보지 않았다. 고대 민주정과는 본질적으로 다른, 보다 우수한 정치체제가 바로 대의정이라는 것이 그의 생각이다. 매디슨은 파벌, 특히 재산을 거의 갖지 못한 다수 시민들이 자아내는 위협에 대해 심각하게 염려하고 있었다. 그는 이를 치료하기 위해서도 대의제가 필요하다고 주장했다. 파당의 위험으로부터 공익과 개인의 권리를 보호하고 동시에 인민정부의 정신과 형태를 보존하는 것이 곧 대의제 민주주의 목표라는 것이다.

매디슨은 "대의제 아래에서는 선출된 시민집단이라는 매개를 거침으로써 대중의 견해가 더욱 정교해지고 확대될 수 있다. 이들 선출된 집단은 현명할 뿐 아니라 애국심과 정의에 대한 사랑을 지니고 있다. 따라서 나라의 진정한 이익을 잘 분별할 수 있다. 대중의 목소리는 대표를 통함으로써 자신들 스스로의 의견보다 공공선에 더욱 일치할 것"이라는 확신을 감추지 않았다(Hamilton et al.,1961: 82).

결국 매디슨은 '시민이 선출한 소수 대표에게 정부를 위임'하는 대의제 공화국은 '더 많은 수의 시민과 더 넓은 범위 국가로 확장'될 수 있어 민주주의보다 장점이 더 많다고 생각했다. 그러면서 자신은 대표제도가 실행되는 정부, 즉 '공화정'(Republic)을 선호한다고 분명히 밝혔다.

대의제가 원활하게 작동하기 위해서는 '눈앞의 즉각적인 이익'을 넘어갈 수 있는 지도자가 전제되어야 한다. '공동선을 분별할 수 있는 사람'을 통치자로 얻는 것이 무엇보다 중요한 것이다(Hamilton et al., 1961: 64) 매디슨은 '최상의 지혜, 최상의 덕을 가진 사람을 통치자로 얻는 것'이 모든 정치체제의 목적이라면서, 우월한 사람들에게 권력이 위임되는 '공화주의적 대표성'을 강조했다.

대의제를 하더라도 국민의 대표가 어느 정도 정치적 재량권을 가져야 하는지를 둘러싸고 논란이 분분했다. 반 연방주의자들은 대표가 국민에게 봉사하기 위해서는 양자 사이에 적절한 유사성(likeness)이 있어야 한다면서 대표가 국민의 '진정한 사진'(true picture)이 될 것을 역설했다. '진정 자신과 같은 자를 선택할 수 없다면 유권자라는 말은 국민에 대한 기만'이라는 것이다. 따라서 대표가 유권자의 견해를 그대로 반영해야 한다는 것이었다.

그러나 연방주의자들은 양자의 차이를 강조했다. 일반 국민보다 더 뛰어난 사람이 대표가 되어야 하고, 선거구민의 이익을 위해 어떻게 봉사할 것인지 스스로 판단해야 한다면서 수탁자(trustee)의 독립적 행위를 강조했다. 대표가 유권자들의 지시를 일일이 받으면 의회의 본래 목적인 심의 기능과 모순된다는 것이다(Manin, 2007: 15, 142~144, 212).

매디슨은 연방주의자의 입장에 서는 한편, 대표의 재량권이 남용되는 것을 막아야 할 필요성도 인식하고 있었다. 즉, 대표의 타락을 막기 위해 임기를 제한해서 국민에 대해 적절한 책임지게 해야 한다는 것이다. 또 의회가 국민들에게 직접적으로 의존하며 그들과 친밀한 공감을 가지도록 선거를 자주 실시할 것을 주장했다. 그렇다고 선거가 너무 빈번하면 부작용이 생기므로 3년 주기가 적당하다고 생각했다(Hamilton et al.,1961: 321).

IV 현대 사회와 '매디슨 민주주의'[3)]

이런 '매디슨의 지혜'에 대해 공감하는 사람들이 많다. 19세기 초반 미국의 민주주의에 대해 사세하게 관찰했던 프랑스의 사상가 토크빌이 특히 그렇

3) 이 부분은 서병훈(2009: 347~350) 참조.

다.[4] 같은 연대를 살다 간 영국의 존 스튜어트 밀도 유사한 문제의식을 표출한 바 있다.[5] 20세기에 들어 매디슨 민주주의론은 더욱 넓게 퍼지고 있다. 다음에서는 달과 라이커를 집중 검토한다.

1. 로버트 달의 '매디슨 민주주의'

미국의 로버트 달은 그의 1956년 책 A Preface to Democratic Theory에서 "매디슨 민주주의"라는 말을 처음 사용하며, 이를 높이 평가했다(Dahl, 1956 : 1). 한 세대쯤 뒤에 역시 미국의 라이커도 "매디슨 민주주의"라는 용어를 썼는데, 오늘날 말하는 자유주의와 크게 다르지 않다.

달은 매디슨 시대의 '민주주의'는 급진 평등주의와 밀접한 관련을 맺고 있었다며 이것에다 "populistic democracy"라는 이름을 붙였다. 달에 따르면, 포퓰리스틱 민주주의자들은 인민주권과 정치적 평등을 가장 중요한 가치로 여겼다. 이 두 가지 기준을 만족시킬 수 있는 정치결정 원리는 다수결뿐이었다. 달리 말하면, "인민주권 원리가 구현되는 유일무이한 경우는 여러 대안 중에서 다수 인민이 원하는 선호가 정부 정책으로 결정되고 집행되는 것이다. 달은 이것을 포퓰리스틱 민주주의의 제1법칙으로 명명했다.

---

4) 토크빌은 민주주의에 대해 염려가 많았다. 그는 민주주의의 부작용을 최소화하는 길을 찾고 싶어 했는데, 이 대목에서 신생 미국의 정치제도가 그의 눈길을 끌었다. 미국이 대중의 정치참여를 적절히 제어하고 그 대신 엘리트들에게 더 큰 역할 공간을 제공해 준다고 생각했기 때문이다. 이런 맥락에서 토크빌은 엘리트주의적 성향을 띤 연방주의자들이 권력을 잡은 것이 미국에게는 큰 행운이라고 말했다. 매디슨을 필두로 한 연방주의자들이 시대의 대세, 다시 말해 인민의 횡포와 변덕에 저항하고 인민의 위험한 요구를 거절하는 지혜와 용기를 지녔기 때문이다. 토크빌은 '인민의 순간적 열정이나 일시적 충동'에 대해 단호하게 선을 그을 수 있는 것이 진정한 지도자의 덕목이라면서, *The Federalist Papers*의 71장에 나오는 다음과 같은 주장, 즉 "인민의 이익을 지켜야 하는 사람들은 때로 인민의 불쾌한 반응도 감수할 수 있는 용기를 지녀야 한다"는 말에 전적으로 공감을 표했다(Tocqueville, 2000: 167~169, 144).

5) 밀은 대중의 정치참여를 강조하면서도, 당분간은 능력에 따른 '정치적 결정권의 차등화'가 불가피하다고 생각했다. 밀의 '숙련 민주주의'(skilled democracy)에 관해서는, 서병훈 2008: 210~212 참조.

"다수결원리는 여러 대안 중에서 최대 다수의 인민이 선호하는 것이 최종 정책으로 선택될 것을 요구한다"는 것이다(Dahl, 1956: 37~38).

그러나 달은 이런 성격의 포퓰리스틱 민주주의를 거부한다. 인민주권과 정치적 평등을 절대적 가치로 인정할 수 없기 때문이다. 광신자가 아니라면 다른 여러 가치를 배제한 채 오직 그 둘만을 극대화하려 하지는 않을 것이기 때문이다. 뿐만 아니라 달은 이런 포퓰리스틱 민주주의가 현실적 적실성이 부족하다고 비판한다. 이런 이론은 민주주의의 기본 원리를 재천명한 것에 지나지 않으며 실제 정치세계에 대해 아무런 말도 해 줄 수 없다고 덧붙였다(Dahl, 1956: 44~51, 63~64).

반면 매디슨 민주주의("Madisonian" theory of democracy)는 "다수의 권력과 소수의 권력, 한편으로는 모든 성인 시민의 정치적 평등, 다른 한편으로는 그들의 주권을 제한하고자 하는 의도 사이에 타협을 이끌어 낸다"는 점에서 포퓰리스틱 민주주의의 한계를 극복할 수 있다. 달이 해석할 때, 매디슨 민주주의는 권력의 횡포를 방지하는 공화국(non-tyrannical republic)을 지향하는 것을 가장 소중하게 여기며 이를 위해 '다수의 횡포'를 방지할 수 있는 일련의 헌법 장치를 고안해냈다. 매디슨과 그의 후계자들이 비 폭군적 공화국이 태동할 수 있는 조건을 창출했다는 점에서 미국 민주주의가 향후 성공적으로 발전할 수 있는 초석을 깔았다(Dahl, 1956: 4, 14~15). 달은 이런 논리 끝에 매디슨 민주주의가 심화된 덕분에 미국 정치가 포퓰리스틱 민주주의의 위험으로부터 벗어날 수 있었음을 크게 다행스럽게 여긴다.[6]

---

6) 그러나 그가 '매디슨 민주주의'를 전적으로 매디슨의 고안(考案)으로 간주한 것은 아니다. 매디슨이 그 정도의 정치철학적 소양을 갖춘 것은 아니지만, 그러한 정치적 문제의식을 대표한다는 점에서 그의 이름을 땄다고 해명한다 ((Dahl, 1956: 4~5). 달은 오랜 시간이 지나 쓴 또 다른 책에서, 매디슨이 순수 민주주의와 '대의제' 공화국을 구분한 것은 역사적 근거가 없다고 비판한다. 로마나 베니스에서 목격되었던 공화정들은 대의제를 결여하고 있었기 때문에 매디슨식의 민주주의에 가깝다. 매디슨 자신도 이런 구분이 역사적 근거를 결여하고 있음을 알았을 것이다. 자신의 헌법안이 만족할 정도로 '민주적' 이지 못하다는 비판에 대응하기 위해 굳이 구분한 듯 하다는 것이 달의 해석이다(Dahl, 1999: 33~34).

2. 라이커의 '매디슨 민주주의'

라이커도 1982년에 나온 *Liberalism against Populism* 라는 책에서 '매디슨 민주주의'에 손을 들어주었다. 라이커는 사회적 선택(social choice) 이론을 동원해서 포퓰리스트 투표관점과 자유주의적 (또는 매디슨) 관점을 대비시킨다.[7)]

라이커에 따르면 포퓰리스트들은 투표 행위를 통해 도덕적 정당성이 구현된다는 사실을 강조한다. 투표의 결과인 법률은 인민의 자유를 구현하고 있기 때문에 '옳고 정당한' 것으로 존중되어야 한다는 것이다. 포퓰리스트들은 인민의 의지가 곧 그들의 자유이기 때문에, 다수의 의사는 옳지 않을 수가 없고 따라서 반드시 존중되어야 한다는 것을 강조한다는 것이 핵심이다. 라이커는 이런 주장이 '무의미하고 공허한 것'이라면서 거부한다.

자유주의자들은 그런 마술적 믿음을 가지지 않는다. 투표 결과라는 것이 그저 하나의 결정일 뿐, 그 어떤 특별한 도덕적 성격을 띠지 않기 때문이다. 자유주의자들은 다수 인민의 정치적 판단(popular competence)에다 특별한 가치를 부여하지 않는다. 유권자의 선택이 옳다 right 고 하는 가정을 하지 않는다. 정부 관리를 통제하는 것에만 관심을 둔다. 매디슨 민주주의에서 '투표의 기능은 정부 관리를 통제하는 것, 그 이상도 이하도 아니다'(Riker, 1982: 9~14).

라이커는 미국 민주주의가 한편으로는 직접 민주주의, 다른 한편으로는 인민주권의 확대를 도모하려는 '포퓰리스트 선동'(populist propaganda)'에서 벗어날 수 있었던 것을 크게 다행스럽게 생각한다. 그는 '자유민주주의와 헌정주의의 결합'(happy mixture)을 미국 민주주의의 성공 비결

7) 라이커는 자신이 사용한 'Madisonian'과 'populist'라는 용어가 달의 1956년 책 *A Preface to Democratic Theory*에서 빌려 온 것이라고 밝히면서도, 달과는 다른 의미로 썼다는 사실을 분명히 천명했다(Riker, 1982: 255).

로 꼽는다. 그러면서 라이커는 이 공을 '매디슨의 지혜'로 돌린다(Riker, 1982: 252~253).

3. '민주주의의 억제'

달이나 라이커에 국한된 이야기가 아니다. 현대에 이르면 민주주의, 더 구체적으로는 대중의 정치 참여에 대해 회의적인 저작이 더욱 많아진다. 이를테면 슘페터(Joseph Schumpeter)는 능력도, 의지도 없는 대중들이 정치를 좌우해서는 안 된다고 단도직입적으로 선언한다. 그러면서 엘리트들이 나라 살림을 책임지는 것이 모든 사람에게 이득이 된다고 주장한다. 정치는 엘리트에게 맡기고 대중은 그들을 선출하는 일을 통해 간접적으로 정치에 참여하게 하자는 것이다.

1974년에 나온 <<민주주의의 위기>>는 국가 정책 집행능력의 저하를 초래한 민주주의의 '과잉'(excess)을 문제의 근본원인으로 치부한다. 그러면서 민주주의를 현저한 정도로 '억제'(moderation)해야 할 당위성을 역설한다. 아이러니컬하게도, 사회주의가 붕괴하고 민주주의가 마침내 최종 승리를 자축하는 시점을 전후해서 대중의 참여 제한을 주장하는 이론가들이 늘어나고 있다.

오늘날의 서구 민주주의는 모두 이런 원리 아래 작동되고 있다고 해도 과언이 아니다. 대중은 정치 2선에 남아 있고, 엘리트가 더 큰 역할을 해야 한다는 것이다. 어떤 것이 좋은 정부인가? 대중 여론을 반영할 뿐 아니라 그것을 좋은 방향으로 인도해야 한다. 단순히 국민들의 요구에 잘 반응(responsive)하는 데 그치기보다 적절하게 책임지는 것(responsible)이 더 중요하다. 정치인들은 물론 대중의 요구(public demands)에 귀를 기울여야 한다. 그러나 그들에게 진정 필요한 것(public needs)을 충족시켜주는 것이 더 중요하다. 대중의 직접 참여를 강조하는 투입(input-oriented) 민주주의보다, 엘리트 중심의 산출(output-oriented) 민주주의가 더 주목의 대상이 되는 것도 같은 흐름을 반영한다(서병훈, 2008: 213~215 참조).

4. 자유주의자들의 우려

자유주의자들도 민주주의 옥죄기에 동참하고 있다. 민주주의의 기본 교리라고 할 수 있는 인민주권, 구체적으로는 '다수의 지배'에 대해 우려하는 자유주의자가 늘어나고 있는 것이다. 민주주의와 자유주의를 명확히 구분부하기가 쉽지 않지만, 민주주의는 무엇보다 인민주권을 찬양한다. 이 바탕 위에서 평등, 특히 치자와 피치자를 동일시하는 것을 민주주의의 주된 특징이라고 생각하는 사람들이 많다. 그렇다면 자유주의를 법의 지배, 인권 보장, 개인적 자유 존중 등을 기본 가치로 내세우며, 최고 통치권을 법률적으로 제한해서 개인의 자유를 수호하는 데 큰 의미를 두는 사념체계로 해석할 수 있을 것이다.

상당수 자유주의자들은 민주주의를 부차적인 것으로 간주한다. 자유주의와 민주주의는 별개의 가치체계 위에 서 있다면서, 민주적 이상을 자유주의적 정치질서를 보호하기 위한 최선의 수단 정도로 이해한다. 칼 슈미트 같은 이론가는 아예 "자유주의는 민주주의를 부정하고, 민주주의는 자유주의를 부정한다"고 단정하기까지 한다(Mouffe, 2006 : 15~18, 25 참조).

민주적으로 선출된 정부가 체제가 시민들의 기본적 권리와 자유를 침해하는 비자유주의적 민주주의(illiberal democracy)에 대한 우려도 높아지고 있다. 선거라는 민주주의적 절차를 통해 집권한 뒤 자유주의적 기본 가치를 유리하는 사태가 빈발하고 있기 때문이다. 그래서 상당한 정도로 민주주의를 이룩한 나라에서 놀라울 수준의 비자유주의가 공존하고 있다는 것이다(Zakaria, 1997 : 22~24).

거듭 강조하지만, 민주주의를 둘러싼 논쟁의 역사는 깊고도 그윽하다. 수많은 철학적 고뇌가 민주주의의 이상과 현실을 따라 다닌다. 따라서 플라톤에서 매디슨을 거쳐 현대 자유주의자에 이르기까지 민주주의의 과잉에 대해 염려의 시선을 보내는 사람이 많기는 하지만, 이들의 주장에 대해 정면 반론을 펴는 사람도 물론 많다. '매디슨 민주주의' 또는 자유주의와 대칭선상에 있는 '민주주의자'들은 여전히 인민의 직접 참여를 최고선의 하나로 칭송한다. 자유롭고 평등한 존재로서 인민 스스로가 지배한다고 하는 정치적 이념을 높이 산다. 민주주의자들은 '매디슨 민주주의자'들이 인간 존재에 대해 편협하고 물질적인 관점에 사로잡힌 나머지 정치를 수단적이고 도구적인 자원으로 격하시켜 버린다고 비난한다. 민주주의의 구현이 비록 지난(至難)한 과제이기는 하지만, 우리가 인간이라는 바로 그 이유 때문에 결코 포기할 수 없는 목표가 되어야 한다고 역설한다.[8] '매디슨 민주주의자'들의 주장에 대한 민주주의자들의 비판을 약술해본다.

민주주의자들은 '인간은 본질적으로 평등하다'는 전제에서 '대중 불신론'을 폐기하려 든다. 인간은 존재론적으로나 인식론적으로나 평등할 수밖

8) 이런 측면에서 민주주의에는 정치활동을 통해 '인간 삶의 구원을 약속(redemptive)'하는 측면과 '제도화된 규칙을 통해 갈등을 평화적으로 해결하고자 하는 실용적(pragmatic)' 측면이 같이 들어 있다고 하는 캐노번의 주장을 음미할 필요가 있다. 민주주의의 토대가 되는 서구 정치의 본질에 대해 문제를 제기하고 있기 때문이다. 민주주의의 '구원'을 강조하는 쪽에서는 정치 활동의 존재론적 의미에 주목하면서, 구원의 실현을 위해 인민주권과 참여 확대를 요구한다. 인민이 권위와 자율의 유일한 근거가 된다면서 정치 참여, 즉 자기 지배를 통해 구원을 약속한다. 그러나 민주주의의 '실용' 쪽으로 기우는 사람들은 갈등을 해결하고 적절한 분배를 찾기 위한 제도 차원으로 민주주의의 존재이유를 축소시킨다. 현대 정치는 단연코 실용주의에 의해 지배된다. 크게 보면 정치 참여에 그다지 무게를 두지 않으면서 전문가 지배를 강조하는 현대 엘리트 민주주의자들이 바로 이런 실용주의자의 전형이 된다고 할 수 있다(Canovan, 1999: 9~14).

에 없다. 아무리 부족한 대중이라 하더라도 자신의 존재를 존중해 줄 것을 요구할 권리가 있다. 엘리트가 대중들보다 더 현명하게 결정을 내린다는 보장도 없다. 국가 통치는 과학적 지식만으로 되는 것이 아니다. 윤리적 판단과 결단 역시 요구된다. 이 점에서 엘리트 민주주의론은 근본 한계가 있다.

민주주의가 자유와 평등에 그 뿌리를 둔다면 국민들의 적극적인 정치 참여를 장려, 보장하는 것은 논리의 당연한 귀결이다. 더구나 사람은 참여를 통해 사회문제에 대한 실무적 능력과 지적 능력을 배양시킬 수 있다. 공공문제에 대해 관심을 가지게 되면 사람의 생각, 즉 인식의 지평(地平)도 넓어진다. 단순히 다른 사람이 내 몫을 빼앗아 가지 못하도록 견제하기 위해 참여가 필요한 것은 아니다. 참여는 수단이 아니고 목적이라는 것이다.

엘리트 주의자들은 여건이 안 되므로 참여를 확대하는 것은 불가능하다고 주장하지만, 실제로는 참여의 가치, 나아가서는 인간 삶의 의미에 대한 도구적 세계관 때문에 참여의 소중함을 등한시하게 되는 것이다. 현실에 안주하는 나머지 세상을 바꿔 보아야 할 필요성을 공감하지 못하고 있는 것이다.

자유주의와 민주주의가 걸어가는 길, 또는 그 강조점이 일정 부분 배치된다는 것을 부인할 수는 없다. 특히 일부 국가에서 민주주의의 외양을 한 채 자유주의의 근본을 위협하는 처사를 도외시할 수는 없다. 그러나 그렇다고 자유주의와 민주주의를 상반된 이념체계로 치부하는 것 역시 단순논리라는 비판을 피하기 어렵다. 민주주의의 핵심가치라고 할 인민주권론이야말로 자유와 인권 개념의 출발점이자 토양이다. 또 자유와 인권이 전제되지 않은 인민주권론이라는 것은 사상누각에 불과하다. 자유주의와 민주주의를 정도 이상으로 대비시키는 것은 두 이념체계에 대한 정확한 독해가 되지 못한다. 인민주권론과 자유론은 같은 뿌리요, 같은 지향 위에 서 있는 것이다(서병훈, 2008: 227~230 참조).

VI 민주주의는 '만능약'이 아니다

되돌아보면, '민주주의'라는 동일한 용어를 두고 사람마다 상이한 방향으로 이해하고 주장하는 것을 알 수 있다. 하기야 대부분의 사회과학적 개념이 비슷한 운명에 놓여 있다. 특정 개념에 대한 이해를 그 말을 쓰는 사람 각자의 세계관과 떼어놓을 수 없기 때문이다. 다시 말해 자유나 평등 같은 말을 어떤 의미로 사용하는가 하는 것은, 각자가 인간에 대해 어떻게 생각하는가, 어떤 삶이 바람직하다고 여기는가 하는 가치관 그 자체와 직결된다. 사람마다 가치관이 다르다면, 각자가 이해하는 개념도 달라질 수밖에 없는 것이다.

민주주의와 같은 '절대적' 개념이야 더 말할 나위가 없을 것이다. 오늘날과 같이 '가장 이상적인 정치체제'에다 곧장 민주주의라는 이름을 갖다 붙이는 상황에서, 그런 최상위 개념을 둘러싸고 끝없는 논쟁이 벌어지지 않는다면 그것이 오히려 이상할 것이다.

이 글은 지난 2400여 년간 이어져 온 민주주의 논쟁을 대중과 엘리트 상호 간의 길항관계를 중심으로 정리하면서, 그 중에서도 후자에게 정치적 주도권을 안기려 하는 소위 '매디슨 민주주의'에 집중했다. 대의 민주주의라고 하는 근대의 산물을 차치한다면, '매디슨 민주주의'의 문제의식이라는 점에서 플라톤이나 현대의 민주주의 억제론자들은 크게 다르지 않다. '다수의 지배'라는 민주주의의 골격은 인정하더라도, 소수의 정치적 발언권을 상대적으로 강화하여 민주주의의 폐해를 막자는 것이다.

이런 논지에 대해 민주주의자들은 다양한 각도에서 반론을 편다. 그 내용은 바로 앞 절에서 소개한 바와 같다. 이 글은 전체적으로 볼 때, '정치이목적론'에 기울어 있다. 정치가 존재의 구현에 일정 역할을 해야 한다는 입장이다. 그런 점에서 민주주의자들에게 심정적으로 친근감을 느낀다.

그러나 정치는 동시에 현실에 바탕을 두어야 한다. 현실에 토대를 두지 않은 이상론은 무기력할 뿐 아니라 그 이상을 반역(叛逆)하기까지 한다. 캐노번이 말했듯이, 구원 충동이 없는 실용주의는 타락의 지름길이 되고 만다. 반면 실용주의를 배제한 채 구원만 강조하면 정치가 이념 과잉으로 흘러가는 것을 막을 수 없다(Canovan, 1999: 9~14). 구원과 실용 사이에서 균형을 맞추어야 민주주의가 제모습을 갖출 수 있다.

이런 이유에서라도 민주주의자들은 민주주의의 현재 모습에 가해지는 비판에 대해 겸허하게 경청할 수 있어야 한다. 무엇보다 자유주의자의 비판을 적극 수용해야 한다. 아테네 민주주의를 찬양하는 사람이 많지만, 죄 없는 소크라테스를 죽음으로 내몬 것도 바로 그 아테네 민주주의라는 사실을 망각해서는 안 된다. "토론과 다수 투표 끝에 화형에 처하는 마녀 재판에 대해서도 민주적"이라는 훈장을 씌울 수는 없는 것이 아닌가? 이 두 사건은 자유주의가 제대로 작동하지 않으면 민주주의도 존립할 수 없다는 것을 웅변으로 증거한다.

민주주의가 효율성을 도외시하다가는 자칫 천덕꾸러기 신세로 전락할 수도 있다. 따라서 대중 주권론을 확고히 전제하면서도 '대중 불신론자'들의 문제의식을 살릴 수 있는 방안을 찾아야 한다. 아무리 민주주의가 보편적인 가치체계라 하더라도 그 원리가 모든 곳에 적용될 수는 없다. 막스 베버는 1차 대전의 격랑 속에서 "민주주의는 아무 곳에서나 다 적절한 것은 아니다" 라고 갈파한 바 있다(Weber, 2002: 37). 헌팅턴도 민주주의가 적용될 수 있는 곳과 그렇지 못한 곳을 구분할 것을 역설했다. 더 민주적인(more democratic) 대학이 반드시 더 좋은(better) 대학은 아니듯이, 학문, 예술 등 소수 지배가 관철되어야 하는 곳에서는 민주주의가 일정 부분 배제될 수밖에 없다는 것이다(Huntington, 1975: 113~115).

정치현상을 자기방어나 개인적 이익의 실현 등 수단적 차원으로 한정해서 해석하는 것은 바람직하지 않다. 참여를 통해 자아를 실현하려 하는 참여주의자들의 관점은 여전히 매력적이다. 그러나 이런 문제의식을 살리기 위해서도 2천 년 이상 지속되는 '매디슨 민주주의'의 깊은 뜻을 헤아릴 수 있어야 할 것이다.

참고문헌

서병훈, "포퓰리즘과 민주주의", 이정희 외 편, 『현대 정치사상과 한국적 수용』(서울: 법문사, 2009).

서병훈, 『포퓰리즘 : 현대 민주주의 위기와 선택』(서울: 책세상, 2008).

홍태영, 『국민국가의 정치학』(서울: 후마니타스, 2008)

Akkerman, Tjitske, "Populism and Democracy: Challenge or Pathology?", *Acta Politica*, 38, 2003.

Canovan, Margaret, "Trust the People! Populism and the Two Faces of Democracy" *Political Studies*, XLVII, 1999.

Dahl, Robert, *On Democracy*, 김왕식 외 옮김, 『민주주의』(서울: 동명사, 1999).

Dahl, Robert, *A Preface to Democratic Theory*(Chicago: University of Chicago Press, 1956)

Hamilton, Alexander and James Madison, John Jay, *The Federalist Papers* (NY: New American Library, 1961).

Huntington, Samuel, "The United States," Crozier, et al., *The Crisis of Democracy*(NY : New York University Press, 1975).

Manin, Bernard, *The Principles of Representative Government*(Cambridge: Cambridge Univ. Press, 1997), 곽준혁 옮김, 『선거는 민주적인가』(서울: 후마니타스, 2007).

Mouffe, Chantal, *The Democratic Paradox*, 『민주주의의 역설』, 이행 옮김(서울: 인간사랑, 2006).

Riker, William H., *Liberalism against Populism*(San Francisco: W. H. Freeman and Co., 1982).

Tocqueville, ,A. , *Democracy in America*, tr., ed., and with an introduction by Harvey Mansfield and Delba Winthrop(Chicago: University of Chicago Press, 2000).

Weber, Max, 『'탈 주술화' 과정과 근대: 학문, 종교, 정치』, 전성우 역(서울: 나남출판사, 2002).

Zakaria, Fareed, "The Rise of Illiberal Democracy" *Foreign Affairs*, 76(6), Nov/Dec 1997.

미학적 아나로기를 통한 감성지능적 정부의 이해[1)]

우윤석

I 왜 정부가 감성지능적이어야 하나?

올 초에 미국산 소의 광우병 파동에 따른 촛불시위로 온 사회가 시끄러웠던 적이 있다. 사실로 확인되지도 않은 각종 '설'들이 인터넷을 통해 급속히 번지면서 '더 살고 싶다'는 피켓을 든 중고생과 유모차를 끌고 나온 주부, 직장인들이 서울시청 앞 광장과 광화문을 연일 메우면서 'MB Out'과 정권퇴진을 외쳐댔기 때문이다. 당초의 순수한 시민운동에서 점차 과격한 시위양상으로 촛불시위가 변질되어 가면서 한밤의 도심이 몇 달간이나 무법천지가 되었고 무질서와 폭력사태도 빈발하였다. 그러나 그 당시 촛불시위대를 지배했던 것은 광우병 소에 대한 과학적 판단이나 정부정책에 대한 객관적 평가와 삼

1) 본고는 우윤석. (2008). "감성지능적 정부의 개념화와 구현을 위한 모색: 미학적 아나로기와 도구적 활용을 중심으로". 행정논총, 46(2), 99~133을 수정한 것임.

은 이성적 측면이 아니라 '오만불손한 이명박 정부가 미국에 잘 보이려고 국민건강을 팔아먹었다'는 다분히 감정적 선입견이었다고 보여진다. 국민들의 건강을 진지하게 걱정했기 때문이라고 보기도 어렵다. 국민건강을 보다 '구체적으로 위협'했던 중국산 멜라민 파동이나 식당들의 반찬재활용 문제가 불거졌을 때는 한 번도 촛불시위대가 등장한 적이 없었기 때문이다. 대형할인마트에서 미국산 쇠고기 판매도 개시했지만 소비자들은 언제 그랬냐 싶게 '광우병 쇠고기'를 열심히 사먹고 있다. 그런 면에서 볼 때 당시 주한 미국대사가 언급했다가 여론의 뭇매를 맞았던 '한국인들이 비과학적으로 미국산 쇠고기 문제에 접근하고 있다'는 말은 매우 타당한 진단이었다고 보여진다. 결국 광우병 촛불시위의 문제는 국민들의 '감정'을 제대로 읽고 대응하지 못한 정부의 초기진화 실패에서 확산된 것이라고 보아야 한다.

정부정책에 대한 국민의 신뢰와 만족은 공무원들의 노력에 비례하는 것으로 보이지 않는다. 이는 정부가 이성을 바탕으로 한 내용적 합리성과 절차적 합리성을 갖추지 못했기 때문일 수도 있지만, 정책수요자의 입장을 공감하는 감성지능(Emotional Intelligence)을 결여하고 있기 때문이라고도 할 수 있다. 정부가 일을 안 했다기보다 국민의 기대와 다른 일을 할 경우에 국민이 정부를 불신하게 되는 것이기 때문이다(Nye, 2001). 정부가 국민의 만족을 높이고 일한 만큼 온당한 평가를 받기 위해서는 정책수요자와 수혜자의 입장을 공감하는 감성지능을 갖출 것이 요구된다. 국민을 이성적으로 계도하려고 하기 전에 그들이 감성적으로 원하는 것이 무엇이고 느끼는 것이 무엇인가를 제대로 진단해야 하기 때문이다.

감성지능에 관한 Goleman의 선구적인 저서(Goleman, 1995)가 발간된 이후 감성지능은 이성과 대등하거나 더 중요할 수 있는 지성의 하나로 인정되면서, 심리학뿐 아니라 사회학이나 정치학, 경영학, 공학 등 다양한 유관분야에도 큰 영향을 미치고 있다. 특히 민간 부문에서는 감성지능을 바탕으로 조직원과 고객의 감성을 관리하고 만족시키는 감성관리와 감성마케팅, 감성공학에 입각한 제품개발 등을 활발하게 전개하고 있다. 감성지능을 활용하는 것은 단순히 감성적이 된다는 것과는 다른 또 하나의 이성적 활동으로 이해해야 한다. 타인의 감성을 활용하려면 오히려 고도로 이성적이어야 하기 때문이다. 정책수요자인 국민의 요구에 제대로 공감하고 그들의 감성적 만족을 높이려면 정부도 감성적 지능을 활용하는 것이 필요하다. 이때 정부가 '감정적'이 되서는 안 되며, 감성통제를 통한 감성관리라는 일종의 以夷制夷적 입장을 취해야 한다. 뿐만 아니라 국민의 감성을 제대로 이해하고 만족을 제공하기 위한 차원에서 감성을 활용해야 하므로, 고객의 감성을 조작하거나 환상을 유발하기도 하는 민간부문의 감성관리와는 차원을 달리해야 한다.

그러나 심리학에 기반을 둔 감성관리에서는 이성과 대립적으로 이해되는 감성을 강조하고 있어 이성적인 판단주체가 되어야 할 정부의 개념과 태생적으로 연계되기 어려운 점이 있다. 본 연구는 이성적 효율성을 강조한 신공공관리적 패러다임을 넘어 감성지능을 매개로 한 새로운 행정관리 패러다임의 가능성을 시론적으로 모색해 보는 것을 목적으로 한다. 이를 위해 '감성지능적 정부'라는 개념을 도입하여 기존의 감성정부가 말하고자 하는 이론적 지향을 수용하면서 반이성적, 감정적 정부라는 대립적 개념을 피하고자 한다. 이러한 개념정의를 바탕으로 심리학 대신 미학이론과의 아나로기 검토를 통해 감성지능적 정부가 지향해야 할 목표와 개념적 요소를 도출하여 구체화되지 않은 감성지능적 정부의 개념화를 시도할 것이다. 18세기에 '미학(Aesthetics)'이라는 학문분과를 처음 제시한 Baumgarten에 의하면 미학은 '어떻게 사물이 지각(sense)에 의해 인식되는가에 대한 학문'으로 정의된다(Levinson, 2003). 미학적 접근은 감성을 중시하되 이성적 인식을 도모하고 있으므로 개인적 심리상태, 이성과 대비되는 감성에 주목하는 심리학을 바탕으로 한 기존 감성연구의 한계를 극복하는 데 도움을 줄 수 있다.

II 감성지능적 정부에 대한 미학적 접근

1. 감성의 재발견: 감성지능(EI)

심리학적인 관점에서 지능(intelligence)에 대한 연구는 주로 기억이나 문제해결과 같은 인지적 측면(cognitive aspect), 즉 이성적 지능을 중심으로 시작되었다. 그러나 인지적 측면뿐 아니라 비인지적 측면(non-cognitive aspect), 즉 감성적 지능도 이성적 지능과 마찬가지로 중요하다는 연구가 점차 설득력을 얻게 되었다. Cherniss(2000)는 Wechsler(1958)가 지능적(intellective) 요인과 함께 애정적, 개인적, 사회적 요소로서 비지능적(non-intellective) 요인을 중시하면서 지능(intelligence)을 "적절하게 행동하고, 합리적으로 사고하고, 효과적으로 환경을 다루는 집합적 내지 일반적인 개인의 능력"이라고 정의했다고 소개하고 있다. Gardner(1983)는 IQ로 측정되는 전통적인 지능뿐 아니라 개인 내적(intrapersonal) 지능이나 개인 간(interpersonal) 지능을 포함한 복합지능(multiple intelligence)의 개념을 제시하기도 하였다. 감성의 중요성이 강조되면서 사회적 성공을 예측케 하는 도구로서 IQ, 즉 이성적 지능이 갖는 한계가 여러 연구에서 지적되고 있다(Cherniss, 2000). 450명의 소년을 대상으로 40년간의 종단면 분석을 통해 IQ의 유용성을 검증코자 했던 서머빌 연구(Sommerville study)에 의하면 직업이나 인생에서의 성공을 이루는데 IQ는 특별한 관련이 없었던 반면, 좌절을 통제하고, 감정을 다스리며 다른 사람과 잘 어울리는 능력이 더 큰 상관성을 갖는 것으로 분석되었다(Snarey & Vaillant, 1985).

이성적 능력과 대비되는 감성지능(Emotional Intelligence)이라는 개념은 Salovey & Mayer가 처음 제시한 것으로 "자신과 타인의 감정(feeling)과 감성(emotion)을 감지하고, 그것들을 서로 구분하며, 자신의 생각과 행동을 가이드하기 위해 그러한 정보를 활용하는 능력"으로 정의한 바 있다(Salovey & Mayer, 1990). 한편 Goleman은 직장에서의 성공이 IQ가 아닌 감성적 능력에 따라 좌우되며 그러한 능력이 훈련과 경험으로 성취될 수 있다고 하면서 감성지능을 재조명한 바 있으며, 감성지능을 "스스로를 동기유발시켜 난관을 헤쳐 나가게 하고, 자극을 통제하고 쾌락을 지연시키며, 자기 기분을 억제하여 고민이 사고능력을 저해하지 못하도록 하고, 감정이입과 희망을 갖는 능력"라고 설명하고 있다(Goleman, 1995). 이러한 감성지능이 사회적 성공과 성취를 좌우하는 중요한 요소라는 점은 여러 경영학적 연구에서도 나타나고 있다. 예를 들어 소매점 관리자의 경우 스트레스를 관리할 수 있는 능력에 따라 순이익이나 매출액이 좌우될 수 있으며(Lusch & Serpkenci, 1990), 의류를 구입하는 소비자들은 자신들의 말을 잘 들어주고 그들이 원하는 것과 관심있는 것을 진심으로 이해해 주는 공감능력을 판매자의 가장 중요한 덕목으로 꼽고 있다는 것이다(Pilling & Eroglu, 1994). 감성지능이 직장에서의 업무성과를 좌우하는 강력한 요인이 아닐 수 있다는 점이 지적되기도 한다. Goleman은 감성지능은 경쟁력의 기반(bedrock)을 제공하는 요소일 뿐이며, 업무성과에 중요한 것은 감성경쟁력(Emotional Competence)이라고 한다. 그에 의하면, 감성경쟁력은 "감성지능에 기초하여 업무의 탁월성을 성취할 수 있는 습득된 능력"으로 개념화되며, 분석적 추론이나 기술적 전문성을 의미하는 인지적 경쟁력(cognitive competence)과 달리 감성지능을 바탕으로 다른 사람의 감정을 읽는 감정이입(empathy)과 타인의 감정을 조절하는 사회적 기술(social skill)의 능력으로 이루어진다고 한다(Goleman, 1998: 28).

2. 감성지능적 정부의 개념화를 위한 미학적 접근의 가능성

감성지능적 정부를 논의함에 있어 일반적으로 제기될 수 있는 의문은 감성이라는 개념과 정부라는 개념이 양립가능할 것인지, 오히려 정부는 감성적

이기보다 이성적이어야 하는 것은 아닌지에 관한 것이라고 할 수 있다. 이러한 의문이 제기되는 이유는 감성을 감정과 구별하지 않거나 감성을 이성과 대립되는 개념으로 보기 때문이다.[2] 그러나 감성과 감정은 구분될 수 있는 개념이다. 감정(affect)은 공포, 기쁨, 즐거움과 같이 자극에 대한 무의식적인 생물학적 반응이나 심리적 상태(psychological state)를 의미하는 반면, 감성(emotion)은 의식적이고 평가적인 반응이기 때문이다(Finucane et at., 2003; Greenberg & Paivio, 1997; 김서용 · 김근식, 2007). 감성이 이성에 비해 비논리적이고 비체계적이며 따라서 신뢰할 수 없는 주관적 정서라는 구별도 점차 옅어지고 있다. 앞서 살펴본 것처럼 감성지능의 개념이 등장한 이후로는 인지적 지능인 이성과 비인지적 지능인 감성이 각각의 축으로서 지능(intelligence)을 구성하는 상호 양립적 · 보완적인 관계로 이해되고 있기 때문이다.

그러나 여전히 감성과 이성의 상대적인 차별성이 있음을 감안할 때 감성을 정부활동과 연계시키기 위해서는 기존의 심리학에서 출발한 이분법적 감성이론이 갖는 한계를 극복할 필요가 있다. 그 대안은 미학적 접근방법에서 찾아볼 수 있다.[3] 미학적 접근은 기본적으로 감정이입(empathy)을 바탕으로 감성을 이성적으로 이해(understanding)하거나, 직관과 창의성을 바탕으로 새로운 대상을 창조하는 것에 관한 것이기 때문이다. 때문

---

2) 감성정부라는 개념을 제시한 이대희(2005: 2)의 연구에서도 감성정부의 영어식 표기인 Emotional Government가 영어권 학자들에게 대통령의 감정적 실수와 같은 비이성적 선입견을 촉발시킨다고 하면서, '감성적 지성의 행정'이라는 보완적 견해를 제시하고 있다(이대희, 2007).

3) Welsch(2005)는 미학이론의 범용성과 경계확장의 가능성을 주장하면서 과학에서의 진리와 현실이 예술에서와 마찬가지로 양식에 따라 작동하는 점에서 기본적으로 예술과 다르지 않고, 논리적 잠재력이 아니라 심미적 잠재력이 수학자들의 핵심능력이라고 할 수 있다는 이론 등을 소개하고 있다. 아울러 DNA 구조의 판독을 시도한 많은 과학자 중에서 왓슨만 성공한 것은 그가 해결점이 가장 우아해야 한다는 심미적 가정을 하고 있었기 때문이라고 한다.

에 미학이론에서는 'sensibility'를 '감성'으로 이해하며(오종환, 2007), 대상을 향수하는 능력을 감식력 있는 판단(sensible judgment) 또는 미의 감관(sense of beauty)라고 설명(김한결, 2007; 서원주, 2007)한다.

III 감성지능적 정부의 개념화를 위한 미학적 아나로기

1. 유비추리를 위한 이론적 모색의 틀

감성지능의 활용차원에서 보았을 때 감성지능적 정부가 되기 위해서는 합리성과 효율성을 추구하는 소위 이성적인 면만 고려해서도 안 되고, 이성과 대립되는 감정적 차원의 감성에만 치우쳐서도 안 된다. 대신 두 가지의 지능을 모두 활용하여 정책대상 집단의 정책수요와 만족을 감정이입적으로 알아챔으로써 정책을 수립하고 집행, 평가하는 능력을 갖출 것이 요청된다.

본 연구에서는 감성지능적 정부의 개념화에 필요한 미학적 아나로기의 도출을 위해 일반적인 정책과정, 즉 정책의 수립-집행-평가 단계별로 감성지능적 정부가 고려해야 이슈, 의미, 목표를 설정하고 유비추리가 가능한 미학 개념을 제시함으로써 이론적 모색의 틀로 삼고자 한다. 정책수립 단계에 적용가능한 미학적 개념으로 미적 태도(aesthetic attitude)에 주목하고자 한다. 집행단계에서는 정부가 해야 할 일에는 예술가(artist)처럼 열정을 다해 몰입하지만 민간의 영역에 대해서는 후원가(patron)의 역할에 그쳐야 한다는 점에서 천재와 창조성의 개념을 검토한다. 마지막으로 평가의 단계에서는 근저에 숨어 있는 다양한 효과들을 다차원적으로 모색하기 위한 아나로기로 해석과 비평, 감성이입(empathy)을 검토하고자 한다.

· 정책과정	수립(Plan)	집행(Do)	평가(See)
· 감성지능적 행정관리의 이슈	· 정책대상이 처한 현실과 수요를 특정 이익에 포획되지 않고 공감하는 행정관리	· 창조적 혁신과 열정으로, 할 수 있는 일에 매진하는 행정관리	· 정책효과와 정책대상 집단의 만족을 감정이입적으로 해석해 내는 행정관리
· 현실적 의미	· 대상집단의 입장에 공감하되 특정 이익에 포획되지 않아야 함	· 정부가 해야 할 일에 최대한의 역량을 발휘하되 민간 영역에의 개입은 최소화해야 함	· 정책효과 간의 상관관계를 파악하고 계량적 수치뿐 아니라 주관적 만족도 평가해야 함
· 감성지능적 정부의 목표	· 공감하는 정부 (sensitive)	· 예술가적 정부 (artist)	· 알아채는 정부 (sensible)
· 미학적 아나로기	· 미적 태도론	· 천재와 창조성	· 해석과 비평, 감정이입

그림 1 • 감성지능적 정부의 개념화를 위한 이론적 모색의 틀

2. 미(美)적 태도: 공감하는 감성지능적 정부 (Sensitive Government)

정부가 정책대상자 또는 정책수요자의 입장을 충분히 감성적으로 공감하면서도 특정한 이익에 매몰되지 않아야 한다는 것이 공감하는 감성지능적 정부의 의미를 규정한다. 실제에 있어서는 모순되기 쉬운 이러한 상반된 요청을 양립시키기 위하여 미적 태도(aesthetic attitude)라는 미학적 개념에 주목할 필요가 있다. 미적 태도를 "그것이 어떤 대상이든 간에 인지의 대상을 그 대상 자체를 위해서, 무관심적으로, 공감적으로, 주목하고 관조하는 것"으로 정의한 Stolnitz(Stolnitz, 1991)의 견해에서 제시된 요소를 중심으로 주요 내용을 살펴보면 다음과 같다.

'무관심적(disinterested)'이라는 것은 '대상을 자기와의 이해관계에 대

한 고려 없이 대상 그 자체로만 관조하는 것'(Levinson, 2003)을 의미한다. 대상 외적이므로 배제해야 할 관심이란 작품을 소유하려는 관심, 대상에서 지식을 얻으려는 인식적 관심, 심지어는 대상을 판단하려는 관심 등도 포함될 수 있다(최경석, 2007). 만일 어떤 사람이 시험에 대비하기 위해 음악을 듣고 있다면 그 사람은 다른 궁극적인 목적을 갖고 있으므로 무관심적으로 음악에 주목하는 것이 아니다. 어느 그림을 바라보면서 누군가를 떠올리게 되고 그림을 보면서 그 사람에 대해 깊이 생각하거나 그에 관한 이야기를 한다고 하면 그 그림을 어떤 연상의 수단으로 이용하는 것이 되므로 역시 무관심적 주목이 될 수 없다(Dickie, 1983). 일반적으로 무관심적이라는 것은 편견의 결여나 중재의 공평성 등을 의미할 수 있으나, 미학에서의 무관심적은 대상을 바라볼 때 어떤 이해관계와 관련한 관심을 갖고 바라보지 않는다는 것이다. 따라서 관심의 결여나 부주의, 배제와 같은 '비관심적'(uninterested) 개념으로 이해해서는 안 되며, 오히려 관심자체에 집중하는 것이므로 훨씬 더 관심적이라는 의미로 이해되어야 한다(최경석, 2007). 반대로 관심이란 것은 어떤 대상의 현존과 결합된 만족을 뜻하며, 이러한 만족은 필연적으로 욕구와 결부되어 있을 수밖에 없다. 미적 판단으로서의 취미(taste)는 어떤 대상의 현존과 결합된 것이 아니라 대상 그 자체를 고찰하고 직관하고 반성한다는 것이다. 따라서 현존과 관련된 즐거움이 판단으로 이어져서는 안 되며, 판단 자체가 즐거움으로 귀착되어야 한다(김광명, 2004).

'공감적(sympathetic)'이라는 것은 대상 자체의 조건에 의해 대상을 받아들이면서 대상의 유도에 따라 일치하게 반응해야 한다는 것을 의미한다. 이를 위해서는 우리를 대상과 분리시키거나 적대적으로 만드는 반응을 억제해야 한다(Stolnitz, 1991). 따라서 자신의 도덕적 내지 종교적 신념에 따라 작품에 대한 반응이 달라지는 것은 공감각적이라고 할 수 없다. 예를 들어 연극을 감상할 때 작중 인물의 가치관이 나와 다르다고 할지라도 그 인물의 입장에 공감하며 자신의 굳어있는 주관을 버려야 한다는 것이다(최경석, 2007).

'관조 또는 주목(contemplation)'은 단순히 멍하게 응시하는 수동적 반응이 아니라 민감하고 활기찬 적극적인 주목을 의미한다(Stolnitz, 1991). 최경석(2007)에 의하면 작품에 대한 주목은 상상력과 감정을 촉발시키고 시각적 관조뿐 아니라 긴장과 같은 신경적 반응, 장단을 맞추는 신체적 반응 등도 포괄한다고 한다. 미적 태도로서의 관조 또는 주목은 우리가 사물 속에서 사물처럼 상징적으로 느끼게 되고 대상 속에서 감정을 갖게 되는 것으로, 그 본질은 공감의 상태라고 할 수 있다(박준원, 2007).

3. 천재와 창조성: 예술가로서의 감성지능적 정부 (Government as an Artist & Patron)

미학적 관점에서 보았을 때 르네상스 시대에 이르러 종전의 모방자가 아니라 천재(genius)로서 예술가를 평가하는 전환점이 발생하게 된다. 작품보다 천재적인 예술가로서의 인물에 더 초점을 맞추게 되는 것이다. 고대 그리스 시대에는 외부 대상이나 사건을 실재하는 것처럼 생생하게 재현해 주는 예술가를 높이 평가했으나, 모방적 활동이 우리를 진실에서 멀어지게 한다는 플라톤의 부정적 평가가 내려지면서 예술활동이 외부 세계의 시각적 모방뿐 아니라 외부 세계의 본질에 대한 철학적 모방, 나아가 이상적 세계를 형상화하는 방향으로 나아가야 한다는 논의가 이루어졌기 때문이다(김진엽 · 하선규, 2007). 이후 18세기 낭만주의를 배경으로 한 표현론에서는 꿈, 신화, 환상, 무한의 영역에 도달하기 위해서는 이성을 통해서가 아니라 직관, 감성, 상상의 능력이 중요하다고 보았으며, 그러한 능력은 정상적인 사람이 아니라 자유롭고 열정적이며 때론 광기 어린 천재의 몫이라고 보았다. 예술은 그러한 천재의 직관과 상상력의 영역이며, 예술가는 삶 속에서 성취한 가장 높고 좋은 감정을 감상자에게 전달하여 감상자의 삶을 고양시키고 사회를 발전시켜 나가는 역할을 담당한다(김진엽 · 하선규, 2007). 미학적 고찰의 대상인 미(美)는 명석하고 판명한 추론에 의해 얻어지는 것이 아니라 천재적인 예술가에 의해 파악되는 신비한 질서이므로 천재는 신에 사로잡혀야(divine) 하며, 예술에 대해 법칙을 부여해 주는 존재가 되어야 한다(Harries, 1987).

따로 배우지 않고도 조화미의 신적인 원형을 눈 앞에서 창조할 수 있는 천재의 개념은 창조성이나 상상력(imagination)의 개념과 나란히 쓰이게 된다. 천재개념이 독창적인 창조정신으로 재정립되면서 신에 버금가는 창조자의 위상을 획득하게 된 것이다(이순예, 2007).

천재의 작품을 대하는 일반인은 천재의 드러냄을 그대로 이해하기 어려우므로 나름대로의 해석을 시도하거나 변형을 요구할 욕구를 가지기 쉽다. 한 예로 천재인 미켈란젤로가 피렌체에서 다비드를 조각하고 있었을 때 당시 피렌체 행정부의 수반이었던 소데리니(Soderini)가 작업현장에 나와 작품의 코를 더 다듬었으면 좋겠다는 의견을 제시하였다고 한다. 당초 다비드 상을 세울 위치가 10 m 높이의 기둥 위였으므로 머리와 코 부분을 좀 더 크게 만들었던 미켈란젤로는, 그의 말을 듣고 아무 말 없이 코를 다듬는 척하면서 대리석 가루만 조금 떨어뜨리게 된다. 하지만 그를 본 소데리니는 크게 만족하고 돌아갔다고 한다(Bohm-Duchen, 2002). 이는 잘못된 후견인의 자세이며, 천재가 아닌 후견인은 천재의 영역을 그대로 인정하는 것이 필요한 것이다.

4. 해석과 비평, 감정이입: 알아채는 감성지능적 정부 (Sensible Government)

미학의 주요 분야 중 하나는 작품의 해석을 통한 비평이라고 할 수 있다. 미학이론에서는 주로 예술작품을 대상으로 비평을 시도하고 있으나 감성적 지성이 필요한 분야라면 예술작품에 국한할 필요 없이 해석적 방법론을 도입할 수 있다.[4] 해석학(Hermeneutics)이란 명칭은 그리스 신화에서 다른 神들의 메시지를 인간에게 전달하는 역할을 담당하는 신인 Hermes로부터 유래한다. 그는 날개 달린 신발과 모자, 그리고 유창한 말솜씨와 해석능력을 가지고 지식을 해석하여 전달하는 커뮤니케이션을 창출했던 것이다(남태우, 2006). 신의 영역에서 인간의 품으로 떨어진 해석활동에 있어서 인간의 해석은 어떻게 이루어져야 하는지, 올바른 해석의 기준이 있는지에 대한 물음이 제기되어 왔으며 이에 대한 답변이 해석학적 전통의 축을 형성하게 된다. 일반적으로 예술가들은 일의적인 해석을 갖는 작품이 아니라 다양한 해석이 필요하고 또 가능한 작품을 산출한다. 따라서 하나의 고유한 기준을 가지고 모든 작품을 평가하거나 거리가 먼 유형의 기준으로 작품을 평가할 경우 오류에 빠지게 된다. 예를 들어 변기를 전시회에 설치했던 뒤샹(Duchamp)의 작품을 피카소(Picasso)의 큐비즘으로 평가할 수 없으며, 피카소의 큐비즘은 말레비치(Malewitsch)의 절대주의나 칸딘스키(Kandinsky)의 추상과 비교하여 평가할 수 없다는 것이다. 뿐만 아니라 복합심미적 이중지각이 필요하다. 뭉크의 그림 「절규」를 제대로 이해하려면 시각적 지각은 물론 비명소리를 들을 수 있는 청각적 지각까지 요청되기 때문이다(Welsch, 2005).

---

4) 해석과 비평에 있어서 미학적 접근방법의 적용가능성은 미국의 하버드대가 그간 대학교육에 있어서 미국사회 위주의 편협한 부분을 극복하고자 3년의 준비기간을 거쳐 30년 만에 교과를 개편하면서 '미학과 해석의 이해(Aesthetics and Interpretive Understanding)'를 8개의 학부 필수과목 중 가장 첫 번째 과목으로 선정한 데에서도 알 수 있다. 동 과목의 목적은 예술작품에 대한 미학적 반성과 해석적 능력을 통해 비평기술을 제고하고, 학생들로 하여금 비판이론, 미학, 철학, 수사학, 언어론, 지각이론과 같은 이론적 틀 속에서 작품을 분석하는 능력을 배양하는 것으로 되어 있다(Harvard Univ., 2007).

해석과 비평에 있어서 감정이입[5]을 통한 이해(empathetic understanding)가 중요하다. 감정이입은 대상주체(target agent)의 심적 상태를 들여다 보아야하는 내성적(inward-looking) 작업이므로 내적 성찰(introspection)로 하나로 이해되기도 하지만, 대상주체의 입장에서 세상을 바라보아야 한다는 외성적(outward-looking) 활동으로 이해될 수도 있다. 후자의 경우에는 해석자와 대상주체의 입장이 다를 수 있다는 문제가 제기되는데 이에 대해 Currie(2003)는 서로 간의 의식차이(mental difference)가 있기 때문에 대상주체의 입장과 다를 지라도 해석자의 입장에서 재구성할 수 있다는 입장, 대상주체의 입장이 다를 경우 해석자의 입장은 보완적으로만 활용되어야 한다는 입장, 그리고 해석자의 입장에서 판단을 시도하되 그것이 곧 대상주체의 입장이라고 결론 내리지는 않는 혼합적인 입장의 3가지 접근방법이 가능하다고 한다.

IV 不感정부에서 感性지능적 정부로

과거의 전자정부가 하이테크(hi-tech)를 중시했다면 기술발전이 간과했던 감성을 중시하는 감성관리적 정부는 하이터치(hi-touch)를 중시하는 행정관리 이념형이라고 할 수 있다. 그러나 하이테크와 하이터치가 조화를 이루어야 고객의 만족을 이끌어 낼 수 있듯이 행정에 있어서도 이성적 측면과 감성적 측면이 함께 고려되어야 하며, 정부가 감성지능을 제대로 발휘하려면 이성적 인식의 도움을 받아야만 한다. 디지털 시대에 필요한 전자

5) 감정이입이라는 심리학적 용어는 어떻게 생명이 없는 물질적 존재인 회화나 조각이 인간의 감정을 표현하는가를 설명하기 위해 도입된 것으로 인간의 감정이 어떻게 작품에 투사되는가를 밝히고자 하는 예술심리학적 노력의 일환이다(조진근, 2007).

정부나 모바일 정부도 기술인식과 상황인식을 거쳐 감성인식으로 이어지는 감성적 정부의 구현[6]으로 이어져야 그 의미가 살아날 수 있다. 본 연구에서는 최근 일부에서 논의되고 있는 감성정부를 이론적으로 개념화함으로써 효율성을 강조하는 신공공관리적 행정관리와 보완적으로 활용될 수 있는 가능성을 검토하기 위해 미학적 아나로기를 통한 유비추리를 시도하였다. 미학적 아나로기를 통해 구축될 수 있는 감성지능적 정부의 개념은 '정책수요를 미적 태도에 입각하여 공감하면서 정책을 수립하고, 해야 할 일에 대해 창조성을 바탕으로 몰입하며, 정책효과와 정책대상자의 만족도를 감정이입을 통해 다양하게 해석하여 환류하는 정부'라고 할 수 있다. 현실과 동떨어진 채 그들만의 정책을 수립하고 집행하는 불감적 행태를 떠나 공감하고 해석하면서 정책대상자의 실질적 만족에 기여하는 정부가 되어야 한다는 것이다.

우선, 감성지능적 정부는 정책대상 집단의 입장과 수요를 관료의 입장이나 법률 해석적 차원이 아닌 그들의 입장에서 적극적으로 탐색해야 한다. 이 때 중요한 것은 비관심이 아닌 무관심적 차원의 관조가 필요하다는 것이다. 무관심성의 핵심은 거리두기라고 할 수 있으며, 행정학적 입장에서는 정책을 수립하거나 시행함에 따라 발생할 수 있는 특정이익이나 지대(rent)에 관심을 갖지 않고 객관적인 입장에서 대상 그 자체에 주목하고 반응해야 한다는 의미로 해석할 수 있다. 최근 경기도 화성시가 시행하고 있는 24시간 동사무소 운영의 경우 민원서류 발급을 위해 동사무소를 찾는 직장인들의 수요를 수요자의 입장에서 파악한 사례라고 할 수 있다. 일반 국민이 직접 상대하는 일선관료의 경우 훌륭한 학벌이나 예리한 이성보다 민원인의 입장에 공감하면서도 객관적인 입장에서 그들의 수요를 제대로

6) 2002.10.29자 한국경제신문

파악하는 감성지능을 갖춘 사람이 더 필요할 것이다. 뒤에서도 다시 언급되겠지만 감성지능적 정부에서는 공무원의 인사배치에 있어서도 승진이나 임용시험 성적과 함께 감성지능을 고려하는 노력이 필요하다.

둘째, 감성지능적 정부는 예술가와 같은 천재적 직관과 창조성을 함양해야 한다. 조각가가 정교한 측정과 세부적인 수작업을 통해 작품을 제작하거나 음악가가 오선지에 수많은 음표를 그려 넣기 전에 필요한 것은 직관과 창의력이다. 신공공관리론에서 촉발된 정부혁신의 성공에 필요한 중요한 요소 중 하나는 공직자들이 기존과 다른 창의적 직관을 발휘할 수 있도록 해주는 것이라고 할 수 있다. 혁신(innovation)은 '새롭고 독창적인 것으로 조직의 변화를 촉진'한다는 의미(Abramson & Littman, 2002)를 갖고 있기 때문이다. 참여정부가 시도했던 정부혁신이 그 노력에도 불구하고 국민이 체감하는 가시적인 성과를 거두지 못한 것은 관료들의 직관과 창의력을 높이는 데 집중하지 않고 매뉴얼처럼 혁신할 수 있는 방법을 정형화하고 규정하는 데에 집중했기 때문이라고 할 수 있다.[7] 직관과 창의력은 천재가 타고날 수도 있지만 후천적인 몰입과 노력을 통해 성취될 수도 있다. 이를 위해 필요한 것 중 하나는 학습조직(learning organization)을 구축하는 것이라고 할 수 있다. 조직의 학습화를 주창한 Senge(1990)에 따르면 학습조직 구축을 위해서는 개인의 통찰력 제고(personal mastery), 사고체계의 변화(mental models), 공통비전의 구축(shared vision), 소규모 조직학습의 활성화(team learning)의 원칙이 필요하다고 한다. 감성지능적 정부에서는 관료들의 직관과 창의력을 발전시키기 위해 조직의 학습을 강화하고 민간의 자율성을 높이기 위한 규제개혁에도 관심을 기울여야만 할 것이다.

---

7) 다른 비유를 들자면, 수학 점수를 올리기 위해 수학적 창의력을 높이고 실제 많은 수학문제를 집중적으로 풀어보는 대신 '수학 점수 올리는 법' 을 배우는 데 집중했었다고 할 수 있다.

셋째, 감성지능적 정부는 정책을 집행한 후에 외형적인 변화나 단순한 수치적 결과에만 주목하지 말고 부작용을 포함한 다양한 효과를 해석해 내야 한다. 이를 위해서는 단선적 해석이 아닌 순환적 해석, 양적 해석이 아닌 질적 해석, 기존의 논리에 얽매인 인습적 해석이 아닌 새로운 감성적 해석[8], 계량적 만족이 아닌 주관적 만족에 대한 해석 등을 함께 고려해야 할 것이다. Fox & Kim(2004)은 저소득층 중에서도 장애인이나 노인들을 위해 추가로 제공되는 복지서비스(PD Waiver) 제공의 효과를 분석하면서, 서비스 제공 이후 대상자들이 병원에 더 자주 가고 구급차 이용과 재택검진도 더 많이 함에 따라 당초보다 예산지출이 증가했기 때문에 효율성 면에서는 성과가 높지 않은 것으로 보일 수 있지만, 욕창 발병률과 응급실 이용률이 줄었다는 점에서 효과적이었다고 평가하고 있다. 단기적인 비용은 증가했고 병원이용률도 줄지 않았지만 치명적인 결과를 초래할 수 있는 욕창이나 응급실 이용률 감소와 같은 인과적 측면을 중시함으로써 또 다른 질적 판단의 여지를 남겨두어야 한다는 것이다. 감성지능적 정부에서는 부분이 아닌 전체(gestalt), 숨겨진 질서(fractal)와 같은 순환적 해석, 단기적 효율성보다 대상자의 만족과 장기적인 효과를 중시하는 노력이 요청된다. 해석과 비평을 함에 있어 평가자는 평가대상과 떨어져 있는 무관한 존재가 아니다. 감성지능적 정부는 정책대상자와 외떨어진 존재가 아닌 감정이입적으로 동질화된 상태에서 평가대상자의 경험을 공유할 수 있어야 한다.

본 연구에서는 최근 일부에서 논의되고 있는 감성정부를 이론적으로 개념화함으로써 효율성을 강조하는 신공공관리적 행정관리와 보완적으로

---

8) 극단적인 예를 들자면, 기상청의 일기 예보에 오보가 많을 경우 슈퍼컴퓨터의 성능과 예산을 증액시키는 것이 기존의 해석이라면, 더 저렴하고 정확한 예측을 위해 신경통 환자를 여럿 불러 모아 신체의 반응이 오는가를 기준으로 강우확률을 예측할 수는 없을까라고 생각해 보는 것 등이 이에 해당할 것이다.

활용될 수 있는 가능성을 검토하기 위해 미학적 아나로기를 통한 유비추리를 시도하였다. 기존의 감성관련 연구에서는 감성을 이성과 대립적 개념으로 이해하는 경향이 컸던 관계로 이성적이어야 할 정부가 감성적일 수 없다는 귀결로 흐르기 쉬웠으나, 감성의 이성적 이해를 목적으로 하는 미학적 아나로기를 대입함으로써 감성지능적 정부가 구현해야 할 공감하는 정부, 예술가 또는 후원가적 정부, 그리고 알아채는 정부를 논리적 모순 없이 개념화할 수 있음을 설명하였다. 기존의 정부가 이성적이었던 반면 앞으로는 감성적이어야 한다는 식의 이분법적 논리를 지양하고, 지능을 구성하는 또 다른 차원인 감성지능을 어떻게 행정관리적 패러다임으로 흡수할 수 있을 것인가에 대한 탐색적 연구를 시도한 의미가 있으나, 서로 다른 학문분과에서 발달해 온 이론과 사례들을 결합하는 과정에서 다소 간의 논리적 비약도 있었다고 본다. 정부가 국민의 감성을 제대로 이해하고 실제적으로 만족할 수 있는 정책을 수립, 집행하는 데 필요한 감성적 정부에 관한 연구가 계속 이루어지기를 기대한다.

참고문헌

김광명(2004),「칸트 미학의 이해」, 서울: 철학과현실사.

김서용 · 김근식(2007), 위험과 편익을 넘어서: 원자력발전소 수용성에 대한 경험적 감정의 휴리스틱 효과,「한국행정학보」, 41(3): 373–398.

김진엽 · 하선규(2007), 미적 경험과 예술: 축제적 시간을 통한 삶의 고양, 김진엽 · 하선규 엮음,『미학』, 서울: 책세상

김한결(2007), 취미론의 성립배경과 근대적 의의. 미학대계간행회 편,「미학대계」제1권, 서울: 서울대학교 출판부.

박준원(2007), 현대 프랑스 미학사상. 미학대계간행회 편,「미학대계」제1권, 서울: 서울대학교 출판부.

서원주(2007), 예술작품의 존재. 미학대계간행회 편,「미학대계」제2권, 서울: 서울대학교 출판부.

오종환(2007), 그 이후의 영미미학. 미학대계간행회 편,「미학대계」제1권, 서울: 서울대학교 출판부.

이대희(2005), 감성정부와 이성정부의 비교론적 고찰,「한국사회와 행정연구」, 16(1): 1–34.

이순예(2007), 천재와 창조성,「미학대계」제2권, 서울: 서울대학교 출판부.

조진근(2007), 예술심리학. 학대계간행회 편,「미학대계」제2권, 서울: 서울대학교 출판부.

최경석(2007), 미적 태도와 미적 대상, 가치, 경험의 관계. 미학대계간행회 편,「미학대계」제2권, 서울: 서울대학교 출판부.

Abramson, M. & Littman, I.(2002), What Do We Know about Innovation? In Abramson, M. & Littman, I. (eds.) Innovation. Oxford: Rowman & Littlefield Publishers Inc.

Bohm-Duchen, Monica(2002). The Private Life of a Masterpiece. 김현우 역.「세계명화 비밀」, 서울: 생각의나무.

Cherniss, Cary(2000). *Emotional Intelligence: What It Is and Why It Matters.*

Paper presented at the Annual Meeting of the Society for Industrial and Organizational Psychology, New Orleans, LA. Apr. 15.

Currie, Gregory(2003), Interpretation in Art. J. Levinson ed, *The Oxford Handbook of Aesthetics*, Oxford: Oxford Univ. Press.

Dickie, George(1983), Aesthetics: An Introduction, 오병남 · 황유경 역, 「미학입문」, 서울: 서광사.

Finucane, M. L., Peters, E., & Slovic, P.(2003), Judgment and Decision Making: The Dance of Affect and Reason. In S. L. Schneider & J. Shanteau(eds.) *Emerging Perspectives on Judgment and Decision Research*, London: Cambridge Univ. Press.

Fox, M. & Kim, K.(2004), Evaluating a Medicaid Home and Community-Based Physical Disability Waiver, *Fam Community Health*, 27(1): 37–51.

Gardner, H.(1983), *Frames of Mind*, NY: Basic Books.

Goleman, Danie(1998), Working with Emotional Intelligence, NY: Bantam Books.

Goleman, Daniel(1995), *Emotional Intelligence*, NY: Bantam Books.

Greenberg, L. S. & Paivio, S. C.(1997), *Working with Emotions in Psychotherapy*, NY: Guilford Press.

Harries, Karsten, The Meaning of Modern Art: A Philosophical Imterpretation, 오병남 · 최연희 역, 「현대미술: 그 철학적 의미」, 서울: 서광사.

Harvard University, Faculty of Arts & Science(2007), Report of the Task Force on General Education. http://www.fas.harvard.edu/~secfas/General_Education_Final_Report.pdf

Levinson, Jerrold(2003), Philosophical Aesthetics: An Overview. J. Levinson ed, *The Oxford Handbook of Aesthetics*, Oxford: Oxford Univ. Press.

Lusch, R. F. & Serpkenci, R. R.(1990), Personal Differences, Job Tension, Job Outcomes, and Store Performance: A Study of Retail Managers, *Journal of Marketing*, 54(1), 85–101.

Nye Jr., Joseph S.(2001), Why People Don't Trust Government, 박준원 역, 「국민은 왜 정부를 믿지 않는가」, 서울: 굿인포메이션.

Pilling, B. K. & Eroglu, S.(1994), An Empirical Examination of the Impact of Salesperson Empathy and Professionalism and Merchandise Salability on Retail Buyer's Evaluations, *Journal of Personal Selling and Sales Management*, 14(1), 55–58.

Salovey, Peter & Mayer, John(1990), Emotional Intelligence, *Imagination, Cognition, and Personality*, 9(3), 185–211.

Senge, Peter(1990), *The Fifth Discipline: the Art and Practice of the Learning Organization*, NY: Currency Doubleday.

Snarey, J. R. & Vaillant, G. E.(1985), How Low-and Working-Class Youth Become Middle-class Adults: The Association between Ego Defense Mechanisms and Upward Social Mobility, *Child Development*, 56(4), 899–910.

Stolnitz, J. Aesthetics and Philosophy of Art Criticism, 오병남 역, 「미학과 비평철학」, 서울: 이론과실천.

Welsch, Wolfgang(2005), Grenzgange der Asthetik, 심혜련 역, 「미학의 경계를 넘어: 현대 미학의 새로운 시나리오, 진단, 전망」, 서울: 향연.

빈곤과 빈곤정책의 동향과 이슈

이상은

I 빈곤 문제에 대한 관심의 증가

지난 10여년 동안 우리나라에서 빈곤과 빈곤정책에 대한 국민들의 관심이 증가되어 왔다. 빈곤 현상에 대한 관심의 증가는 여러 가지 측면들을 반영하고 있을 수 있다. 우선, 경제적 부의 축적이 상당수준으로 이루어지게 되었다는 점과 관련된 것으로 보인다. 과거에 낮은 경제발전 수준에서 국민 전체적으로 빈곤을 경험하는 상황에서는 빈곤이 특별한 문제라기보다는 생활의 일부로서 인식된 측면이 있다. 그러다가 경제발전 과정을 통하여 우리 국민들이 상당한 경제적 풍요를 누리게 됨으로써 이제 전반적인 경제 풍요 속에서도 아직도 존재하는 빈곤층과 그들의 경제적 어려움에 대한 문제 인식이 높아지게 된 것으로 보인다.

다음으로 1997년말의 IMF위기를 경험하면서 빈곤이 개인적 문제만이 아니라 사회구조적 문제일 수 있다는 점이 국민들에게 크게 각인되었던 것으로 생각된다. 근로능력이 있고 열심히 일하고자 하는 사람이라도 국가 전체적인 경제 위기 구조에 직면해서는 빈곤에 빠질 수밖에 없는 현실을 목격하면서 빈곤의 위험을 보다 자신의 문제와 관련시켜 인식하게 된 것으로 생각된다.

IMF 위기 이후 빈곤의 양상이 과거의 근로무능력가구의 빈곤 문제를 넘어서서 근로능력이 있더라도 또는 근로하더라도 빈곤한 소위 '근로빈곤(Working Poor)'의 문제로 확대 인식되게 되었다는 점도 빈곤문제에 대한 새로운 관심을 촉발시켜 온 것으로 보인다. 이들 근로빈곤 가구의 문제는 이들 빈곤가구에 대한 정부의 현금지원과 이로 인한 근로의욕감소 등의 문제들을 둘러싸고 또다른 이슈들을 제기해 왔다.

그리고 저출산 고령화 사회라는 인구구조적 변화로 인하여 노인과 아동 빈곤 문제에 대한 관심이 증가하고 있는 것으로 보인다. 노인 빈곤 문제는 향후 고령인구의 증가와 함께 심각한 국가적 문제로 대두되어 있고, 아동 빈곤 문제 또한 저출산의 경향 속에서 미래의 주역인 아동들을 잘 양육하기 위한 사회적 책임성에 대한 관심이 높아지고 있다.

이러한 빈곤 문제에 대한 관심에 대응하여 그동안 빈곤문제와 빈곤정책에 대한 연구들도 상당한 진전을 보여 왔다. 본 연구에서는 우리나라의 빈곤과 빈곤정책에 대한 주요한 몇 가지 질문들을 제기하고 이 질문들에 대해 지금까지 연구된 결과들을 중심으로 그 대답을 정리해 보고자 한다. 그리고 이 질문들에 대해 대답하는 과정에서 제기되는 주요 이슈들을 검토해 보고자 한다. 2절에서는 빈곤 현상에 있어서 현재 빈곤의 정도는 어느 정도인가? 빈곤의 추이는 어떠한가? 그리고 과거로부터의 빈곤 변화의 요인은 무엇인가? 라는 질문들을 던지고 이 질문들에 대해 대답해 보고자 한다. 3절에서는 빈곤 정책에 대한 몇가지 질문들로서 현재 어떤 빈곤 정책들이 존재하고 있는가? 현재 빈곤정책들에 있어서 어떤 문제가 있고 앞으로 어떤 대책들이 고려되어야 하는가? 라는 질문들에 대하여 대답해 보고자 한다.

II 빈곤연구의 동향과 이슈

1. 현재 우리나라의 빈곤은 어느 정도인가?

현재 우리나라에서의 빈곤의 정도가 어느 정도인가에 대한 답을 구하는 것은 간단한 문제인 것으로 보일 수 있다. 그러나 빈곤의 정도에 대한 답을 구체적으로 제시하고자 할 때에는 문제가 좀 복잡해진다.

먼저, 어떤 종류의 소득을 기준으로 빈곤의 정도를 파악할 것인가 하는 점이다. 소득은 몇 가지 종류로 구분될 수 있다. 소득은 기본적으로 근로소득, 사업소득, 재산소득, 사적이전소득, 공적이전소득 등으로 구분될 수 있다. 이들 항목들의 다양한 조합이 발생할 수 있다. 일반적으로 세 가지의 소득 개념이 많이 사용된다. 첫째, 시장소득이다. 시장소득은 소득 항목들 중에서 정부의 개입 이전에 발생되는 근로소득, 사업소득, 재산소득, 그리고 사적이전소득을 합한 것을 지칭한다. 둘째, 경상소득이다. 경상소득은 시장소득에 정부를 통해 지급되는 공적이전소득을 합한 것을 말한다. 셋째, 가처분소득이다. 가처분소득은 이 경상소득에서 사회보험료와 조세 지출분을 감한 것으로 개별 가구가 사용할 수 있는 소득이므로 가처분소득이라고 부른다. 이러한 몇 가지 소득 종류 중 어떤 소득을 기준으로 빈곤을 파악하는가에 따라 측정되는 빈곤의 정도는 달라진다.

자료에 포함되는 인구집단의 종류에 따라 빈곤의 정도는 달라진다. 우리나라의 경우 그동안 전체가구에 대한 소득자료는 2002년까지는 주로 통계청의 도시가계조사를 통하여 도시근로자가구에 대해서만 조사되었다.[1] 2003년부터는 이를 전가구로 확대한 가계조사 자료가 수집되어 전가

1) 가구소비실태조사가 있었으나 이는 5년마다 조사되어 1991, 1996, 2000년 자료가 이용가능하였다.

구에 대한 소득자료가 이용가능하다.[2] 그러므로 어떤 자료를 이용하는가에 따라 추정된 빈곤의 정도는 상당한 차이를 보인다.

<그림 1>의 첫 번째 그림은 우리나라의 소득종류별 2005년 빈곤율을 보여준다. 전체가구를 대상으로 할 때, 소득종류별로 시장소득, 경상소득, 가처분소득을 기준으로 할 때 각각 빈곤율이 12.7%, 10.5%, 11.7%이다. 우리나라의 경우 경상소득을 기준으로 빈곤율을 평가하는 경우가 가장 일반적이다. 그러므로 경상소득을 기준으로 볼 때, 우리나라의 빈곤율은 약 11% 정도라고 추정할 수 있다.

한편 빈곤율은 빈곤선을 어떻게 설정하는가에 따라 달라질 수 있다. 일반적으로 가장 많이 사용되는 빈곤선으로 최저생계비와 중위소득의 40%를 빈곤선으로 설정하는 방법을 들 수 있다. 최저생계비는 우리나라 정부에서 국민기초생활보장제도의 자격 및 급여기준으로 사용되고 있는 것으로서 3년마다 재계측되고 있다. 중위소득의 40%는 우리나라 전체 가구들을 소득순서대로 나열했을 때 그 중간순위에 해당되는 가구의 소득액의 40%에 해당되는 액수를 빈곤선으로 설정하는 방식이다. 매년 가구들의 소득수준과 분포가 변화하므로 중위소득의 40%에 해당되는 소득액수는 매년 변화하게 된다. 이렇게 두 가지 빈곤선을 적용한 결과가 <그림 1>의 두 번째 그림에서 제시된다.

그리고 빈곤지수의 종류에 따라서도 빈곤의 정도에 대한 표현은 상당히 달라질 수 있다. 지금까지는 빈곤지수로서 전체 인구 중 빈곤 가구에 속한 사람들의 비율인 빈곤율을 기준으로 살펴보았다. 빈곤율 이외에도 다양한 빈곤지수들이 존재한다. 이들 중 많이 사용되는 빈곤지수 중 하나인 소득갭 비율의 경우 최저생계비 대비 최저생계비와 빈자들이 현재소득 간의 차액의 비중을 보여준다. 그래서 <그림 1>의 세 번째 그림에서 보이는 것

---

2) 그러나 여전히 1인가구와 농어가가구에 대해서는 조사되지 않는다.

처럼, 2005년 현재 경상소득과 최저생계비를 이용하여 측정한 빈곤율은 10.5%인 한편, 소득갭비율은 43.7%로 나타나 빈곤층들의 최저생계비 대비 소득수준이 평균적으로 약 56.3% 수준이라는 것을 보여준다.

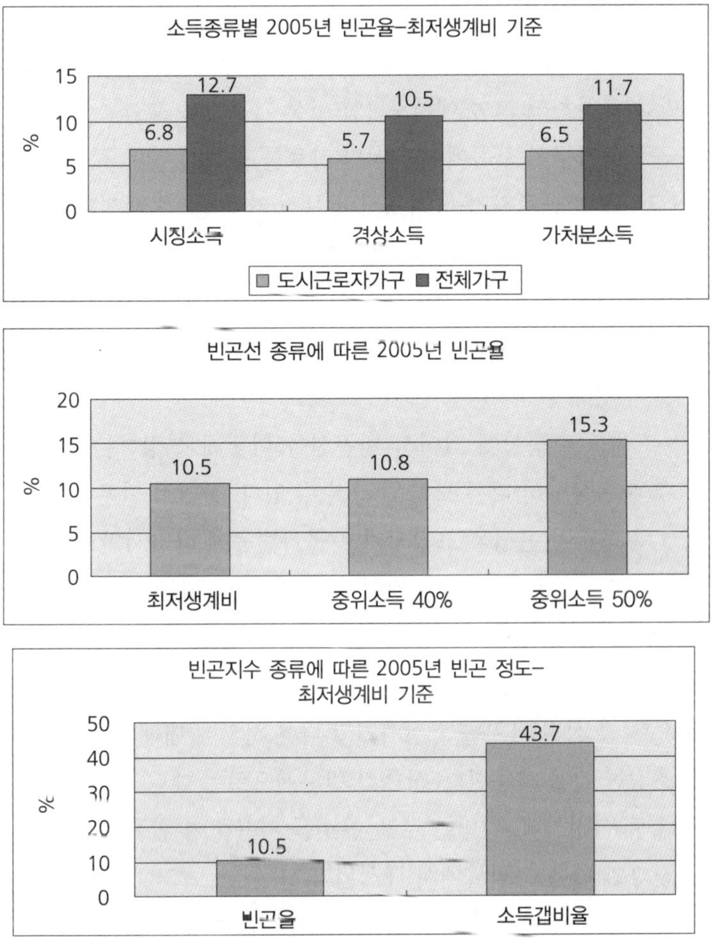

김태완 · 양시현 · 최현수 · 우선희(2006)로부터 재구성.

그림 1 • 우리나라의 2005년 빈곤 정도

2. 우리나라의 빈곤의 추이는 어떠한가?

우리나라에서 그동안 빈곤의 변화 추이가 어떠했는가에 대해 답하기 위해서는 과거부터의 우리나라 국민들의 소득에 대한 자료가 있어야 한다. 앞에서도 잠깐 언급했던 것처럼 우리나라의 경우 과거에 전 국민에 대한 소득자료가 제대로 존재하지 않았다. 오히려 매년 조사되는 자료로는 통계청의 도시가계조사 자료가 유일한 자료였다. 그런데 도시가계조사는 도시지역가구만을 포함하고 그 중에서도 2인 이상 가구만을 포함하며 또한 그중에서도 근로자가구의 소득에 대해서만 자료를 공개해 왔다. 즉 농촌지역, 1인가구, 그리고 비근로자가구(자영자나 무직 가구 등)는 배제되어 있다. 이러한 제한점에도 불구하고 도시가계조사는 장기간 시계열 추이를 볼 수 있는 유일한 자료이다. 도시가계조사는 현재 1982년부터의 자료들만 공개되고 있다. 따라서 우리는 1982년 이후 도시지역근로자가구들의 빈곤의 변화 추세를 추정해 볼 수 있다.

빈곤 추세를 추정함에 있어서 빈곤선을 어떻게 설정하는가에 따라서 빈곤의 추세는 상당히 다른 모양을 가질 수 있다. 절대적 빈곤선의 경우 한 시점에서 측정된 빈곤선을 고정시키고 물가변동에 따라서만 조정해 주어 그 절대적인 수준을 고정시키는 것이다. 상대적 빈곤선은 사회의 전반적인 소득수준의 변화와 함께 빈곤선을 연동시키는 것이다. 여기에서는 절대적 빈곤선으로 우리나라의 최초의 공식적 최저생계비인 1999년 최저생계비를 기준으로 그 실질 가치를 고정시키고 다른 시기에 대해서는 물가변동분만큼만 조정한 것을 사용한다. 상대적 빈곤선으로는 매년 중위소득의 50%를 기준으로 설정한다. 이러한 두 빈곤선을 사용하여 빈곤의 변화 추이를 추정한 결과가 다음 그림들에서 제시된다.

<그림 2>는 1999년 최저생계비를 기준으로 추정한 절대적 빈곤의 변화 추이를 보여준다. 도시근로자가구들의 절대적 빈곤의 수준은 1982년 약 80% 수준으로부터 1990년대 중반 약 3%수준까지 급속한 속도로 감소

되어 왔음을 볼 수 있다. 이후 IMF 위기를 거치면서 다시 빈곤율이 약 8% 수준으로 상승했으나, 2000년대 초반에는 다시 약 3% 수준으로 감소한 것을 볼 수 있다.

자료: 이상은(2006).

그림 2 ● 절대적 빈곤의 변화 추이(1999년 최저생계비 기준)

<그림 3>은 매년도 중위소득 50%를 빈곤선으로 설정하여 추정한 상대적 빈곤의 추이를 보여준다. 1982년도의 경우 상대빈곤율이 약 10% 수

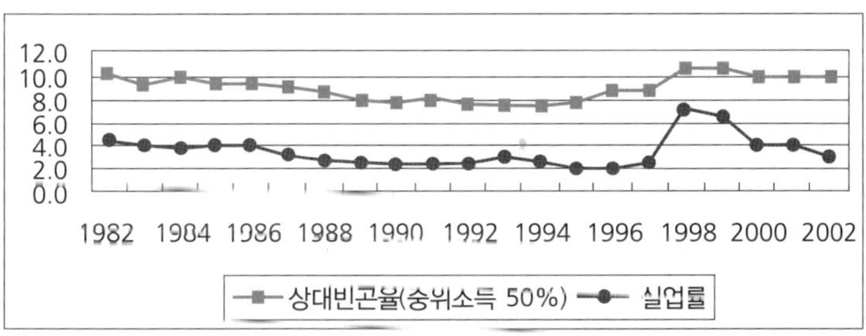

자료: 류연규 · 최현수(2003).

그림 3 ● 상대적 빈곤의 변화 추이(매년도 중위소득의 50% 기준)

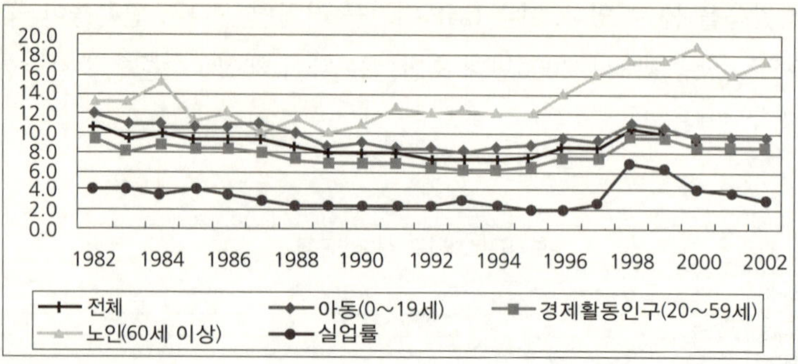

주: 중위소득의 50% 빈곤선을 가처분소득에 적용
자료: 류연규 · 최현수(2003).

그림 4 ● 연령 집단별 상대빈곤율 변화 추이

준이었으나 1990년대 중반까지 약 8% 수준으로 감소하였다가 IMF 위기를 맞으면서 다시 11% 수준으로 증가하였고 2000년대 초반에는 다시 10%로 떨어졌다. 즉 대체로 10%를 기준으로 1980년대 후반과 1990년대 초반에 감소되었다가 1998년 이후 증가한 것을 볼 수 있다.

한편 연령집단별로 노인과 아동, 그리고 경제활동인구의 빈곤율의 추이를 비교해 보면 <그림 4>와 같다. 중위소득 50%의 상대적 빈곤선을 사용하여 가처분 소득에서의 빈곤율의 추이를 추정한 결과, 연령 집단별로 노인들의 빈곤율이 가장 높고 그 다음 아동의 빈곤율이 높게 나타났다. 그리고 경제활동인구의 빈곤율이 가장 낮게 나타났다.

3. 빈곤 변화의 요인

두 시기간의 빈곤의 변화에 대해 어떠한 요인이 그 변화를 가져온 주된 요인인가에 대한 질문에 답하기 위해 빈곤변화 요인 분해 분석이 그동안 부분적으로 시도되어 왔다. 그동안 세 가지 시도가 진행되어 온 것으로 보인다.

첫째, 두 시기 간의 빈곤의 변화를 인구학적 변화, 소득수준 변화, 그리고 소득불평등의 변화로 분해하고자 하는 시도이다. 즉 이 세 가지 요인 중 어느 요인이 주요한 빈곤 변화를 야기시킨 주요 요인인가를 비교 분석해 보고자 하는 것이다. 구인회(2004)는 Danziger and Gottschalk(1995)의 방법을 이용하여 1991~1996년간의 빈곤의 변화 그리고 1996~2000년간의 빈곤의 변화를 이 세가지 요인으로 구분하였다. 그 결과 <표 1>과 같이 외환 위기 이전의 1991~1996년 기간 사이에는 소득수준 증가가 빈곤율 감소의 주된 요인이었던 반면, 외환 위기 이후인 1996~2000년 사이에는 소득불평등 증가가 빈곤율 증가의 주된 요인이었음을 발견하였다.

표 1 • 1990년대 동안의 외환위기 전후의 빈곤율 변화 분해

기간	빈곤선	빈곤의 실제 증감	소득수준 변화로 인한 증감	소득불평등 변하루 인한 증감	인구학적 변화로 인한 증감
1991~1996	절대빈곤선(2000년 최저생계비)	−12.54 (100)	−12.3 (98.1)	−0.62 (4.9)	0.38 (−3.0)
1996~2000	절대빈곤선(2000년 최저생계비)	4.15 (100)	0.1 (2.4)	3.19 (76.9)	0.86 (20.7)

분석자료: 가구소비실태조사, 1991, 1996, 2001.
출처: 구인회(2004).

그러나 이 빈곤변화의 요인 분해 방법의 경우 기본적으로 빈곤변화의 시기 선택에 따라 결과가 달라지게 되는 문제가 있다. 또한 요인 분해상의 순서의 문제도 제기된다. 구인회(2004)에서는 인구학적 변화 요인, 소득수준 변화 요인, 그리고 소득불평등 변화 요인의 순으로 빈곤율에의 영향 정도를 평가하였다. 그러나 이 순서를 바꾸게 되면 각 각 요인의 빈곤 변화에의 영향 정도는 다르게 평가될 것이다. 따라서 요인 분해의 신뢰성 문제 제기된다. 세 요인 간의 상호작용에 의해 발생되는 변화의 경우 세 요인의 순

서를 어떻게 설정하는가에 따라 그 결과가 달라질 것이다. 특히 마지막 순서에 있는 요인은 나머지 잔차를 모두 해당 요인의 영향으로 간주함으로써 과대평가의 문제가 제기된다.

다음으로 빈곤 변화 요인 분해의 두 번째 시도는 근로소득 불평등 변화의 빈곤율 변화에 대한 영향을 평가하고자 하는 시도이다. 구인회(2006)는 Burtless(1999)의 방법을 적용하여 1992년과 2002년 사이에서의 근로소득불평등 변화의 빈곤율 변화에 대한 영향 정도를 도시가계조사 자료를 이용하여 평가하였다. 이를 위하여 우선 1992년과 2002년 사이에 근로소득 불평등 변화 없었다고 가정할 경우의 빈곤율을 구하였다. 1992년과 2002년도 자료에서 각각 개인의 근로소득 순위를 매기고 1992년을 기준으로 한 경우에는 2002년 개인의 소득을 1992년의 동일순위에 해당하는 남성의 근로소득 값을 할당하였다.[3] 즉 2002년도 근로소득불평등도를 1992년의 경우와 동일하게 설정한 것이다. 그 다음 1992년 기준의 가상적 자료에 1992년 근로소득 총액 대비 2002년 근로소득 총액의 비율을 곱하여 소득 증가를 반영한다. 그리고 근로소득불평등도의 빈곤율에 대한 영향을 다음 식과 같이 계산하였다.

빈곤율 변화에서의 근로소득불평등도의 비중 = (근로소득불평등도를 고정 시 두 시점 간의 빈곤율 변화량/실제자료에서의 빈곤율 변화량) × 100

그 결과 <표 2>에서 제시된 바와 같이 1992년 기준으로 근로소득불평등도가 유지되었다면 1992년과 2002년간의 빈곤율 감소분보다 빈곤율이 약 367% 더 감소되었을 것임을 보여준다. 결과적으로 지난 10년간 근로소득불평등의 증가가 빈곤율을 증가시키는 방향으로 작용하였음을 제시한다.

---

3) 그런데 이때 실제로는 두 연도의 자료 간에 사례수가 다르므로 각 연도 근로소득의 순으로 300등급을 나누어 각 등급의 평균소득을 이용하였다. 300등급 구분은 자료 조작의 편의성과 등급화된 소득자료의 지니계수가 원소득자료의 지니계수와 유사한 정도 등을 고려하여 결정하였다.

표 2 • 근로소득 불평등의 빈곤율 변화에 대한 영향

상대빈곤율 (중위소득 40%기준)	1992년	2002년	1992~2002년 변화(%)	1992~2002년 변화에서의 비중(%)
실제 빈곤율	3.8	3.5	-7.9	100
근로소득불평등도 1992년 수준 유지시	3.8	2.7	-28.9	367

출처: 구인회(2006).

이러한 빈곤 변화의 요인 분석은 근로소득 불평등이 빈곤에 얼마나 영향을 미쳤는지를 보여준다는 점에서 장점이 있다. 그러나 빈곤 변화의 요인에는 다양한 요인들이 존재할 수 있는데 그 중에서 근로소득 불평등 영향 하나만을 보는 것은 아주 제한적이다. 그리고 기본적으로 앞의 구인회(2004)에서 이용된 것과 같은 시뮬레이션 방법을 이용한 것으로써 앞에서 언급한 문제들이 여기에서도 동일하게 적용된다.

셋째, 빈곤 변화의 요인분석의 세 번째 시도로서 센지수를 빈곤율 변화, 빈곤층의 평균소득 변화, 그리고 빈곤층 사이에서의 소득분배 변화의 세 요인으로 분해하는 연구가 시도되었다. 여유진 외(2006)는 Johnson(1996)의 센지수 분해 모형 이용하여 두 시점 간의 센지수의 변화율(%ΔPS)을 빈곤율의 변화, 빈곤층의 평균소득 변화, 그리고 빈곤층 사이에서의 소득분배 변화의 세가지 요인으로 분해하였다.

분석 결과 <표 3>에서 제시된 바와 같이, 1996년에서 2000년 사이에 센지수는 51.6%만큼 증가되었다. 이 증가는 세부분으로 분해될 수 있다. 먼저 이 기간 동안 빈곤율이 증가가 센지수를 약 96.3%만큼 증가시키는 방향으로 작용하였다. 그러나 빈곤층들의 평균소득 증가가 센지수를 90.3%만큼 감소시키는 방향으로 작용하였다. 그리고 빈곤층들 사이에서의 소득불평등 증가가 센지수를 다시 94.2%만큼 증가시키는 방향으로 작용하였다. 또한 2000~2003년의 경우에도 빈곤가구가 증가되고 이들 빈곤

가구들 간의 소득불평등이 심해져서 센지수에 의해 측정된 빈곤 정도를 증가시켰으나, 다른 한편에서 빈곤가구들의 평균소득 수준이 증가되어 센지수에 의해 측정된 빈곤 정도의 증가를 완화시킨 것으로 나타났다.

표 3 • 1990년대 후반부터 2000년대 초반까지의 센지수 분해 결과 (단위: %)

기간	빈곤선	센지수 변화	빈곤율 효과	빈곤층의 평균소득 효과	빈곤층 사이 분배 효과
1996~2000	중위소득 40%	51.6	49.7	−46.6	48.6
		(100)	(96.3)	(−90.3)	(94.2)
2000~2003	중위소득 40%	40.1	28.4	−16.4	28.1
		(100.0)	(70.8)	(−40.9)	(70.1)

출처: 여유진 외(2005).

이러한 센지수 분해는 빈곤 정도의 변화가 빈곤가구의 증가, 빈곤가구들의 평균소득의 증가, 그리고 빈곤가구들 간의 소득불평등 정도의 증가 중 어떤 요인들에 의해 주로 발생되는지를 비교 분석해 볼 수 있도록 한다는 데 장점이 있다. 그러나 센지수 분해는 빈곤 정도 변화를 빈곤가구들 내에서의 숫자 증가, 평균소득수준, 그리고 소득분배의 측면으로 구분하여 표시하는 것일 뿐, 어떤 두 시점 간의 빈곤의 변화가 사회 전체적으로 어떠한 요인에 의해 변화되었는지에 대한 분석을 제시하지는 못한다는 단점을 가진다.

총평해 보자면 빈곤 요인 분해에 대한 기존의 연구들은 인구학적 변화, 평균소득 수준 변화, 소득불평등 변화 등이 빈곤에 미치는 영향들을 검토하였다. 또는 빈곤 정도의 변화를 빈곤율, 빈곤가구들의 평균소득 변화, 빈곤가구들 사이의 분배 변화로 분해하였다. 이러한 연구들은 빈곤 변화 현상을 몇가지 측면으로 분해했다는 측면에서 의의가 있다. 그러나 빈곤에 영향을 미치는 요인들에 대한 본격적인 분석으로 발전하기에는 기본적인 한계가 크다고 생각된다. 빈곤변화를 인구학적 변화, 평균소득 수준 변화, 그리고 소득불평등 변화 요인으로 분해하는 경우에 이 세 가지 요인 각각에 영향을 미치는 보다 기초적 요인들은 무엇인지, 이 기초적 요인들이 빈곤에 직접적으로 영향을 미치는 정도는 어떠한지 등에 대한 적절한 답을 제공하기 어렵다. 또한 시기 선택이나 분해 요인 선택에 따른 결과 차이도 상당할 것으로 예상된다. 그리고 센지수 분해의 경우에도 빈곤층 외부의 사회전체적 요인의 영향을 평가할 수 없다는 측면에서 제한점이 큰 것으로 판단된다.

III 빈곤정책 연구의 동향과 이슈

1. 우리나라 빈곤정책의 현황

우리나라에서 빈곤문제에 대응하기 위한 정부의 사회부조 제도는 기본적으로 국민기초생활보장제도를 중심으로 형성되어 있다. 그리고 국민기초생활보장제도를 보완하는 기타 사회부조제도들로서 의료급여, 자활제도, 경로연금, 장애수당 등이 존재하고 있다. 그리고 현재 도입되었지만 아직 급여가 지급되고 있지는 않은 제도로서 기초노령연금과 근로장려세제가 있다.

1) 국민기초생활보장제도

국민기초생활보장제도는 우리나라의 대표적인 사회부조제도로서 빈곤가구에 대해 최저생계비를 보장하고 있다. 국민기초생활보장제도의 자격기준은 크게 두 가지로 구성되어 있다. 하나는 소득-재산기준이고 다른 하나는 부양의무자 기준이다. 소득-재산기준은 2002년까지 소득과 재산에 대한 별도의 기준을 설정하였으나, 2003년도부터 소득과 재산을 통합한 소득인정액 기준을 도입하여 소득인정액이 최저생계비 미만인 가구를 수급자로 선정하고 있다. 소득인정액은 소득평가액에 재산의 소득환산액을 합한 값으로 <표 4>와 같이 계산된다.

표 4 • 소득인정액의 계산방식

소득인정액	소득평가액 + 재산의 소득환산액
재산의 소득환산액	= (재산 − 부채 − 기초공제액) × 소득환산율 * 기초공제액: 대도시 3,800, 중소도시 3,100, 농어촌 2,900만원 * 소득환산율: 일반재산 4.17%, 금융재산 6.26%, 자동차 100%

소득인정액 계산에 있어서 재산의 소득환산액은 재산을 일반재산, 금융재산, 자동차의 3가지 종류로 구분하고, 순재산에서 최저주거면적의 전세가격으로 설정된 기초공제액을 일반재산과 금융재산의 순으로 제한다. 이때 자동차에는 기초공제액을 적용하지 않는다. 그 후 재산 종류별로 재산을 매각하여 생활비로 일정기간 사용해야 한다는 가정하에 일반재산 4.17%, 금융재산 6.26%, 자동차 100%의 환산율을 적용한다. 이러한 과정을 거쳐서 산출되는 소득인정액을 최저생계비와 비교하여 수급자격을 결정하게 된다.

부양의무자 기준은 특정 빈곤가구가 국민기초생활보장제도 수급자격을 가지기 위해서는 부양능력이 있는 부양의무자가 없어야 한다는 것이다. 이 기준은 빈곤가구에 대한 사회적 지원 이전에 가족부양책임이 우선되어야 한다는 점을 반영한 것이다. 현재 부양의무자는 수급권자의 배우자와 1촌 이내의 직계혈족(부녀, 자녀) 및 그 배우자(며느리, 사위 등), 그리고 수급권자와 생계를 같이 하는 형제자매로 설정되어 있다.

부양의무자의 부양능력은 소득과 재산기준에 의해 판정되고 있다. 부양의무자가구의 소득이 수급권자와 부양의무자가구의 최저생계비 합의 130%보다 큰 경우 기본적으로 부양능력이 있는 것으로 판정된다. 또한 부양의무자가구의 소득수준이 이 기준보다 낮은 경우에도 재산의 소득환산액이 수급권자와 부양의무자가구의 최저생계비의 합의 42%보다 큰 경우에는 기본적으로 부양능력이 있는 것으로 판정하고 있다. 단, 부양의무자 가구의 소득이 그 가구의 최저생계비의 50% 미만이고 재산의 소득환산액이 수급권자가구와 부양의무자가구의 최저생계비 합의 100% 미만인 경우에는 재산특례로서 부양능력이 없는 것으로 판정한다.

급여는 생계급여, 주거급여, 자활급여, 교육급여, 해산급여, 장제급여로 구성되어 있다. 생계급여는 기본적으로 최저생계비와 가구 소득간의 차이를 보충해 주는 보충급여 체계로 구축되어 있다. 그러나 생계급여는 최저생계비 항목 중 현물급여와 타법에 의하여 지원되는 부분은 제외하고 지급된다. 주거급여는 최저생계비 속에 포함되어 생계급여의 일부로 지급되는 주거비에 더하여 추가적으로 3~4인 가구의 경우 월 42천 원을 지급하는 프로그램이다. 교육급여는 취학 아동에 대하여 입학금 및 수업료를 지급하고 또한 고등학생의 경우 교재비 103천 원(중학생의 경우 교재비 연 31천 원) 및 학용품비 연간 42천 원이 지급하는 프로그램이다. 해산급여 및 장제급여는 출산 및 사망 시에 일시금으로 각각 50만 원 정도를 지급하는 것이다.

2) 의료급여제도

의료급여제도는 국민기초생활보장 수급자 가구와 차상위층 중 일부(희귀난치성 질환자, 만성질환자, 그리고 18세 미만 아동)를 대상으로 의료급여를 제공한다. 근로능력이 없다고 판단되는 1종의 경우 입원은 전액 무료이고 외래의 경우에는 원래는 무료이었으나 2007년 7월부터 의료남용 억제를 위하여 본인부담금 1,500원을 부담하도록 하고 있다. 본인부담금 부담을 완화시켜주기 위해 월 6,000원의 건강생활유지비를 현금으로 지급하도록 하고 있다. 의료급여 2종 대상자의 경우 본인부담이 존재하는데 외래의 경우 1,500원 그리고 입원의 경우 진료비의 20%를 본인부담하도록 하고 있다.

표 5 • 의료급여 대상자 종류

	대상자	급여
1종	- 국민기초생활보장 수급가구 중 근로무능력세대 - 차상위층 중 희귀난치성 질환자 - 국가유공자, 인간문화재, 이재민, 의상자 및 의사자 유족, 북한이탈주민, 광주 민주화 보상자, 입양아동, 행려환자	- 입원: 전액 무료 - 외래: 2007년 7월부터 본인부담금 1,500원 부담. 대신 월 6,000원의 건강생활보장비를 지급함.
2종	- 국민기초생활보장 수급가구 중 근로능력세대 - 차상위층 중 만성질환자와 18세 미만 아동	O 본인 부담 - 외래: 1,500원 (= 의원 1,000원 + 약국 500원) - 입원: 입원 진료비의 20%

3) 자활사업

자활사업은 국민기초생활보장제도 수급자들 중 근로능력이 있으나 취업하지 않고 있는 사람들로 하여금 스스로 자활할 수 있도록 안정된 일자리를 제공하고 자활능력을 배양하기 위한 일련의 프로그램들을 말한다. 자활사업 프로그램으로는 사회적응프로그램, 지역봉사, 자활근로사업, 자활공동체 지원사업, 창업지원사업, 자활장려금(근로소득공제)사업이 있다.

사회적응프로그램은 근로능력은 있으나 근로의욕이 낮은 수급자들에게 전문적 상담 및 치료 등 사회적응에 필요한 서비스를 제공하여 자활의욕을 회복하도록 지원하는 프로그램이다. 지역봉사는 근로능력이 낮은 수급자들을 대상으로 지역사회 자원봉사 활동을 통해 근로의욕을 유지하고 지역사회 참여기회를 제공하고자 하는 프로그램이다. 자활근로사업은 근로능력이 있는 수급자들에게 자활을 위한 근로의 기회를 제공하여 자활기반을 조성하는 사업으로서, 간병, 집수리, 청소, 폐자원재활용, 음식물재활용사업의 5대 표준화사업을 중점적으로 추진하되, 영농, 도시락, 세차, 환경정비 등 지역실정에 맞는 특화된 사업을 개발하여 추진하도록 하고 있다. 자활공동체는 2인 이상의 수급자 또는 저소득층이 상호협력하여 조합 또는 공동사업자의 형태로 탈빈곤을 위한 자활사업을 운영하는 업체이다. 또한 창업지원사업이 있는데, 이는 수급자 등 저소득층의 자활을 위한 사업의 창업 및 운영에 필요한 자금을 장기저리로 대여하여 사업이다. 그리고 자활장려금사업이 있는데, 장애인직업재활, 학생, 그리고 자활근로 및 자활공동체 참여자들에 대하여 국민기초생활보장 급여액 계산 시 근로소득의 30%를 공제한 후의 근로소득을 기준으로 하는 것이다. 자활근로참여자의 경우 20만원의 정액 소득공제가 추가적으로 존재한다.

자활근로의 종류로는 근로유지형, 사회적 일자리형, 인턴형, 시장진입형의 4가지가 있다. 시장진입형은 투입예산의 20% 이상 수익금이 발생하고 일정기간 내에 자활공동체 창업을 통한 시장진입을 지향하는 사업이다. 사회적 일자리형은 수익성은 떨어지나 사회적으로 유용한 일자리 제공으로 참여자의 자활능력 개발과 의지를 고취하여 향후 시장진입을 준비하는 사업이다. 인턴형 자활근로는 일반기업체에서 자활사업대상자가 자활인턴사원으로 근로를 하면서 기술과 경력을 쌓은 후 취업을 통한 자활을 도모하는 취업유도형 자활근로사업이다. 그리고 근로유지형 자활근로사업은 현재의 근로능력 및 자활의지를 유지하면서 향후 자활사업참여를 준비하는 형태의 사업이다.

4) 기초노령연금

2007년 기초노령연금법이 통과되어 2008년부터 경로연금을 대체하여 급여가 지급되었다. 기초노령연금의 수급대상은 제도 도입 시점에서 전체 노인 중 하위 약 60%를 포괄하도록 설정되어 있다. 이러한 조건을 충족시키기 위하여 구체적 소득인정액기준은 배우자가 없는 노인의 경우 월 40만원 그리고 배우자가 있는 경우에는 월 64만원 이하의 소득을 가진 노인을 포괄하도록 설정되어 있다. 소득과 재산의 소득환산액이 이 소득인정액 기준 이하이면 기초노령연금을 수급할 수 있다. 재산은 환산율 5%를 적용하여 계산되는데 금융재산의 경우에는 8% 환산율이 적용된다. 급여수준은 국민연금 가입자 평균소득(2007년말 약 1,672,816원으로 추정)의 5% 수준에서 설정되었다. 구체적인 소득수준별 급여액은 <표 6>과 같다.

표 6 • 기초노령연금의 급여수준

배우자 없는 노인의 소득수준	급여액	배우자 있는 노인의 소득수준	급여액
0~32만 원	8만4천 원		
32~34만 원	8만 원	0~52만 원	13만4천 원
34~36만 원	6만 원	52~56만 원	12만 원
36~38만 원	4만 원	56~60만 원	8만 원
38~40만 원	2만 원	60~64만 원	4만 원
40만원 이상	0원	64만원 이상	0원

5) 장애수당 및 저소득 모부자가정 지원사업

장애수당제도는 2005년까지 국민기초생활보장제도 수급자 중 장애인에 대해 월 5만 원 정도의 추가적 현금급여를 제공하는 제도였다. 그러다가 2006년에는 국민기초생활보장 수급자로 한정되기는 하지만 중증장애인의 경우 급여수준이 7만 원으로 인상되고 경증장애인을 새롭게 급여대상에 포함하여 2만 원을 지급하고 있다. 2007년 8월 1일부터 적용대상과 급여수준을 대폭 확대하였다. 국민기초생활보장 수급자의 경우 중증장애인에 대해서는 월 13만 원 그리고 경증장애인에 대해서는 월 3만 원을 지급하고 있다. 그리고 차상위층으로 적용대상을 확대하여 차상위층 중증장애인에 대해서는 월 12만 원 그리고 차상위층 경증장애인에 대해서는 월 3만 원을 지급하고 있다.

장애아동을 부양하는 가구에 대하여 장애아동부양수당을 지급하고 있다. 2006년까지 국민기초수급가구의 1급 장애아동들에 대하여 1인당 7만 원을 지급하였다. 2007년에는 국민기초생활보장 수급가구 장애아동 중 중증아동에 대해서는 20만 원 그리고 경증장애아동에 대해서는 10만 원을 지급하였다. 차상위층 장애아동을 부양하는 경우에는 중증장애아동의 경우 15만 원 그리고 경증장애아동의 경우 10만 원을 지급하였다.

그리고 저소득층 모부자가정에 대한 지원으로 저소득 모부자가정 지원제도가 있다. 이 제도는 2007년의 경우 소득인정액이 최저생계비의 130% 미만인 모자 또는 부자 가구에 대해 자녀학비(고등학생 입학금 및 수업료) 및 아동양육비(만 6세 미만 월 5만 원)를 지원하였다.

6) 근로장려세제

2006년말 조세특례법의 개정으로 우리나라에서도 일종의 EITC제도인 근로장려세제가 도입디되어 2008년 소득에 기반하여 2009년부터 급여를 제공할 예정으로 있다. 근로장려세제의 주요 내용을 살펴보면 다음과 같다.

우선 근로장려세제의 적용대상은 네 가지의 주요기준을 충족하는 가구로 제한된다. 첫째, 근로자가구이어야 한다. 자영자 및 농어민 가구는 적용에서 배제된다. 또한 보험모집인, 골프장 경기보조원, 대리운전원 등의 특수직 사업자도 적용대상에서 제외된다. 그리고 국민기초생활보장 수급가구도 근로장려세제의 적용대상에서 제외되었다. 국민기초생활보장 수급가구는 전년도에 3개월 이상 기초보장 급여를 수급한 가구로 정의된다. 둘째, 가구 총소득이 연 1,700만 원 이하이어야 한다. 근로장려세제 급여의 수급내성을 저소득층으로 한정하기 위하여 소득기준이 가구(부부)의 총소득이 연 1,700만 원 이하인 가구로 설정되었다. 셋째, 피부양 아동이 2명 이상이어야 한다. 부양아동은 연령 18세 미만의 아동으로 설정되고 장애인 자녀의 경우에는 연령 제한 없이 부양아동으로 인정된다. 넷째, 무주택가구이고 재산가액이 1억 원 미만이어야 한다. 총소득의 경우 부부의 소득만을 합산하는 반면, 재산의 경우에는 가구 전체의 재산을 합산한다.

다음으로 근로장려세제의 급여 산정 방식은 다음과 같다. 기본적으로 급여액은 부부의 근로소득(earnings)에 기반하여 설정된다. 총소득이 연 1,700만 원 이하인 가구의 경우 수급가구로 설정되는데, 일단 수급자격을 획득한 후에 급여계산은 부부의 근로소득에 기반하여 이루어진다. 부부의 근로소득에 기반하여 그 수준에 따라 급여구간은 점증-평탄-점감의 세 개의 구간으로 구분된다. 각 구간에서의 급여액 계산방식은 다음과 같다. 첫째, 근로소득이 800만 원 이하인 경우 점증구간으로 설정된다. 이 점증구간에서 급여액은 가구 근로소득의 10%(= 근로소득 × 10%)이다. 둘째, 근로소득이 800만 원부터 1,200만 원 사이인 경우 평탄구간에 속한다. 평탄구간에서의 급여액은 정액으로 80만 원이다. 셋째, 근로소득이 1,200만 원부터 1,700만 원 사인인 경우 점감구간에 속한다. 이 점감구간에서의 급여액은 가구 근로소득과 1,700만 원의 차액의 16%(= (1700만원 − 근로소득) × 16%)이다. 이를 정리해 보면 <표 7> 및 <그림 5>와 같다. 그래서

표 7 • 근로장려세제 급여계산식

구간	근로소득 수준	급여산식
점증구간	0~800만 원	= 근로소득 × 점증률(10%)
평탄구간	800만 원~1,200만 원	= 최대급여액 80만 원
점감구간	1,200만 원~1,700만 원	= (1,700만 원 − 근로소득) × 점감율(16%)

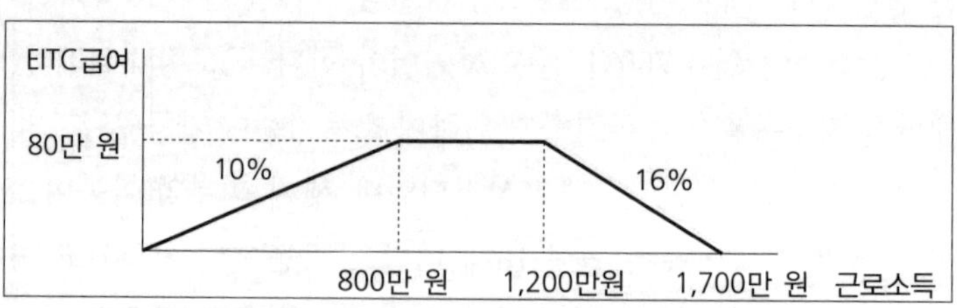

그림 5 • 근로장려세제 급여수준

근로장려세제의 급여구조는 점감-평탄-점감의 세 구간으로 구분되고, 점증률 10%, 점감율 16%, 그리고 최대급여 80만 원으로 설정되어 있다.

2. 우리나라 빈곤제도에 대한 평가 및 향후 대응 방향

1) 빈곤층에 대한 기초보장 사각지대 문제와 향후 대응 방향

국민기초생활보장제도의 경우에는 재산의 소득환산과 부양의무자기준 등에 의하여 선정기준이 엄격하게 설정되어 있다. 그 결과 최저생계비 이하의 소득을 가진 가구 중 대부분이 국민기초생활보장제도의 급여를 받지 못하고 있다.

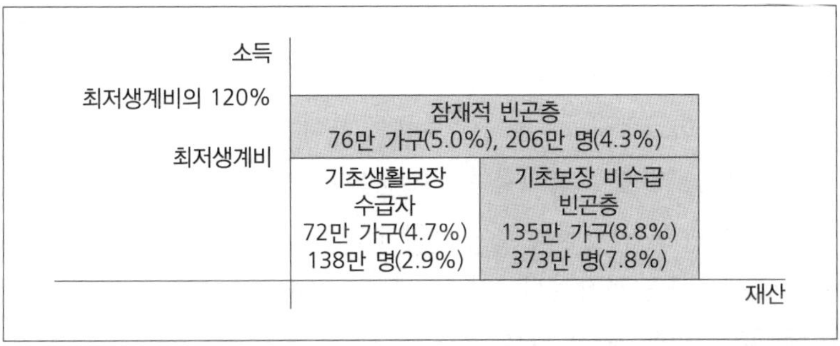

주: 음영으로 처리된 부분이 차상위 계층.
자료: 이현주 외(2005).

그림 6 • 2003년 저소득가구 중 국민기초생활보장제도 사각지대

이현주 외(2005)에 의하면, 2003년 현재 소득이 최저생계비 이하이면서 국민기초생활보장제도에서 혜택을 받지 못하는 비수급 빈곤층은 진인구의 7.8%인 약 373만 명으로 추정된다. 즉, 최저생계비 이하의 소득을 가진 501만 명 중 27.5%인 138만 명만이 국민기초생활보장제도의 보호를

받고 있고 나머지 72.5%에 해당되는 373만 명은 국민기초생활보장급여를 받지 못하고 있다. 게다가 최저생계비의 100~120% 소득을 가진 잠재적 빈곤층이 약 200만 명 정도 존재한다. 이와같이 기초보장 비수급 빈곤층과 잠재적 빈곤층을 합한 대규모의 차상위층이 현재 공적 소득보장의 사각지대에 방치되어 있는 실정이다.

이러한 기초보장의 사각지대 문제는 국민기초생활보장제도 자체의 확대를 통해 해소하기는 어려울 것으로 예상된다. 국민기초생활보장제도에서 재산의 소득환산제를 폐지하더라도 별도의 재산기준이 도입될 수밖에 없다. 부양의무자 기준도 현재에는 1촌 이내의 직계혈족과 그 배우자로서 부모와 자녀 간의 부양의무를 규정한 것으로서 부양의무자 범위의 축소도 쉽지 않은 실정이다. 단지 재산의 소득환산제에서 기초공제와 환산율의 수준 그리고 부양의무자의 부양능력 계산에서 그 기준을 좀 더 완화하는 것이 가능할 것으로 생각된다.

이처럼 국민기초생활보장제도 자체의 확대가 그다지 용이하지 않다면 국민기초생활보장제도 밖에서 저소득층을 지원할 수 있는 프로그램들의 개발과 확대에 보다 관심을 가져야 할 것으로 생각된다. 이러한 방향에서 기초노령연금과 근로장려세제의 도입은 노인과 아동 빈곤 완화에 상당한 역할을 할 수 있을 것으로 기대된다. 기초노령연금의 경우 현재 전체 노인 중 하위 60%에 대해 국민연금 가입자 평균소득의 5% 수준인 84천 원을 지급하고 있다. 2009년부터는 전체 노인의 70%로 대상을 확대하고 급여수준도 향후 2028년까지 10% 수준으로 증가될 것으로 예정되어 있다. 기초노령연금에의 막대한 재정 소요를 생각하면 향후 대상자를 고소득 노인층으로 확대하는 것보다는 저소득 노인들에 대해 급여내실화를 기하는 것이 보다 바람직할 것으로 생각된다.

또한 근로장려세제는 아동을 부양하는 저소득 근로가구들에 대해 소득보장에 중요한 역할을 담당할 것으로 기대된다. 그러나 현재의 근로장려세제는 소득파악의 어려움과 정부 재정 부담 등의 문제로 인하여 최소한의 제도로 설계되어 있다. 그래서 시행 초기 적용가구가 약 31만 가구에 불과할 것으로 예상되고 있다. 급여수준도 최대 연 1회 80만 원으로 아주 제한적인 상황이다. 앞으로 근로장려세제를 본격적으로 확대하여 저소득 근로계층 특히 이들 가구에 거주하는 아동들에 대해 보다 실질적인 지원을 제공하도록 하여야 할 것이다.

2) 사회부조의 근로비유인체계 문제와 대응방향

국민기초생활보장제도는 저소득층에게 기초생활보장을 제공하는 한편 저소득층들의 근로의욕을 감소시킬 것으로 우려되고 있다. 국민기초생활보장제도는 최저생계비와 가구소득 간의 차액을 보충해 주는 보충급여체계로 인해 태생적으로 근로비유인 체계의 문제를 가지고 있다는 것이다.

국민기초생활보장제도에서 일반 수급자는 근로를 통한 소득발생 시 100%의 급여감소율에 직면하게 된다. 그래서 국민기초생활보장제도 수급지위를 유지하는 것을 전제할 경우 취업하지 않고 기초생활보장급여에 의존하려는 경향이 발생할 수 있다.

한편, 국민기초생활보장 수급자 중 자활사업 참여자는 자활장려금제도를 통해 자활사업에의 참여를 통해 획득한 근로소득에 대해서는 30%의 근로소득공제를 받게 된다. 그러므로 자활사업 참여를 통해 보다 높은 가처분소득을 획득할 수 있다. 그 결과 국민기초생활보장 수급자들 가운데에서 자활사업에 참여하고 자활사업 내에서 근로소득을 증가시키고자 하는 유인을 발생시킬 것이다.

그러나 자활사업참여자들은 자활사업참여를 통해 노동시장에서의 근로 시 가처분소득보다 훨씬 높은 가처분소득을 획득할 수 있다. 특히 자활사업의 노동강도 등이 더 약하다는 점을 고려하면 이러한 역차별의 문제는 더 심각한 것으로 볼 수 있다. 그 결과 국민기초생활보장제도를 탈피하지 않고 계속 수급지위를 유지하면서 자활사업 참여자로 남으려고 하는 문제가 발생될 것이다.

이러한 근로유인과 복지의존의 문제에 대응하여 근로소득공제제도(earnings disregards)를 일반 노동시장 참여 수급자들에 대해서도 실시하여야 할 것으로 생각된다. 근로소득공제제도를 실시를 통하여 기초보장 수급자들의 취업을 증진시키고 근로증가에 따라 소득이 증가되는 체계를 구축할 수 있을 것이다. 그런데 대상자 선정 시에는 근로소득공제를 적용하지 않고 수급자의 급여 계산에서만 근로소득공제를 적용하게 되면 소위 톱니효과(notch effect)가 발생되어 기초보장제도 탈피를 저해하고 복지의존 조장하게 되는 문제가 발생된다. 그러므로 급여산정 시뿐만 아니라 대상자 선정시에도 일반 노동시장 참여 소득에 대한 근로소득공제를 적용하는 것이 바람직할 것이다.

한편 기초수급자에 대한 근로장려세제의 적용문제와 관련하여 기초수급자에 대해서는 근로장려세제를 적용하지 않는 것이 바람직할 것으로 생각된다. 기초수급자에 대해서는 기본적으로 근로소득공제에 의해 근로유인을 제공하고, 근로장려세제는 기초수급자들의 기초보장 탈수급에 따른 인센티브로서 남겨두는 것이 전체적인 근로유인체계의 측면에서 바람직할 것이다.

3) 통합급여 체계의 문제와 개별급여 체계로의 개편

우리나라의 국민기초생활보장제도는 획일적 선정기준과 이에 따른 통합급여체계에 의하여 수급자로 지정되면 모든 급여를 다 받고 수급지위를 탈피하게 되면 모든 급여를 다 상실하게 되어 저소득층의 근로의욕을 감소시키고 복지의존을 조장하는 것으로 비판되고 있다.

통합급여의 경우 하나의 급여체계를 통하여 가구의 소득, 의료, 주거, 교육 등 제반 기본욕구들을 통합적으로 제공한다는 점에서, 제도가 단순하고 수급자 간의 형평성을 기할 수 있다는 장점이 있다. 하지만 통합급여는 수급자로 지정되면 모든 급여를 다 받고 수급자에서 탈락하면 어떠한 형태의 보장도 받지 못한다는 점에서 복지의존을 야기할 것으로 비판을 받는다.

이에 대한 대안으로 개별급여체계의 도입이 주장되고 있다. 개별급여체계는 개인의 다양한 욕구들을 구분하여 각각의 욕구에 대응하는 별도의 급여를 제공하는 급여체계이다. 일반적으로 통합급여와 구분하여 개별급여는 독립적인 예산과 법령으로 별도의 선정기준과 급여기준을 가진 체계를 말한다. 대표적인 개별급여로는 주거급여와 의료급여가 있다. 국가에 따라 다르긴 하지만, 많은 국가들에서 주거급여와 의료급여는 개별급여체계로 운영되고 있다. 개별급여는 각 욕구별로 별도의 선정기준을 가지고 대응한다는 점에서 통합급여가 가진 all or nothing의 문제를 피할 수 있다는 장점을 가진 것으로 생각된다.

IV 미래의 발전방향

이상에서 우리나라에서의 빈곤과 빈곤정책의 동향과 주요 이슈들에 대하여 검토해 보았다. 우리나라에서의 2005년 현재 빈곤율은 경상소득에서 최저생계비를 적용할 경우 약 11% 수준이라고 할 수 있다. 그리고 빈곤의 추세를 보면 절대적 빈곤율은 1982년 이후 급속하게 감소하였고 1997년 IMF 위기 이후 일시적으로 빈곤율이 증가했으나 그 이후에는 다시 감소한 것을 볼 수 있다. 상대적 빈곤율의 경우에는 1980년대 후반과 1990년대 초반에 상대적 빈곤율이 감소되었으나 IMF 위기 무렵에 증가되었다가 2000년대에는 약간 완화된 것으로 나타났다. 상대적 빈곤율의 경우에는 절대적 빈곤율과 달리 그 추세에 큰 변화가 없고 시기별로 부분적인 변화가 발생된 것으로 보인다. 그리고 빈곤변화의 요인 분해를 시도한 연구들에 따르면 IMF 위기 전에는 빈곤감소가 주로 평균소득수준 증가에 기인했으나 IMF 위기 이후에는 빈곤증가가 주로 소득불평등 증가와 관련되어 있다는 것을 제시했다. 그러나 이러한 빈곤변화의 요인분해 결과들은 두 시기 간의 단순 비교로서 시기의 선택이나 요인분해의 순서에 따라 결과에 상당한 차이가 발생할 수 있고, 이 요인들에 영향을 미치는 보다 기본적 요인들의 역할이 분석되지 않는 등의 문제를 가지고 있다. 따라서 보다 신뢰할 수 있는 결과를 얻기 위해서는 앞으로 보다 다양한 검토연구가 진행되어야 할 것으로 생각된다.

빈곤정책의 측면에서는 현재의 사회부조제도들로서 국민기초생활보장제도, 의료급여, 자활사업, 경로연금 및 기초노령연금제도, 장애수당 및 저소득모부자가정지원제도, 근로장려세제 등을 검토하였다. 이러한 사회부조제도들을 검토한 결과 적용상의 사각지대 문제와 관련하여 최근의 기초노령연금제도와 근로장려세제가 노인과 저소득층 아동들에 대한 기존의 소득보장 사각지대를 감소시키는 데 상당한 역할을 할 것으로 기대된다. 앞으로 이들 제도의 확대와 정착이 요구된다. 또한 국민기초생활보장제도의 근로비유인 문제와 관련하여 근로소득공제제도의 도입이 필요함을 살펴보았다. 마지막으로 통합급여체계의 문제와 개별급여체계로의 전환 문제를 검토하였다. 개별급여체계로의 전환은 제도 분산에 따른 복지의존 감소와 함께 또한 기초적 주거욕구 보장이라는 점에서도 중요한 것으로 평가된다.

참고문헌

구인회(2004), "한국의 빈곤, 왜 감소하지 않는가?: 1990년대 이후 빈곤 추이의 분석." 『한국사회복지학』 56(4).

구인회(2006), 『한국의 소득불평등과 빈곤』, 서울대학교 출판부.

김교성(2007), "도시 근로자 가구의 빈곤 추이와 원인에 관한 연구: 조세와 이전소득의 빈곤완화효과를 포함하여." 『한국사회복지학』 59(2).

김태완 · 양시현 · 최현수 · 우선희(2006), "2006년 빈곤통계연보." 『한국보건사회연구원』.

류연규 · 최현수(2003), "우리나라 아동빈곤율 수준과 변화경향: 1982~2002년 도시근로자가구를 중심으로." 『한국아동복지학』 16.

여유진 · 김미곤 · 김태완 · 양시현 · 최현수(2005), "빈곤과 불평등의 동향 및 요인 분해." 『한국보건사회연구원』.

이상은(2006), "우리나라에서의 경제성장과 빈곤의 관계: 1982~2004년 도시가구를 중심으로." 『한국사회복지학』 58(3) : 245–268.

Burtless, Gary(1999), "Effects of Growing Wage Disparities and Changing Family Composition on the US Income Distribution." European Economic Review 43 : 853–865.

Danziger, Sheldon and Peter Gottschalk(1995), America Unequal, New York: Russell Sage Foundation.

Johnson, David(1996), Poverty, Inequality and Social Welfare in Australia, Physica-Verlag.

Part 3

인터넷,
새로운 문명의 넘어야 할 산?

사회자본과 인터넷, 그리고 신뢰

인터넷뉴스 생산메커니즘의 변화

사이버공간의 사회적 관계와 자율성

사회자본과 인터넷, 그리고 신뢰[1)]

배 영

I 사회의 변화, 관계의 변화

인간은 사회적 존재이다. 여기에서 '사회적'이라는 말은 개인이 사회라는 환경적 요소와 떨어져서는 의미 있는 삶을 영위하기 어렵다는 측면과 함께 개인은 한 사회 내에서의 역사적 형성물이자 사회적 관계들의 산물이라는 내용까지도 포함하는 것이다. 사회로부터 혹은 사회적 제 관계로부터 고립된 개인, 원시적 개인이라는 것은 관념적으로나 상상할 수 있는 추상적 존재이다. 다시 말해 사회를 떠난 혹은 사회 이전의 개인으로서의 인간은 하나의 순수한 가상에 지나지 않는다. 인격체로서 한 인간을 형성하는 데 있어 생득적이라고 할 수 있는 생물학적 요소도 필수적이지만 태어나서부터 시작되는 사회 속에서의 경험과 다른 사람, 다른 조직들과의 관계 또한 빠

1) 본 장은 「새로운 커뮤니케이션 환경과 사회자본」(커뮤니케이션 이론 3(2), 2007)을 수정 · 보완하여 이루어졌음.

질 수 없는 구성 요소이다. 관계 속에서 개인은 자아를 형성하게 되고 자기 정체성을 확립해나가는 것이다.

개인이 경험하는 구체적인 사회화의 내용도 시대별, 지역별로 매우 다양하게 나타나지만 한 개인이 맺게 되는 사회적 관계의 양상과 형태도 역사적인 특성을 지닌다. 고대의 경우 두 가지 상반된 측면의 사회적 관계 형태가 지배적이었다. 먼저 신분 · 계급적 차원에 기반하여 신분 간 이동이 제한된 수직적 관계가 한 축을 이루고 있었다면 다른 한 축은 같은 계급 내에서의 수평적인 관계가 존재해왔다. 누가 부모인가에 따라 사회적 관계의 틀과 폭이 자연스레 결정되는 구조적 특성을 갖는 완전히 닫혀진 사회였던 것이다. 때문에 고대의 사회적 관계는 개인의 의지나 욕구가 완전하게 발휘될 수 있는 기회가 매우 제한된 성격을 가지게 된다. 중세 절대주의 시대에서도 신분 차이는 사라지지 않았다. 봉건적 지배 속에 공과 사가 구별되지 않는 양상을 보이다가 비로소 근대국가들의 성립과 함께 개인의 영역은 사회적 영역과 독립되어 나타났다.

개인 영역의 확보는 다른 의미에서 파악하자면 보다 자유롭고 자기 의지에 기반한 새로운 사회관계의 기반이 마련되었음을 의미한다. 산업화와 민주화 속에서의 사회적 관계는 세습적 계급 사회가 아닌 인간의 평등이 기본적으로 내재한 관계이다. 하지만 합리와 효율을 중시하는 산업 사회는 새로운 양상의 불평등을 양산하게 된다. 즉 이전까지 공동체가 수행하고 있었던 사회 통합과 조절의 기능을 시장이 대체하게 되면서 사회적 관계의 양상도 개인을 둘러싼 무수한 경쟁의 메커니즘 속에 내몰려 왔었다. 관계 속에는 경쟁이 내포되어 있었고 우선은 이겨야 하는 긴박함이 깔려 있는 사회였다.

인터넷의 등장은 이제까지와는 완전히 다른 관계를 가능하게 했다. 서로 일면식이 없지만 불편 없이 소통이 가능해졌고, 이제까지 나와 다르게 살아온 다양한 경험을 가진 사람들을 만날 수 있게 되었다. 이로 인해 현실에서는 관계형성과 의사소통에 장애가 되고 나아가 다양한 불평등의 원인이 되는 성, 연령, 계층, 외모, 사회적 배경 등에 구속되지 않고 보다 개방적이고 평등한 인간관계를 형성하는 것이 가능해졌다. 다시 말해 인터넷과 그로 인한 사이버 공간의 출현으로 인지관계가 없을지라도 상호 간의 관심과 목적의 공유를 통해 지속적인 상호작용을 함으로써 협력, 호혜성, 정보교류, 연대 등이 나타날 수 있는 기반이 마련된 것이다.

II 새로운 관계의 등장과 사회자본

앞서 얘기한 것처럼 인터넷은 새로운 사회적 관계와 관계 방식을 가져왔다. 돈 탭스콧(Don Tapscott)의 『위키노믹스(Wikinomics)』에 소개된 골드코프(Goldcorp Inc.)사(社) 이야기는 우리에게 이제까지 당연하게 생각하게 했던 기존의 가치관과 관계에 대한 새로운 모색을 필요로 하게 만든다.

토론토에 소재한 작은 금광회사인 골드코프사의 맥이웬 사장은 회사가 경영의 어려움을 겪고 있던 1999년에 새로운 계기를 마련한다. 한 강연회에서 리누스 토발즈(Linus Torvalds)와 자발적으로 참여한 개발자들이 만든 컴퓨터 운영체제 리눅스(Linux)의 성공에 대해서 듣게 되는데, 강사는 토발즈가 세상에 코드를 공개하고 난 후, 수천 명에 달하는 익명의 프로그래머들이 그것을 연구하고 기여할 수 있었던 과정에 대하여 설명했다.

맥이웬은 여기에서 영감을 얻어 토발즈가 리눅스의 소스를 '공개'했던 것과 마찬가지로 탐사와 관련한 정보를 공개하고 사람들의 자발적인 참여를 유도하는 것이 어떨까하는 생각을 하게 된다. 맥이웬은 회사의 수석 지질학자에게 자신의 생각을 말했다. 1948년부터 회사가 조사해서 축적해 놓은 데이터를 세상에 공개하고 세상 사람들에게 어디에서 금을 찾아야 하는지를 물어보자는 얘기였다. 예상대로 사내 지질학자들은 다소 회의적이었다.

광산업은 매우 은밀한 산업이다. 광물 자체도 그렇지만, 지질 데이터 역시 굉장히 소중한 자료이며 신중하게 보호되는 자원이다. 이런 정보는 일반인은 물론이고 동종업계에 종사하는 사람들에게도 공유되기보다는 독점적으로 소유하는 것이 회사의 경쟁력으로 인식되고 있었다. 맥이웬사장의 혁신적인 생각에 대해 직원들은 자신들의 무능이 드러나는 데 대한 부담과 함께 일반인들의 참여가 얼마나 효과적일 수 있을지에 대해 회의적이었다.

2000년 3월, '골드코프 챌린지' 콘테스트는 약 6천 730만 평에 달하는 광산에 대한 모든 정보를 골드코프 웹사이트에 공개하면서 총 57만 5천 달러의 상금을 내걸고 개최되었다. 콘테스트 소식은 인터넷을 타고 빠르게 전파되었고, 50여 개국에 흩어져 있는 천여 명의 참여자가 데이터를 분석하기 시작했다.

세계 곳곳에서 골드코프 본사로 참가작이 물밀듯이 밀려들었다. 예상했던 대로 전문 지질학자들도 있었지만 놀랍게도 대학원생, 컨설턴트, 수학자와 같은 비전문가도 상당수 포함되어 있었다. 그 많은 사람들이 금광을 찾기 위해 각자 나름대로 수학, 고급물리, 인공지능시스템, 컴퓨터 그래픽 등 모든 것을 동원했다. 참가자들은 110곳의 후보지를 찾아냈는데, 그 중 절반은 회사에서도 전혀 찾지 못한 곳이었다. 그리고 새로운 후보지의 80% 이상에서 상당량의 금이 나왔고, 콘테스트 실시 이후 놀랍게도 금 220톤이 발견되었다. 그 뿐만 아니라 주가는 서른 배 이상 오르게 되었고 1억 달러 남짓한 매출이 90억 달러의 실적을 낳게 되는 결과로도 이어졌다.

위의 예를 통해 찾을 수 있는 골드코프사의 성공은 크게 두 가지 요소에서 비롯되었다. 먼저 인터넷이라는 변화된 상호작용과 의사소통의 환경이다. 인터넷이 없었다면 그렇게 짧은 시간 동안 광범위한 인원의 참여나 관련 정보의 공유는 이루어질 수 없었을 것이다. 두 번째로는 달라진 커뮤니케이션 환경을 적극적으로 활용하여 발상의 전환과 사고의 확장에 이용했던 것이다. 발상의 전환은 기존의 관행에 혁신을 가능하게 한다. 관행이라는 궤도에서 벗어나는 순간 모든 것은 새로운 사고의 영역이 된다. 내부조직과 신뢰할 수 있는 관계를 중심으로 정보를 활용하여 얻을 수 있는 가치가 관행의 영역이었다면 과감하게 정보의 공유와 참여를 통해 새로운 가치의 창출을 도모한 것은 혁신의 영역이었다.

즉, 내부적인 관계는 지속적인 상호작용을 통해 강한 유대를 가질 수 있지만 공유하는 정보는 중첩된 성격을 가질 수밖에 없다. 반면 상호작용이 없었던 구성원들은 각자 서로 다른 경험 속에서 새로운 정보의 유통이 활발하게 이루어질 수 있는 구조적 조건을 내포하고 있다. 이렇듯 인터넷의 등장은 관계의 형태나 관계의 방식뿐만 아니라 관계로부터 발생하는 가치의 내용까지도 변화시키고 있다.

III 사회자본론의 개념과 쟁점

관계에 대한 논의 중 가장 폭넓고 체계적으로 이루어져 온 이론적 접근은 사회자본론(Social Capital Theory)이다. 사회자본은 사회의 다양한 현안, 예를 들면 민주주의나 경제적 성과, 교육 및 복지, 그리고 지역사회 활성화 등의 문제를 폭넓게 다룰 수 있는 개념으로 최근 각광받고 있다(이재열, 1998). 사회자본이 기존의 '자본'개념을 구성하는 물리적 요소와는 다른 차원인 '관계'를 중심으로 논의를 전개했다는 것은 일상 속에서의 주요한 자원의 근거를 찾아냈다는 발견적 측면과 아울러 구조 속에서의 행위자들의 전략과 선택을 미시적으로 분석 가능하게 했다는 점에서 그 의의를 찾을 수 있다.

하지만 사회자본이 가진 다양한 속성과 개념적 적용에 있어서의 광범위함으로 말미암아 개념 규정 및 실제적인 적용에 있어서 많은 혼란이 있어왔던 것 또한 사실이다. 학자들마다 사회자본의 형성과 유지에 필요한 전제나 조건들이 다르게 주장되어 왔고, 논의의 수준 역시 개인의 성과에 영향을 미치는 주변적인 요소로서의 사회자본에서, 조직이나 국가의 구성원들이 형성하고 있는 신뢰의 결과물로 보는 관점까지 매우 넓은 스펙트럼을 나타내고 있다(Fukuyama, 2001; Lipset, 2001; Putnam, 1993a, 1993b, 1995; Pye 1999; Woolcock, 1998; Zucker, 1986). 더욱이 인터넷의 등장으로 관계를 둘러싼 형태와 방식, 그리고 그 내용에 있어서 새로운 양상이 나타나면서 논의는 더욱 복잡한 양상을 띄고 있다.

본고에서 필자는 사회자본의 개념을 '지속적인 관계를 통해 얻을 수 있는 유무형의 이익과 혜택, 그리고 관계망 그 자체'로 설정한다. 이는 관계를 통해 나타날 수 있는 추상적인 차원에서의 혜택과 관계 대상인 사람 및 경제적 이익이라는 물리적 실체를 모두 포괄하는 것이다. 우선 필요한 것은 사회자본에 대한 개념화에 있어서 나타나는 주요한 쟁점들은 무엇이며 인터넷의 등장으로 새롭게 제기되고 있는 문제들을 무엇인지에 대해 정리하는 작업이다. 이를 통해 본고에서는 변화된 양상 속에서 사회자본론의 향후 발전된 논의를 위해 필요한 요소는 무엇인지에 대해서도 보다 구체적으로 살펴보기로 한다.

1. 개념과 차원의 문제: 목적 대상인가, 행위의 부산물인가?

사회자본을 둘러싼 쟁점 중 우선 생각해 볼 수 있는 것은 '사회자본'이라는 개념 자체가 가진 모호함과 적용되는 대상 자체의 다양함으로 인해 발생하는 어려움을 어떻게 해결할 것인가의 문제이다. 여기에서 파생되어 범위나 강도에 있어 사회자본을 어떻게 측정할 것인가의 문제도 제기된다.[2] 우선

---

2) 사회자본에 대한 개념 정의에뿐만 아니라 사회자본을 이루는 요소에 대한 규정에 있어서도 이러한 어려움은 계속된다. 예를 들어 퍼트남은 '일반화된 상호성의 규범'이라는 말을 사용하는데 여기에서 말하는 상호성에 있어서의 일반화의 정도나 규범에 대한 동의수준은 어떻게 합의되어야 하는지가 전제되어야 보다 발전적인 논의로 나아갈 수 있을 것이다. 또한 효과적인 사회자본으로 기능하기 위해서는 어느 정도의 범위가 최적일 것인지에 대한 경험적 분석도 필요하다고 생각된다. 이는 추구하는 목적과 이해에 따라 그 범위가 달라질 수 있을 것인데, 사회자본에 대한 적절한 유형화와 실제적인 분석이 이루어진다면 범위에 대한 대체적인 합의도 가능할 수 있으리라 보여진다.

콜만(Coleman, 1990)은 사회자본을 다른 행위의 부산물(by-product)로 파악한다. 물론 일상적인 삶 속에서 타인과의 관계 맺음은 미래의 특정한 결과 산출을 위하여 이루어진다기보다는 자신이 가진 속성이나 자신이 속해 있는 관계망의 관행과 상황에 따라 우연적으로 이루어지는 경우가 대부분일 것이다. 하지만 항상 다른 행위의 부산물로 산출된다고 보기는 어렵다. 때로는 특정한 관계 맺음에 대해 의식적인 판단이나 자기 희생이 필요할 때도 있기 때문이다. 사회자본의 형성이 우연적으로 이루어지든 합리적인 판단과 의도 속에 이루어지든, 두 경우 모두 행위가 이루어지는 조건과 결과에 대한 일반화는 사실상 불가능하다.

'자본'으로서의 사회자본을 생각해 볼 때, 사회자본을 우연적인 부산물로 보는 입장에서는 사회자본의 형성 과정에서 투여하는 노력이나 시간과 같은 '비용'에 대한 측정은 실질적으로 불가능하다. 상호작용이나 규범의 공유 과정의 결과로서 사회자본은 형성되는 것이다. 린(Lin, 2001)은 사회자본을 행위자들의 의도적인 사회관계에 대한 접근과 이용이라고 보는 입장에서 자신의 주장을 전개하고 있다. 사회자본이 '자본'으로서의 성격을 갖기 위해서 우선 적절하게 투자할 대상이 있어야 하고, 투자에 따르는 이익(profit)의 생산이 예상되어야 할 것이다. 하지만 사회자본은 그 고유한 특성상 투자 시점과 이윤 생산 시점이 다를 수밖에 없고, 투자 대상과 이익 획득(capture) 대상도 상이하게 존재한다. 즉, 투자할 대상이 다른 사람이나 집단과의 관계라는 점에서 일반적인 자본이라면 갖추어야 할 예상 수익률(ROI: Return of Investment)을 측정하는 것이 어렵게 되는 것이다.

다시 말해서 사회자본 자체를 특정한 성과의 요소나 조건으로 볼 것인가 아니면 특정한 구조 속에서 발현되는 결과적 산물로 볼 것인가의 문제라고 할 수 있다(Adler & Kwon, 2000). 더 나아가 사회자본과 높은 상관성을 가지고 있는 신뢰나 규범, 의무감, 그리고 경계와 호혜성과 같은 요소들을 사회자본 형성의 조건으로 볼 것인지 결과나 혜택으로 볼 것인지는 판단 자체가 쉽지 않다. '신뢰'의 경우 후쿠야마는 신뢰와 사회자본을 등위에 놓고 있고, 퍼트남은 신뢰를 사회자본의 원천으로 보고 있으며 콜만은 신뢰를 사회자본의 한 형태로 보고 있다. 또한 애들러와 권석우(Adler & Kwon, 2000)는 이러한 입장들을 총괄하여 신뢰는 개인의 심리학적 상태인 반면 사회자본은 사회구조의 한 측면이라는 입장에서 신뢰를 사회자본의 원천이자 결과로 본다. 즉 신뢰와 사회자본은 상호강화시키는 요소로 작용하는데, 사회자본은 신뢰적 관계를 형성시키고 신뢰는 사회자본을 강화한다는 것이다.

이렇듯 사회자본에 대한 개념 규정 자체가 학자마다 다를 수밖에 없는 것은 실제적인 적용의 대상 자체가 워낙 다양하고, 다양한 대상에 대한 맥락적 이해가 아울러 이루어져야 하기 때문이다. 이는 자본으로 형성되어 있는 사회적 관계가 때에 따라서는 부채(liability)로 작용하게 되는 상황과도 맥락을 같이 한다. 동일한 형태의 사회적 관계가 특정한 시점이나 공간

표 1 • 학자별 사회자본 개념의 구성요소(해당 학자의 연구에서 정리)

주요 학자	신뢰	규범	네트워크	의무감	경계 (폐쇄성)	호혜성	믿음	규칙	시민참여
Putnam, 1993	●	●	●						●
Fukuyama, 2001	●				●				
MSU SCIG, 1998				●		●			
World Bank, 2000		●							
Coleman, 1988	●	●	●	●	●				
Bourdieu,. 1982			●		●				
Lin, 2001			●						
Burt, 2001			●						
Portes, 1998		●		●	●	●			
오스트롬, 1999		●	●				●	●	
Adler & Kwon, 2000		●	●				●	●	

에서는 자본으로 작용하고 다른 시점에서는 부채로 작용하여 행위자들의 선택에 장애로 작용하게 되는 것이다(박찬웅, 2000). 때문에 이제까지의 사회자본에 대한 연구가 주로 사회자본을 구성하는 요소나 결과에 대한 평면적 논의에 집중되었던 것에서 벗어나 사회자본 형성과정에 영향을 미칠 수 있는 다양한 변수들과 상황에 대한 실제적인 고려도 이루어져 보다 정교화된 사회자본의 유형화와 분석이 필요하다고 할 것이다.

2. 공공재로서의 사회자본

퍼트남은 사회자본이 사유재의 성격을 지니는 전통적인 자본과는 달리 공공재라는 특성을 지닌다고 주장한다(퍼트남, 2000: 286). 콜만도 규범을 갖추고 있는 대부분의 사회자본이 개인에게 사유되지 않고 그 이익이 관계망 내의 모든 사람들에게 돌아간다는 점을 들어서 공공재로서의 사회자본을 얘기하고 있다(Coleman, 1988: s116~s118).

반면 이재열은 개인적 수준과 집합적 수준의 사회적 자본을 구분하면서 퍼트남식의 논의, 즉 집합적인 사회적 자본을 단순한 개인들의 사회적 자본의 합으로 보는 것은 문제가 있다는 입장을 개진한다. 다시 말해 '사회적 자본은 사회적 연결망을 통해 얻을 수 있는 것이기는 하지만, 한 사람이나 집단이 사회적 자원을 많이 가지면 다른 사람은 그것을 잃는 부분도 생기기 때문이다.'(이재열, 1998: 70) 또한 후쿠야마도 관계망의 성격과 내용에 따라 전 사회적으로 유해한 자본이 될 수도 있다는 것을 마피아의 예를 통해 밝히고 있다(Fukuyama, 2001).

보다 발전적인 논의를 위해서는 이러한 문제에 대하여 단순히 사회자본은 공공재인가, 아닌가라는 측면에 대한 검도보다는 어떠한 상황과 조건에서 사회자본이 공공재로서의 역할을 수행할 수 있는지에 대한 모색으로 방향을 재설정해야 할 것이다. 사유재와 대비되는 공공재의 특성은 어떤 사람의 소비가 다른 사람의 소비를 방해하지 않고 여러 사람이 동시에 편익을 받을 수 있는 비경쟁성과 비선택성, 대가를 지불하지 않은 특정 개인을 소비에서 제외시키기가 기술적으로 곤란하다는 비배제성 등이다. 이와 관련하여 두 가지 측면에서의 논의가 가능하다.

먼저 사회자본을 공공재로 파악하는 입장에서는 사회자본 자체의 형태와 성격에 주목하는 바가 크다. 다시 말해 특정인이 가진 관계망은 특정인의 선택과 상황에 의해 이루어진 것이고, 그러한 관계망의 경우 타인의 선택과 직접적으로 충돌되지 않는 한 별개로 존재하는 것이라는 입장이다. 한 사람이 많이 가진 사회적 자본은 그 관계에서 배제되어 있는 타인에게 직접적인 손해를 가져다 주진 않는다. 하지만 회원수가 정해진 특정한 클럽과 같은 집단에 회원이 되기 위해서는 같은 의도를 가진 다른 회원과 경쟁하는 관계가 생길 수 있을 것이다. 또한, 내가 A라는 특정한 사람과 관계 맺기를 원할 때 B라는 사람도 나와 비슷한 이유로 그러한 관계를 A와 맺고 싶어 한다면 A의 입장에서는 선택의 문제가 생길 수도 있다. 이는 한 사람이 소유한 시간과 같은 자원의 양이 한정되어 있다는 점 때문에 불가피하게 관계에 있어서의 선후(先後)나 경중(輕重)을 정해야 하는 상황을 의미한다. 특수한 경우를 제외하고는 '내가 다른 타인이나 집단과 관계 맺기'가 다른 사람의 관계 맺기와 직접적으로 충돌할 수 있는 상황은 존재하지 않는다. 예를 들어 내가 조기 축구회나 동창회 활동을 열심히 하는 것과 나와는 상관없는 타인이 자신의 조기축구회나 동창회 활동을 열심히 하는 것과는 별개의 사건이라는 것이다. 때문에 내가 사회자본을 확장 혹은 증가시키는 것은 타인의 사회자본과는 무관한 것이며, 이러한 사회의 사회자본은 총량적으로 보았을 때 제로섬(zero sum)이라기보다는 포지티브섬(positive sum)으로 파악할 수 있게 된다. 즉, 각자가 가지고 있는 사회자본의 증가는 위에서 제시한 특수한 경우를 제외하고는 한 사회의 전반적인 사회자본의 증가로 이어질 수 있으리라는 것이다.

그렇다면 사회자본을 공공재로 파악하지 않는 입장에서 가지고 있는 기본 전제는 무엇인가? 그것은 사회자본을 관계망 그 자체로 파악하는 것이 아니라 사회자본을 통해 나타날 수 있는 재화나 성과의 생산과 분배, 혹은 그에 대한 접근의 가능여부를 통해 사회자본을 파악하고 있는 것이다. 그렇기에 특정한 개인이나 집단이 사회자본을 취득하게 되면 다른 개인이나 집단은 그것을 잃을 수도 있고, 접근할 수 있는 기회를 제한받는 경우도 생기는 것이다. 사회자본이 통해 얻을 수 있는 혜택(benefit)의 측면에서 보면 두 가지의 구분이 가능해진다. 한 가지는 정서적 · 감정적 차원에서 관계망 내의 구성원들을 통해서 얻을 수 있는 신뢰의 증가나 정서적 안정, 규범의 증대[3] 등이다. 다른 한 가지는 도구적 차원에서 생각해 볼 수 있는 정보의 획득이나 유통에 관한 것이다. 비물질적 재화인 정보를 도구적인 관점에서 파악하는 것은 정보 자체가 물리적 자본으로 전환(transformation)할 수 있는 자원이기 때문이다. 두 가지 혜택 중에서 특히 정서적 · 감정적 차원에서 나타나는 사회자본의 혜택은 앞에서 살펴 본 공공재로서의 사회자본이 가진 긍정적인 측면과 잘 어울린다고 할 수 있다. 구성원들 간의 상호작용 및 유대의 강화를 통해 이루어지는 사회자본은 삶의 질을 보다 풍요롭게 해줄 수 있다는 측면에서 파편화된 현대사회의 개인들에게 보다 필요한 요소라고 할 수 있을 것이다.

3. 폐쇄성, 유대의 정도

린은 사회자본에 있어 연결망의 조밀성이나 폐쇄성이라는 요소는 필요하지도 그리고 현실적이지도 않다고 말하고 있다(Lin, 2001). 왜냐하면 사회자본 논의에서 밀도나 폐쇄성에 대한 강조는 약한 유대나 구조적 구멍의 중

3) '규범의 증대' 라는 문제는 공동체 내부의 전제적인 성격에서 볼 수 있는 것처럼 반드시 구성원들에게 혜택으로 인식되는 것은 아니다. 하지만 콜만(Coleman, 1988)의 다이아몬드 시장에서의 신뢰나 디트로이트에서 예루살렘으로 이주한 가족의 예에서 볼 수 있는 것처럼 규범이 존재하지 않았을 때 지출되어야 하는 비용의 측면을 고려해보면 혜택으로 간주할 수 있는 요소도 충분하다고 할 것이다.

요성을 부인하는 것과 같기 때문이며, 보다 유용한 논의를 위해서는 어떤 상황에서 어떠한 연결망이 유리한가에 대한 구분이 보다 중요하게 이루어져야 할 것이라고 주장한다. 이는 린이 사회자본을 '시장에서 기대되는 수익을 갖는 "사회적 관계"에의 투자'라고 보고, '개인들은 이윤(profit)을 생산하기 위해 상호작용과 연결망에 관여한다'라는 생각에서도 잘 드러나 있다. 즉 연결망에 대한 접속은 이윤을 생산하기 위한 의도적인 행위로 볼 때 약한 유대에 기반한 관계가 훨씬 더 유리한 조건으로 작용하기 때문이다.

하지만 사회자본의 형성에 있어서 콜만도 언급한 바 있듯이 폐쇄성의 존재는 분명히 중요한 요소이다(Coleman, 1988). 하지만 내용적인 측면에서 좀 더 생각해보면 여기에서 말하는 폐쇄성은 집단이나 조직 형성 초기에 구성원이 될 수 있는지의 여부를 가늠하는 기준으로서의 배타적인 폐쇄성뿐만 아니라 그것의 운영과정을 통해 구성원들 간에 생길 수 있는 경계(boundary)의식 또한 포함한다고 볼 수 있다. 즉 최초의 집단 형성이 폐쇄성에 기반한 조직이 아닌 개인의 자발적인 선택과 필요에 의해서 형성되었더라도 성원들 간의 상호작용을 통해 서로에 대한 호혜성과 책임의식이 형성될 수 있고, 이러한 과정에서 자연스레 내집단과 외집단에 대한 구분이라는 폐쇄성이 발생할 수 있을 것이다. 이러한 폐쇄성이 기반이 될 때 구성원들의 유대의 정도는 보다 강해지고 신뢰는 높아질 수 있는 가능성이 커질 것이다.[4] 이런 의미에서 약한 유대에 기반하여 형성된 사이버 커뮤니티도 구성원들 간에 공유하는 폐쇄성이 존재한다면 사회자본으로 기능할

---

4) 폐쇄성에 기반한 사회자본은 김필동이 얘기하는 이차적 공동체(secondary community)와도 개념적 공유가 가능할 것으로 보인다. 김필동은 이차적 공동체를 공동체의 순수형에서는 다소 벗어나지만, 사람들이 의도적인 방식으로 새롭게 '만들어 낸' 공동체라고 정의한다. 이차적 공동체라는 개념이 갖는 의의는 집단, 조직의 현 실태를 분석하는 데 유용한데, 여러 가지 점에서 공동체의 개념적 특징에 잘 부합되지만, 사람들의 의식적 참여로 만들어지며, 구성원의 삶 대부분을 포괄한다고 보기는 어려운, 따라서 결사체의 특징을 갖는 공동체를 가리킨다(김필동, 2002).

수 있을 것이라 생각된다. 어떻게 관계의 형성이 가능했는가의 문제도 물론 중요하지만 '관계 형성 후 어떠했는가'의 문제도 그에 못지 않게 중요하다는 것이다.

폐쇄성에 기반한 관계망의 경우 개방적인 관계망보다 강한 유대를 중심으로 이루어진 경우가 많다. 때문에 구성원들 간에 나타나는 정보의 중복성이나 위계적 조직 형태가 전반적인 발전을 저해하는 요소로 흔히 지적되고 있다. 대표적인 예로 구직을 통해 약한 유대의 강함을 보여준 그라노베터의 논의(Granovetter, 1974)와 기업 내에서 약한 유대를 많이 가진 사람들이 승진이나 임금 인상 등에서 더 유리할 수 있었다는 분석을 한 버트를 들 수 있을 것이다(Burt, 2001).

하지만 논의의 차원을 한 단계 심화시키면 이와는 다른 측면에서 생각해 볼 수도 있을 것이다. 구직이나 정보 취득의 경우 얼마나 많은 일자리나 정보를 얻을 수 있는지에 대한 양적인 분석도 중요하지만, 얼마나 구직 당사자나 행위자가 원하는 일자리나 수준 높은 정보였는지에 대한 질적인 문제도 아울러 고려되어야 할 것이다. 또한 조직 내외나 전반적인 사회의 상황 변화에 따라 강한 유대가 오히려 개인의 성과에 유리하게 작용하게 되는 경우도 분명히 존재할 것이다. 다시 말해 불안정한 상황에서는 쉽게 얻을 수 있는 다양한 정보보다는 믿을 수 있는 하나의 정보원이 훨씬 더 개인이나 조직의 성과에 긍정적으로 작용할 수 있다는 것이다. 이러한 맥락에서 약한 유대나 강한 유대를 이념형적 모델로 놓고 상대적 유불리를 논하기보다는 어떠한 상황에서 어떤 유형의 유대가 보다 유리할 수 있는지에 대한 모색과 약한 유대나 강한 유대가 유지될 수 있는 근원은 무엇이며, 약한 유대에서 강한 유대로 전환하게 되는 메커니즘은 어떤 요소들에 의해 어떠한 과정을 거쳐 이루어지는지를 살펴보는 것이 보다 생산적인 논의가 될 것이다.

4. 공적 신뢰와 사적 신뢰

사회자본의 핵심을 이루는 중요한 요소 중의 하나는 신뢰(trust)이다. 신뢰는 개개인이 가지고 있는 심리적인 현상이기 때문에 중요성에 비해 그 활용에 있어서는 매우 제한적으로 사용될 수밖에 없었다. 하지만 신뢰하는 관계가 가져다주는 다양한 혜택은 사회자본의 논의에 있어서 빠질 수 없는 하나의 요소로 자리 잡을 수 있었다. 후쿠야마 같은 경우는 신뢰와 사회자본을 등치시키기도 했고(Fukuyama, 1995), 다른 많은 연구에서는 신뢰가 사회자본을 이루고 있는 중요한 요소이자 결과로 설명되기도 하였다(Portes, 1998).

신뢰에 대해 좀 더 분석적으로 접근하기 위해 신뢰의 대상을 구분하고 이에 기반하여 미시적 차원의 신뢰와 거시적 차원의 신뢰를 비교하기도 한다(Paxton, 1999). 여기에서 말하는 미시적 차원의 신뢰는 개인에 대한 신뢰, 즉 사적 신뢰라고 개념화할 수 있을 것이며, 거시적 차원의 신뢰는 사회 혹은 제도에 대한 신뢰로서 공적 신뢰라고 의미 부여를 할 수 있을 것이다. 일반적으로 한국 사회는 '사적 신뢰'는 과잉되어 있는 반면에 제도에 대한 신뢰인 '공적 신뢰'는 매우 결핍되어 있는 것으로 주장되고 있다(이재열, 2001; 이재혁, 1998; 이승환, 1999). 이러한 주장에서는 우리 사회가 안고 있는 가장 큰 폐해로 연고주의를 들고 있으며, 이의 극복을 위해서는 시민사회의 활성화를 통한 사회적 감시체제의 확립이나 법의 투명성과 공정성을 확보함으로써 제도적인 신뢰를 높여야 한다는 주장이 주를 이루고 있다(이재열, 2001). 하지만 이에 대한 비판을 통해 연고주의를 서구 근대 시장이 탈인격화시킨 개인을 다시 공동체적 관계 속으로 복원시킬 수 있는 유용한 자원으로 보는 주장도 활발하게 제기되고 있다(유석춘, 2001: 205).

두 주장이 첨예하게 부딪히는 지점은 '사적 신뢰'를 어찌해야 할 것인가의 문제이다. 즉 연고주의에 대해 긍정적인 입장에서는 불신을 제도화한

서구와는 반대로 이미 한국사회는 탈근대의 전개에 필요한 간주간성(inter-subjectivity)의 문제를 풀어 나갈 수 있는 사회자본 즉 인격윤리와 이에 기초한 인간관계를 간직하고 있기 때문에 연고에 기반한 사적 신뢰는 유지, 계승시켜야 할 자원이지 축소되어서는 안 된다고 주장한다(유석춘, 2001). 반면 반대의 입장에서는 과잉 양상을 보이고 있는 사적 신뢰는 공적 신뢰로 대체되어야 한다는 주장이다(이재혁, 1998). 연고주의는 파편화된 현대 사회에서 공동체성을 복구시킬 수 있다는 측면에서 긍정적으로 받아들여야 할 것이다. 단 이 시점에서 구분이 필요한 것은 연고에 의해 가능한 관계망의 존재와 연고주의에 의해 나타나는 여러 가지 폐해들이다. 다시 말해 연고가 가져다 주는 강한 유대의 사회적 관계망은 밀도가 높고 안정적이며 규범이 강한 중요한 사회자본으로 파악할 수 있다. 이러한 사회자본을 운용의 결과 나타날 수도 있는 결과물인 '폐해' 때문에 포기해야 한다는 것은 더 큰 것을 잃는 과오를 범할 수도 있다는 측면에서, 지금 시급히 그리고, 지속적으로 추구해야 하는 것은 사적 신뢰의 축소가 아니라 사적 신뢰에 기반한 관계망들이 올바른 운용이 이루어지도록 제도적인 환경을 만드는 작업이라고 할 수 있다. 여기에서 말하는 제도적 환경은 법과 규칙의 재확립과 같은 집단 외부적 요소뿐만 아니라 관계망 내부의 구성원들끼리 공유할 수 있는 규범의 강화도 포함된다. 스웨덴과 덴마크, 그리고 일본과 한국에 대한 경험적인 분석을 통해서도 드러나듯이, 서구 선진국이 모두 사적 신뢰와 공적 신뢰가 영합적이 아닌 포지티브섬적인 관계로 나타나는 점은 우리에게 시사하는 바가 매우 큰 것이다(유석춘 외, 2002).[5)]

5) 일반적으로 사람에 대한 신뢰는 집단의 폐쇄성이 높고 구성원들 간의 응집력이나 감정적인 결속이 높을수록 높게 나타나는 경향이 있다고 알려져 있다. 이와 같은 이유로 이 연구에서는 가족, 친구, 이웃, 직장동료, 학교동창, 지장상사 및 낯선 자국인, 그리고 낯선 외국인 등 집단을 여러 종류로 구분하여 사람에 대한 신뢰의 정도를 측정하였다. 또한 제도에 대한 신뢰 역시 국회, 정당, 노동조합, 언론, 법률체계, 공공관서, 경찰, 군대, 대기업, 그리고 교육제도 등과 같이 현실에 구체적으로 존재하는 다양한 제도를 통해 신뢰의 정도를 측정하였다.

또 박희봉(2002)의 연구에서도 한국사회에서 영향을 미치고 있는 사회자본의 형태나 요소는 조직의 속성상 수평적 단체에 대한 참여가 아니라 수직적 단체에 대한 참여가 긍정적인 역할을 하고 있는 것으로 나타났다(박희봉, 2002). 이렇듯 사회자본 연구에 있어 서구의 기준에 따라 성급한 일반화의 오류를 범하지 않기 위해서는 우리가 가진 역사적 경험과 개인들의 가치관과 생활 습성 등 기본적인 요소에 대한 이해가 먼저 이루어져야 할 것이다.

IV 인터넷과 사회자본

1. 연결망의 형태와 새로운 커뮤니케이션

인터넷을 기반으로 하는 다양한 서비스가 등장하면서 커뮤니케이션 방식 역시 다양화되었다. 채팅이나 메신저와 같이 주체와 대상이 일대일로 만나 커뮤니케이션을 형성하는 경우도 있고 커뮤니티의 게시판의 경우처럼 일대다(一對多), 혹은 다대다(多對多)의 환경에서 의사소통이 이루어지기도 한다. 커뮤니케이션의 방식은 해당 서비스의 종류에 따라 달라지기도 하지만 커뮤니케이션의 대상이 커뮤니케이션의 주체와 어떤 관계에 있는지에 따라서도 차별화된 모습을 보인다. 다시 말해 같은 기술적 환경이 적용되는 게시판이라고 할지라도 주체와 대상이 상호인지되어 있고 지속적인 관계 속에서 커뮤니케이션이 이루어지는 커뮤니티의 게시판과 필요에 따른 일회적 효용을 위한 게시판의 이용은 커뮤니케이션의 질(quality)에 있어 차이를 나타낼 수밖에 없는 것이다.

일반적으로 구성원 간의 강한 유대에 기반하여 장기적이고 지속적인 커뮤니케이션이 이루어지는 연결망은 닫힌 연결망의 특성을 갖고, 반대로 약한 유대에 기반하여 일시적 혹은 단기적 필요에 따라 커뮤니케이션이 이루어지는 연결망은 열린 연결망의 특성을 나타내게 된다. 린(Lin, 2001)은 폐쇄성의 유무나 관계 맺고 있는 유대의 정도도 특정한 어떤 요소가 사회자본에 있어 반드시 필요한 것이라고 보기보다는 어떠한 조건에서 어떠한 목적을 이룰 것인가에 따라 달라진다고 본다. 부르디외나 콜만의 예에서 볼 수 있듯이 기존의 자원을 보존하거나 유지하기 위해서는 조밀하고 폐쇄적인 연결망이 상대적으로 이점을 가지고 있다(Bourdieu, 1986; Coleman 1990). 반면 그라노베터(Granovetter, 1973)나 마스덴(Marsden, 1984)의 예에서 나타나는 것처럼 현재 소유하고 있지 않은 자원을 찾고 획득하기 위해서는 보다 많은 기회부여와 확장이 이루어질 수 있는, 약한 유대에 기반한 열린 관계가 유용성이 높다.

기존의 관계 유지를 위한 새로운 커뮤니케이션의 활용이나 새로운 자원획득을 위한 커뮤니케이션 모두가 사회자본의 확장이나 공고화를 위한 행위라는 점에서 닫힌 관계망에 있어서나 열린 관계망 모두 사회자본의 형성에 있어 중요한 기반이자 결과로 나타나는 것이다. 닫힌 연결망이 지배적인 상황에서 이루어지는 인터넷 커뮤니케이션은 연결망 내외부의 경계가 존재하는 환경에서 일반적이다. 예를 들어 오프라인에 존재하고 있는 관계의 효과적인 커뮤니케이션을 위해 온라인에서 이메일이나 게시판을 운영하는 경우나 특정한 조건을 만족시키는 회원만을 대상으로 커뮤니티를 형성하여 지속적인 관계를 유지해나가는 경우 등을 대표적인 사례로 생각해 볼 수 있다. 커뮤니케이션의 내용에 따라 해당 구성원들이 추구하고 있는 목적과 그로 인한 혜택은 상이하게 나타날 수 있다. 심리적 안정을 위해 타인과의 커뮤니케이션을 시도하기도 하고 필요 정보를 얻기 위한 노력의 일환으로 커뮤니케이션이 이루어지기도 한다. 열린 연결망의 경우는 사이버 공간의 출현과 함께 보다 일반화된 사회적 관계이다. 인터넷의 발달은 언어적 문제와 개별 국가의 통신 인프라 상황을 제외하고서는 세계 어떤 사람과도 의사소통과 관계형성의 가능성을 열어주고 있는 것이다. 살아감에 있어 필수적인 관계망의 형성은 각 개인마다의 성격과 능력의 차이에 따라 크기가 다르고, 관계 대상에 대한 접근에 있어서도 다양한 한계가 존재했다. 다시 말해 개인이 가진 속성에 따라 달라지는 사회자본의 고착화 정도나 같은 관심을 갖고 있고 공감대를 형성하지만 그 사람에 대한 큐(cue)가 존재하지 않는 한 관계의 형성은 불가능했었던 기존의 한계를 인터넷 서비스는 극복가능하게 해주었다는 점에서 '전혀 새로운 관계'의 등장을 가능하게 한 기술적 기반의 확충이 지닌 함의는 매우 크다고 할 것이다.

2. 사회자본 논의의 쟁점과 새로운 환경

표 2 • 사회자본 논의의 쟁점들

쟁점 \ 사회자본의 형태	닫힌 연결망	열린 연결망
개념과 차원	행위의 부산물로 우연적 요소	미래의 예상수익을 위한 의도적 형성과 이용
공공재에 대한 의견	positive sum	zero sum
폐쇄성과 유대의 정도	폐쇄적이어야 사회자본 강한 유대 강조	사회자본의 종류에 따라 폐쇄성의 필요유무가 결정 약한 유대 강조
공적 신뢰와 사적 신뢰	관행 및 규범적 틀 중시	제도적 규칙을 중시

<표 2>는 앞에서 정리한 사회자본을 둘러싼 주요 쟁점들을 사회자본의 형태 중 닫힌 연결망의 유용성을 강조하는 입장과 반대로 열린 연결망의 입장에서 논의를 전개하는 입장을 구분하여 정리해 놓은 것이다. 주요 쟁점들을 중심으로 인터넷 환경과 사회자본 논의와의 관계에 대해 살펴 볼 것이다.

먼저 사회자본의 개념적 차원에 있어서는 현재 나타나고 있는 기존의 어려움이 마찬가지로 존재한다고 할 수 있다. 상호 간의 커뮤니케이션은 그 의도가 매우 다차원적으로 나타나고 있지만 사회자본을 형성하는 데 커

뮤니케이션은 필수적인 요소이기에 닫힌 연결망이나 열린 연결망 모두 사회자본의 형성과 확장에 중요한 역할을 하게 된다.

공공재로서의 사회자본과 커뮤니케이션과의 관계에 대한 부분은 닫힌 연결망의 입장에서 제시하고 있는 '포지티브섬'적인 요소가 강하다고 할 것이다. 특정한 대상과의 커뮤니케이션이 다른 대상과의 커뮤니케이션의 접근을 방해한다기보다는 새로운 커뮤니케이션을 가능하게 하는 기회를 제공해줄 수 있다는 측면에서 사회자본의 전반적인 확장에 도움이 될 것이다. 비교적 최근에 크게 각광을 받고 있는 위키피디어(http://www.wikipedia.org)나 앞선 골드코프사의 예에서도 볼 수 있듯이 다수의 행위자들에 의한 협업은 개인이 획득할 수 있는 지식과 정보를 크게 증가시켰고 아울러 지식을 획득하기 위한 비용의 감소를 가져왔다. 위키피디어라는 대상을 중심으로 구축된 수많은 사람들의 관계망과 협업의 결과는 사회자본의 혜택이 효과적으로 발현된 또 하나의 실체라고 할 수 있을 것이다.

폐쇄성과 유대의 정도에서는 사이버 공간이 지닌 특성, 즉 약한 유대의 효율성이 잘 나타날 수 있다는 상황이 보다 강조될 필요가 있다. 인터넷을 통한 커뮤니케이션이 도입된 초기에 비해 현재의 전반적인 상황은 인지관계에 있지 않은 대상일지라도 필요에 따라 커뮤니케이션이 이루어지는 모습이 훨씬 일반화되었고 자연스러워졌다. 기껏해야 10여 년 정도의 짧은 기간 동안에도 이러한 변화가 나타나게 되었다는 점에서 향후 관심과 필요에 따른 커뮤니케이션의 형성은 보다 빈번하게 나타날 것이고 이는 자원과 정보의 동원을 위한 사회자본의 확장에도 긍정적으로 작용할 것으로 보여진다.

이렇듯 기존의 사회자본 논의에 있어서 주요한 쟁점들이 새로운 환경에 있어서도 전반적으로 중요한 의미를 갖는다. 이 시점에서 보다 중요한 것은 새로운 커뮤니케이션 환경에서 어떤 요소들이 보완되어야 전반적인 사회자본의 증진에 도움이 될 것인가 하는 문제일 것이다. 사회자본의 형성에 대인간의 상호작용과 커뮤니케이션이 필수적인 요소라는 점에 다시 한 번 주목한다면 안정적이고 원활한 의사소통을 위한 대책과 장치의 마련은 시급하다고 할 것이다.

3. 상호작용의 활성화와 신뢰

표 3 • 연결망의 성격과 커뮤니케이션의 성격

		연결망의 성격	
		닫힌 연결망	열린 연결망
상호작용의 성격	지속적	B	A
	일시적	C	D

사회자본의 증진을 위해서 우선 필요한 것은 주체와 대상 간의 원활하고 안정적인 상호작용 환경의 확보이다. 이를 위의 표를 통해 좀 더 구체적으로 살펴보면, 인터넷의 등장으로 보다 활발한 이용이 가능해진 D영역에서의 활동이 A나 B의 영역에서 이루어지는 상호작용으로 발전될 수 있는 환경을 확보하자는 의미가 될 것이다. 다시 말해 열린 관계망을 기반으로 일시적 소통의 기회를 통해 형성된 커뮤니케이션도 내적 성숙과 상호 인지를 통해 지속적이고 안정적인 관계망으로 발전할 수 있는 조건의 마련이 필요하다는 것이다. 물론 우선적으로 필요한 것은 '지속적'의 여부를 떠나 '일시적'으로 형성된 관계일지라도 관계 자체에 참여하고 있는 행위자들 간에 상대방의 행위에 대한 예측가능성을 확보하는 것이다. 지속적인 관계의 형성이라는 것은 개인의 자유로운 선택에 기반한 일시적 관계 형성이 안정되면서 나타나는 형태라는 점에서 자유롭지만 불확실성을 최소화 할 수 있는 환경의 마련이 필요하다. 이를 위해 우선적으로 고려되어야 하는 사항이 바로 신뢰(trust)이다.

고전적 의미의 신뢰(credibility)는 믿을 만한 것(believability)이라고 할 수 있고, 현대적 의미에서 신뢰란 두 가지로 설명될 수 있는데 첫 번째로 물체, 사람 등 자체의 속성이 아닌 즉, 인지되는 특성(a perceived quality)이고 두 번째로 다차원적으로 이루어져 있다는 것이다. 신뢰평가에 많은 차원이 존재하고 있지만, 대다수 연구자가 동의하는 신뢰의 두 가지 핵심은 믿을 만함(truthworthiness)과 전문성(expertise)이다. 믿을 만함은 의도된 대로, 성실한, 편파적이지 않음 등등으로 정의될 수 있고, 착하고 도덕적이라는 인지를 통해 얻을 수 있다. 전문적이라는 것은 박식하고, 오래된 경력, 유능함 등등으로 정의되고 지식과 기술을 인지함으로써 얻어진다. 종합하자면 사이버 공간에서의 높은 수준의 신뢰는 '믿을 만함'과 '전문성'에 대한 인지를 통해 나타나는 것이다(Fogg et al., 2002)

신뢰의 문제는 사회자본의 형성뿐만 아니라 그 이전에 커뮤니케이션의 질을 좌우할 수 있다는 점에서 매우 중요하다. 커뮤니케이션의 대상이 되는 대인에 대한 신뢰뿐만 아니라 커뮤니케이션이 이루어지는 환경 및 제도에 대한 신뢰도 활발한 커뮤니케이션의 형성을 위해서는 필수적이다. 원활하고 안정적인 커뮤니케이션 환경을 만들기 위해서는 우선 오프라인에서의 사적 · 공적 신뢰의 확보를 위한 사회적 신뢰의 제고가 이루어져야 하지만 그와 함께 신뢰를 저하시킬 수 있는 부정적 행위에 대한 기술적 조치의 마련도 고려되어야 할 것이다.

V 결론을 대신하며

현대 사회에서 나타나고 있는 다양한 위기와 문제들을 해결하는 데 있어 사회자본의 효용성이 부각되면서 학문적인 영역에서도 활발한 논의가 진행되고 있다. 사회자본의 형성과 축적의 기본적인 요소이자 그 과정이라고 할 수 있는 대상들 간의 상호작용과 상호작용을 가능하게 해주는 커뮤니케이션에 대한 관심도 인터넷을 기반으로 한 새로운 환경의 등장과 함께 그 방식과 내용, 그리고 함의와 전망 등을 중심으로 다양한 가능성이 제시되고 있다.

현대인들의 일상에서 인터넷을 비롯한 새로운 정보기술은 나날이 그 역할이 중요해짐과 아울러 시간적인 측면에서도 차지하는 비중이 늘면서 다양한 경로와 방식을 통해 새로운 대상과의 접촉 기회는 증가하고 있다. 인터넷을 통한 새로운 관계의 형성과 단절은 오프라인보다 행위자에게 여러 가지 편의성을 제공하고, 관계 자체에 대한 사회적인 제약이나 제재가 약할 수 있다는 점에서 훨씬 더 자유롭게 이루어진다. 그렇다면 이렇게 편의성과 자유로움을 기반으로 한 사이버에서의 관계형성이 개인들의 삶을 양적 · 질적으로 풍요롭게 해 줄 수 있을 것인가? 이러한 문제제기는 사회자본론에서 강조하는 내용인 관계를 통한 다양한 가치의 창출이라는 문제와도 같은 맥락에서 이해할 수 있다. 물론 기존의 사회자본에 대한 논의가 사이버 공간이 아닌 주로 오프라인상에서 이루어지고 있는 실재적(實在的) 관계에 대해 다루어지고 있었지만, 사이버 공간에서 이루어지는 관계의 형성도 행위자들의 실생활에 영향을 미칠 수 있는 '의도된 선택'이라는 점에서 주요 관련주제의 공유는 가능해진다.

사회자본과 관련한 논의가 보다 활발하고 우리 사회의 현실적 문제의 적용에 적실성 있게 진행되기 위해서는 앞서 살펴본 것과 같은 주요 쟁점들에 대한 정리가 우선적으로 이루어져야 한다. 또한 변화된 커뮤니케이션 환경은 어떤 요소와 조건이 갖추어졌을 때 사회자본의 축적과 운영에 효과적으로 작용할 수 있을지에 대한 모색도 학문적, 실천적인 차원에서 필요하다. 무엇보다 사회자본의 증진에 있어 전제되어야 하는 안정적이고 지속적인 상호작용과 커뮤니케이션 환경의 확보를 위해 신뢰가 필수적이다. 인터넷 공간에서의 대인적 · 제도적 신뢰를 포괄하는 사회적 신뢰가 확보될 수 있다면 보다 효과적이고 활성화된 사회자본의 축적과 운영에 기반이 될 수 있을 것이다.

참고문헌

박찬웅(2000), 「사회적 자본, 신뢰, 시장: 시장에 대한 사회학적 접근」, 한국사회학회 편, 『21세기 시장과 한국사회』, 나남.

박희봉(2002), 「사회단체와 사회자본」, 한국NGO학회 춘계학술대회 발표논문.

유석춘(2001), 「한국의 사회자본: 연고집단」, 석현호/유석춘 공편, 『현대 한국사회 성격논쟁: 식민지, 계급, 인격윤리』, 전통과현대.

유석춘 · 장미혜 · 배영(2002), 「사회자본과 신뢰: 한국, 일본, 덴마크, 스웨덴」, 한국NGO학회 춘계학술대회 발표논문.

이승환(1999), 「한국에서 자유주의-공동체주의 논의는 적실한가?」, 철학연구회 1999년도 춘계연구발표회.

이재열(1998), 「민주주의, 사회적 신뢰, 사회적 자본」, 『사상』 37호.

______, 2001, 「의리인가 계약인가」 석현호/유석춘 공편, 『현대 한국사회 성격논쟁: 식민지, 계급, 인격윤리』, 전통과현대.

이재혁(1998), 「신뢰의 사회구조화」, 『한국사회학』 32집, 여름호.

이준웅 · 문태준 · 김은미(2006), 「사이버커뮤니케이션과 사회자본 ; 사회자본과 커뮤니케이션 품질」, 『사이버커뮤니케이션학보』 19권. 135-174, 사이버커뮤니케이션 학회.

Adler, Paul S. & Seok-Woo Kwon(2000), Social Capital: The Good, the Bad, and the Ugly. In Erick L.Lesser (ed.) *Knowledge and Social Capital: Foundation and Application*, Butterworkh-Heinemann.

Burt, Ron. 2001. Structural Holes versus Network Closureas Social Capital, in Nan Lin, Caren Cook & Ronald S. Burt ,*Social Capital: Theory and Research*, Chicago: Aldinede Gruyter.

Bourdieu, Pierre(1982), The Forms of Capital in John Richardson (ed.), Handbook of Theory *and Research for Sociology of Education*, NY: Greenwood.

Coleman, James(1988), Social Capital in the Creation of Human Capital,

American Journal of Sociology. Vol. 94 (July).

______________(1990), *Foundations of Social Theory*, Cambridge: Harvard University Press.

Fogg, B.J., Kameda, T., Boyd, J.,Marshall, J., Sethi, R., Sockol, M., and Trowbridge, T.(2002), "*Stanford-Makovsky Web Credibility Study 2002: Investigating what makes Web sites credible today.*", Stanford University.

Fukuyama, Francis(2001), Social Capital, *Culture Matters: How Values Shape Human Progress*, Harrison, L. E.(Edt), Basic Books.

Granovetter(1973), The Strength of Weak Ties, *American Journal of Sociology*, 78: 1360~1380.

Lin, Nan(2001), *Social Capital: A Theory of Social Structure and Action*, Cambridge University Press.

Lipset, Seymour Martin & Gabriel Salman Lenz(2001), Corruption, Culture, and Markets in Lawrance Harrison & Samuel Huntington (eds.), *Culture Matters*, Basic Books.

Marsden, Peter V., & Karen E. Campbell(1984), Measuring Tie Strength. *Social Forces* 63(2), pp. 482~501.

MSU SCIG(Social Capital Interest Group, 1998), Social Capital Conference: Bridging Disciplines, Policies and Communities, Michigan State Univeristy.

Paxton, Pamela(1999), Is Social Capital Declining in the US? A Multiple Indicator Assessment, *American Journal of Sociology*, 105(1): 88~127.

Podolny, Joel M. and James N. Baron(1997), Resources and Relationships: Social Networks and Mobility in the Workplace, *American Sociological Review* 62:673~693.

Portes, Alexandro(1998), Social Capital: Its Origins and Applications in Modern Sociology *Annual Review of Sociology*, 24: 1~24.

Putnam, Robert D.(1993a), *Making Democracy Work: Civic Traditions in Modern Italy*. Princeton: Princeton University Press. 안청시 외 역, 『사회적 자본과 민주주의 : 이탈리아의 지방자치와 시민적 전통』, 서울:박영사, 2000.

________________(1993b), The Prosperous Community: Social Capital and Public Life *American Prospects.* 4(13).

________________(1995), Bowling Alone: Americas Declining Social Capital, *Journal of Democracy.* Vol 6.

Pye, Lucian W(1999), Civility, Social Capital, and Civil Society: Three Powerful Concepts for Explaining Asia *Journal of Interdisciplinary History.* 34(4).

Woolcock Michael(1998), Social capital and economic development: Toward a Theoretical Synthesis and Policy Framework, *Theory and Society* 27: 151~208.

World Bank(2000), Social Capital for Development. www.worldbank.org

Zucker, Lynne(1986), Production of Trust: Institutional Sources of Economic Structure, 1840~1920 *Research in Organizational Behavior* 8: 51~111.

인터넷뉴스 생산메커니즘의 변화

김사승

I 뉴스조직의 변화필요성

뉴스조직은 뉴스생산과정에서 뉴스상품의 품질관리와 생산과정의 효율성을 위해 기자들을 통제하고자 한다. 반면 기자들은 취재보도행위의 자율성을 강조하며 뉴스조직의 통제를 간섭이라고 여긴다. 뉴스조직의 통제와 기자의 자율성은 뉴스생산과정에서 갈등요소로 작용하지만 둘 다 불가피한 행태라는 점에서 뉴스생산과정을 이해하는 핵심적인 요소라고 할 수 있다. 인터넷뉴스에 대한 이해 역시 뉴스생산과정의 분석을 통해 가능하다고 본다.

전통적인 저널리즘의 뉴스생산과정은 취재-편집-뉴스와 같은 투입-가공-산출의 선형적인 구조를 갖고 있다. 이에 비해 인터넷뉴스의 생산은 비선형적이다. 마감시간이 붕괴되고 끊임없는 업데이트를 통해 인터넷뉴스 생산은 시작과 끝이 혼재한다. 생산속도 역시 기존에 찾아볼 수 없을 정도로 증가된다. 전통적인 생산과정의 투입, 가공, 산출의 시간적 순차성이 사라질 수밖에 없는 환경이다. 인터넷뉴스 생산의 비선형성으로 인터넷뉴스의 가치사슬은 최종 뉴스텍스트에서만 나타나는 것이 아니라 취재와 편집 등 뉴스생산 전과정에서 형성될 가능성을 갖게 된다. 전통적인 저널리즘에서는 최종뉴스에 포함되지 않은 원자료지만 인터넷뉴스에서는 배경자료의 형식으로 뉴스콘텐츠의 중요한 구성요소가 된다. 뉴스콘텐츠의 패키징을 통해 기존 뉴스를 재구성함으로써 새로운 가치를 생성하기도 한다.

인터넷뉴스 생산과정의 변화나 이를 기반으로 하는 새로운 가치사슬의 창출은 뉴스조직이 이에 대응하기 위해 변해야 한다는 것을 의미한다. 선형적 생산구조에 적합한 기존 조직형태로는 비선형적인 생산구조를 감당하기 어렵다. 언론사들은 인터넷 뉴스조직을 기존 조직과 별도로 분리하기도 하고, 반면 별도의 조직으로 떼어냈던 조직을 기존 조직 내부로 흡수시키기도 한다. 그만큼 인터넷뉴스의 생산을 통제하기 위한 조직적 전략이 복잡하고 어렵다는 것을 보여준다. 본 연구는 인터넷뉴스의 생산메커니즘을 이해하기 위해 뉴스생산의 현실적 목표인 가치창출 구조의 변화에 대한 분석을 기반으로 이를 구현하는 주체인 뉴스조직의 변화를 살펴보고자 한다.

II 인터넷뉴스 가치사슬의 변화

기자의 자율성을 제약하는 간부의 통제는 취재계획에서부터 현장취재, 기사선택, 기사작성, 출고 등 거의 모든 생산단계에 걸쳐 이루어진다. 인터넷뉴스생산에 나타나는 간부의 통제를 파악하자면 기존 저널리즘과 다른 인터넷뉴스의 차별적 생산과정과 구조를 이해해야 한다. 전통적인 저널리즘의 생산과정은 취재–편집–뉴스와 같은 투입–가공–산출의 선형적인 구조를 갖고 있다. 신문의 경우 취재기자는 기사라는 투입요소를 제공하고 뉴스조직은 이를 편집과정을 통해 기사들을 선택하고 편집행위를 통해 전체 틀에 배치한다. 최종적으로 인쇄과정을 거쳐 물리적인 상품의 형태로 산출해 독자에게 전달한다. 이런 생산과정은 시간적 순서에 따라 단계적으로 이루어진다.

뉴스의 가치사슬은 이런 뉴스생산의 흐름을 따라 나타난다. 전통적인 저널리즘의 생산과정에서 뉴스가 가치를 갖는 단계는 뉴스상품의 형태를 갖추는 최종단계인 산출단계다. 이전의 투입과 가공 단계에서는 상품으로서의 가치가 드러나지 않는다. 이에 비해 인터넷뉴스의 가치사슬은 비선형적인 생산과정의 특성에 따라 다양한 단계에서 형성된다. 팔머와 에릭슨(Palmer & Eriksen, 1999)이 주장한 것처럼 인터넷뉴스 콘텐츠는 기존 미디어의 한계를 넘어선다. 신문의 지면제약, 라디오와 텔레비전의 시간제약를 비롯해, 업데이트 한계, 맞춤정보생산의 불가능성 등을 인터넷뉴스는 모두 해결해낸다. 콘텐츠의 한계극복은 생산과정의 비선형적 특성 때문에 가능하다. 비선형적 생산은 인터넷뉴스생산의 마감붕괴와 직결된다. 수시로 이루어지는 업데이트로 인해 인터넷뉴스의 생산과 소비의 순차성은 사라진다. 생산이 이루어지는 가운데서도 수용자의 뉴스소비는 가능하다. 생산과정에 있어서도 투입과 가공, 산출이 반드시 시간적 순서에 의해 이루어지는 것이 아니다. 뉴스의 가치가 최종적인 뉴스에서만 나타나는 것이 아니라 취재와 편집과정에서도 생성되기 때문이다. 새로운 가치사슬을 창출하는 인터넷뉴스 콘텐츠의 특성은 인터넷뉴스 생산과정의 변화와 맞물려 있다는 것을 알 수 있다. EC의 연구보고서는 디지털 테크놀로지를 기반으로 한 뉴스생산과정 전반에 걸쳐 일어나는 비선형적 가치사슬을 다음과 같이 분류했다(EC, 1997: 21).

- 뉴스의 생산, 가공 및 패키징
- 내용의 저장, 재생 및 관리

- 거래 및 수용자관리
- 분배 및 전달
- 수용자의 정보이용환경과 관련된 기술
- 연구조사, 계획 및 홍보관리
- 각 생산과정 및 거래단계의 통합과 관리

디지털 테크놀로지를 이용하는 인터넷뉴스의 가치사슬이 생산–거래–소비에 이르는 뉴스산업의 전과정에서 걸쳐 발생한다는 것을 뚜렷이 보여준다. 특히 수용자와의 피드백에 기반을 두고 뉴스를 재가공, 재생하면서 새로운 가치사슬을 형성한다는 점은 인터넷의 가장 큰 기술적 특성이라고 볼 수 있는 상호작용성이 가치사슬의 형성에 중요한 역할을 한다는 것을 보여준다.

비선형적 생산과정에 의한 뉴스 가치사슬의 다변화는 전통적인 정보재화의 가치사슬 논의를 바꾸어 놓는다. 에반스와 워스터(Evans & Wurster, 1997)가 지적했듯이 정보의 전통적인 가치사슬은 정보도달률(reach)과 정보의 풍부함(richness) 사이의 교환에 의해 형성된다. 정보도달률은 정보를 향유할 수 있는 수용자의 수로 나타나고 정보의 풍부함은 정보량과 정보의 맞춤화 및 상호작용성을 가능케 해주는 대역의 크기에 의해 결정된다. 정보가 풍부할수록 이를 수용하는 수용자의 수는 제한된다. 정보이용의 비용이 높아지기 때문이다. 반대로 정보의 풍부함이 떨어지면 이용비용이 낮아지면서 보다 많은 수용자들이 접근할 수 있다. 정보를 선택할 수 있는 힘은 일종의 권력적 속성을 갖는 것이다. 정보량과 정보의 풍부함 사이의 교환관계로 인해 정보가치사슬이 수직적 위계구조를 띠게 된다는 것을 알 수 있다. 전통적인 정보재화의 선형성은 이같은 정보가치사슬의 수직적 위계구조로 인해 초래된다고 하겠다. 전통적인 저널리즘의 가치사슬은 생산에서부터 거래에 이르기까지 순차적이며 위계질서를 가진 선형적 구조를 갖고 있는 것이다. 그러나 인터넷의 상호작용성과 하이퍼링크 특성은 이런 위계질서를 무너뜨린다. 모든 사람들이 똑같은 조건하에서 풍부한 정보를 공유할 수 있기 때문이다. 에반스와 워스터(Evans & Wurster, 1997)는 이로 인해 생긴 새로운 가치사슬을 '하이퍼라키'(hyperarchy)라고 지칭했다. '하이퍼라키'는 수용자가 임의로 뉴스생산자 또는 뉴스에 접근할 수 있는 가능성에서 비롯된다.

인터넷의 멀티미디어 특성도 새로운 가치사슬을 창출해낸다. 워츠(Wirtz, 1999)는 멀티미디어에서는 콘텐츠생성, 콘텐츠통합, 부가가치 서비스, 접근, 그리고 네비게이션 및 인터페이스의 다섯 개의 가치사슬 단계가 있다고 분석했다. 콘텐츠생성은 신문이나 방송 등 전통적인 뉴스산업의 가치사슬세계에 나타나는 최종적인 생산물에 나타나는 가치창출과 같다. 콘텐츠통합은 다양한 내용들을 수용자의 개별적 욕구에 맞추어 조합하는 단계다. 부가가치 서비스는 내용을 전달하는 전송수단을 이용자관리나 콘텐츠 호스팅 등 다른 목적을 위해 사용하는 단계다. 접근단계는 콘텐츠를 전송하는 단계로서 멀티미디어 가치사슬에서 가장 중심적인 기능을 한다. 마지막으로 네비게이션단계는 수용자들에게 네비게이션 도구나 인터페이스 장비를 제공하는 것을 의미한다. 핸드릭스(Hendriks, 1999)는 이런 가치사슬단계를 콘텐츠관리, 팩키지관리, 채널관리 등으로 뉴미디어 가치사슬을 단순화했다. 콘텐츠관리단계는 전통적인 뉴스생산과정과 같다. 팩키지관리는 새로 만들어진 뉴스나 이미 생산된 뉴스콘텐츠들을 각각 다른 서비스를 위해 묶는다. 채널관리는 뉴스콘텐츠들을 특정한 수용자집단에게 전달하는 채널들과 관련된다.

인터넷뉴스의 가치사슬은 결국 전통적인 뉴스미디어의 묶음방식(bundling) 뉴스공급전략의 수정을 의미한다. 각기 성격이 다른 뉴스들을 하나의 지면에 묶는다는 것은 수용자 기대치의 차별성을 부인하는 것이나 마찬가지이다. 설사 차별성을 인정하더라도 모든 뉴스를 종합선물세트처럼 한데 모아 제공함으로써 차별적 수용자들을 무차별화해버린다. 이에 비해 가치사슬이 비선형화하면서 취재에서부터 가공, 분배, 소비에 이르는 모든 단계마다 가치를 생성하는 인터넷뉴스는 역으로 그만큼 수용자의 차별화를 전제로 삼고 있다고 할 수 있다. 또한 최종상품단계의 가치만 인정하는 전통적인 뉴스비즈니스는 뉴스내용에 초점을 맞추고 있는 반면, 생산에서 소비에 이르는 모든 단계마다 가치가 발생하는 인터넷뉴스의 가치사슬은 뉴스내용 외에도 뉴스생산과정 및 소비과정까지 염두에 두고 있다는 것을 의미한다.

III 커뮤니케이션기술의 발달과 조직운영의 변화

뉴스생산 전 과정에 걸쳐 형성되는 인터넷뉴스 가치사슬의 창출이 현실화되기 위해서는 뉴스생산의 주체인 뉴스조직의 생산관행은 물론 뉴스조직의 구성이나 운영 등 모든 면에서의 변화를 요구한다. 디지털 테크놀로지의 도입으로 뉴스조직의 존재방식이 달라질 수밖에 없는 상황에 처한다는 것이다. 이런 점에서 인터넷뉴스의 생산은 뉴스조직문화에 대한 논의와 깊은 연관성을 갖는다고 하겠다. 뉴스조직문화에 대한 논의를 위해 우선 뉴스조직 내부의 커뮤니케이션환경의 변화가 갖는 의미를 살펴 볼 필요가 있다.

테크놀로지 발전에 따른 조직의 커뮤니케이션능력 향상은 조직형태에 다양한 변화를 가져다준다(Fulk & DeSanctis, 1995). 커뮤니케이션능력의 향상으로 시간과 거리의 제약을 극복할 수 있기 때문이다. 첫째, 커뮤니케이션의 속도와 양을 증가시킨다. 둘째, 커뮤니케이션에 들어가는 비용이 급격히 줄어든다. 셋째, 커뮤니케이션의 대역이 획기적으로 늘어나 텍스트 정보뿐 아니라 오디오, 비디오, 데이터 그리고 그래픽에 이르기까지 멀티미디어 정보를 주고받을 수 있다. 넷째, 접속성이 확장되어 커뮤니케이션 대상의 수와 지역, 관련 장비의 수에 관계없이 커뮤니케이션이 가능해진다. 다섯째, 컴퓨터기술과의 융합으로 단순히 정보의 전달에 그치지 않고 정보의 저장과 재생, 재가공 등을 통해 새로운 커뮤니케이션의 가능성을 만들어낸다.

커뮤니케이션 기술이 조직에 미치는 영향 가운데 특히 주목해야 할 부분은 관리자그룹에 대한 영향이다. 뉴스조직의 운영은 현장취재기자의 뉴스수집활동에 대한 품질관리와 인력운용의 효율성을 위해 통제기제를 발휘하는 관리자그룹, 즉 간부에 의해 이루어지기 때문이다. 관리자그룹의 행태변화를 통해 뉴스조직의 운영이 어떻게 달라지는가를 살펴볼 수 있는 것이다. 이 그룹은 시장의 변동성, 비즈니스의 글로벌화, 불확실성의 증대, 그리고 노동시장 및 소비자시장의 인구변화와 같은 다양한 환경의 변화압력에 대응하기 위해 새로운 접근방식을 택해야 하는 과제를 안고 있다. 풀크와 드상띠는 커뮤니케이션기술의 발달로 인한 "조직형태의 변화는 관리계층의 위계질서와 조직의 하부구조를 탈중심화시키고 유연성을 강화하는 방향으로 진행되어 왔다"고 보았다(Fulk & DeSanctis, 1995: 338). 인터넷뉴스 역시 기존 뉴스산업의 변화를 가져다주는 동시에 뉴스조직 자체에 대해서도 기존의 뉴스조직과 다른 접근방식을 요구한다. 다른 산업과 마찬가지로 미디어기업의 관리계층은 조직운용의 효율성에 초점을 맞춘다. 특히 주변환경의 변화폭이 크고 변화속도가 빠르고 또 예측이 어려울 경우 조직운영의 핵심은 효율성에 놓여진다(Shoemaker & Reese, 1996). 티예른스트룀(Tjernström, 2000)은 환경의 변화를 크게 두 가지로 나누었다. 하나는 기계적인 통제가 가능한 변화이고 다른 하나는 조직이 유기체적인 동세력을 발휘해야 하는 변화다. 전자는 조직이 안정적인 상태에 있는 경우다. 기업은 뚜렷한 업무분장을 갖고 있고 관리조직의 위계질서나 그에 기반한 권력행사도 분명하게 작동한다. 환경이 변하더라도 조직의 기존 관행을 통해 기계적으로 대처할 수 있다. 이에 비해 후자는 변화가 끊임없이 지속되는 상황이며 경우에 따라서 변화의 폭을 예측하기 어렵다. 기술발달 속도에서부터 노동환경, 시장의 수요가 기대질서를 넘어선다. 기존 관행으로는 대처가 어렵기 때문에 변화된 상황에 맞게 통제논리가 유기적으로 적응하지 않으면 안된다.

인터넷뉴스가 뉴스산업에 가져다준 변화는 단순한 기계적인 통제로 대처가 어려운 변화라고 할 수 있다. 기존의 뉴스조직관행이나 뉴스생산관행으로 조직을 운영하는 데 한계가 있다. 전통적인 생산관행으로 인터넷뉴스의 생산양식을 수용하기 어려운 것이다. 무엇보다 인터넷뉴스는 뉴스의 전달양식에 있어 기존 뉴스와 다르다. 가이(Guay, 1996)는 인터넷은 프린트, 멀티미디어, 하이퍼텍스트, 다큐버스(docuverse), 상호작용성의 5개 정보양식을 동시에 갖고 있다고 지적했다. 이들 가운데 상호작용성은 수용자의 능동성과 결합하면서 수용자가 뉴스를 통제하고 나아가 자신의 뉴스를 생산하는 역할역전을 낳는 초적응성(hyperadaptivity)을 만들어낸다고 보았다. 파블리크(Pavlik, 2000)는 뉴스전달양식의 확대 외에도 수용자의 참여증대, 끊임없는 업데이트를 통한 역동적 뉴스제공, 수용자의 개별욕구에 맞춘 뉴스 등의 성격을 갖고 있는 인터넷저널리즘을 '맥락적 저널리즘'이라고 지칭했다. 수용자가 일방적으로 주어진 뉴스정보를 소화하는 것이 아니라 자신의 관점에서 맥락을 파악하면서 받아들인다는 것이다.

이런 인터넷뉴스의 정보양식변화는 당연히 뉴스생산과정의 변화를 초래하고 이에 따라 뉴스조직 간부들의 관리나 통제기능도 달라지게 된다. 기존 뉴스와 인터넷뉴스의 차이는 티예른스트룀(Tjernström, 2000)의 분류대로 유기체적 통제논리를 요구한다. 만일 신문이나 방송 등 기존뉴스조직이 인터넷뉴스를 생산하고자 한다면 기계적인 통제기제로 대응하기가 어려우며 기존 통제관행을 유기적으로 조정해야만 한다. 커뮤니케이션 기술은 끊임없이 변하고 있고 이에 따라 취재보도기법 역시 새로운 방법을 지속적으로 발전하고 있다. 뉴스에 대한 수용자들의 기대치 역시 점점 수용자중심의 적극적인 형태로 변하고 있으며 인터넷뉴스와 같은 새로운 뉴스상품이 시장에 진입하고 있다. 이에 대처하기 위해서는 안정적 상황에서의 기계적 대응전략을 벗어나지 않으면 안되는 것이다. 티예른스트룀은 "새로운 기술로 인한 미디어조직 행태의 변화는 관리조직의 유기체적 통제를 중심으로 파악해야 한다"고 지적했다(Tjernström, 2000: 156).

뉴스조직의 관리자들은 뉴스기업의 이념적, 경제적 목적에 합당한 뉴스내용의 생산에 기자들이 제대로 기여하고 있는지를 감시하는 책임을 진다(Napoli, 1997). 이런 관리자의 기능은 다양한 역할을 통해 이루어진다. 티예른스트룀(Tjernström, 2000)은 미디어기업의 관리조직을 설명할 수 있는 4가지 이론을 살펴보았다. 우선 관리자는 정보의 신경센터이다. 관리자는 공식적 비공식적 정보들을 수집, 서장, 공유, 처리, 분배하는 데 주목한다. 의사결정, 상황판단, 정보통제의 기능 가운데 정보통제 기능에 가장 관심을 기울인다. 두 번째는 노동과정의 관점이다. 관리자는 기업주를 대신해서 피고용인의 노동과정을 통제하는 기능을 한다. 뉴스조직의 경우 관리자는 기자들의 내부위협세력으로 이해된다. 기자집단들은 공익을 더 중요시하는 태도를 갖고 있어 사적이익을 추구하는 기업주 및 관리자그룹과 충돌하게 된다는 것이다. 다음은 대리인이론이다. 관리자는 기업주를 대신해서 피고용인들을 통제하지만 기업주의 이익만 아니라 관리자 자신의 이익도 추구한다고 본다. 기업주에서부터 피고용인에 이르기까지 모든 조직원들이 그렇다고 본다. 이들의 이기적 태도를 지적하는 '도덕적 해이'는 대리인이론의 주요개념 중의 하나이다. 때문에 조직내부에서 빚어지는 구성원들 사이의 갈등에 초점을 맞추게 된다. 마지막으로 장(field)이론은 모든 사회시스템에는 권력의 구조적 감시체제가 숨어있다는 점에 주목한다. 텔레비전 저널리즘의 장을 예를 들면 기자들은 방송시간의 한계와 같은 기술적인 제약과 자기검열을 초래하는 정치적인 제약, 그리고 경제적인 제약 때문에 현실을 있는 그대로 보도할 수 없다. 관리자는 이런 상황을 통제할 수 있는 상징적 자본과 권위를 갖고 있는 사람 가운데 하나다.

티예른스트룀(Tjernström, 2000)은 미디어환경의 변화와 관련해 특히 대리인이론에 주목했다. 앞서 봤듯이 인터넷뉴스의 등장은 미디어환경의 질적 변화를 초래하면서 조직의 위계질서가 깨어질 수도 있는 상황이다. 이는 뉴스조직 내부의 구성원들 간의 갈등을 첨예하게 이끌어 간다. 대리인이론은 미디어기업 내부의 다양한 계층들의 행태를 분석한다는 점에서 새로운 미디어환경에서 일어나는 뉴스조직 구성원간의 갈등현상을 분석하는데 효과적이다. 간부들에 의한 기자감시, 조직구성원들의 개인적 동기, 조직통제기제 등의 변수들을 분석함으로써 뉴스조직에 따라 나타나는 뉴스내용의 다양성을 이해할 수 있게 된다는 것이다.

커뮤니케이션 기술발달에 따른 조직형태의 변화에 있어 공통적인 현상은 관리계층의 축소와 위계질서의 편평화(flattening)라고 할 수 있다. 조직의 슬림화현상이 나타나는 것이다(Fulk & DeSanctis, 1995). 기존의 위계질서에 의존하는 조직은 규칙, 프로그램, 과정, 목표 등 일의 효율성을 위해 조직내부에 스며들도록 하는 정보들을 표준화하는 행위들의 합리화를 통해 조직에 대한 통제력을 확보한다. 그러나 커뮤니케이션 기술에 기반을 둔 조정과 통제수단들 때문에 인간에 의존하는 조정기능은 줄어들 수 있다. 대신 수평적인 조정과 협력체제를 만들어 내는데 이 수평적 조정 협력체제로 인해 생산과정이 달라지기도 한다. 위계질서의 상층부에 존재하는 관리계층의 약화가 불가피해질 수밖에 없는 상황이 초래되는 것이다. 티예른스트룀(Tjernström, 2000)도 유기체적 통제기제가 필요한 새로운 미디어상황에서는 관리계층의 위계질서가 사라질 수밖에 없다고 보았다. 그러나 커뮤니케이션기술의 발달은 다른 한편 탈중심화와 정반대로 조직의 중앙집중현상을 초래할 수도 있다. 풀케와 드상띠는 "커뮤니케이션기술의 발달은 조직의 탈중심화를 초래하지만 이를 통해 조직의 자율성을 상대적으로 확장하지만 동시에 감시와 중앙통제의 효율성을 증대시켜 오히려 조직의 통제력을 강화하기도 한다"고 지적했다(Fulk & DeSanctis, 1995: 341).

커뮤니케이션기술의 발달에 의해 조직의 자율성이 확대된다고 보는 것은 스태프들의 관점이라고 할 수 있다. 반면, 이를 바탕으로 한 중앙통제력이 강화된다고 보는 것은 관리계층의 관점이라고 할 수 있다. 커뮤니케이션기술의 발전에 따라 조직이 어떤 식으로 발전하느냐 하는 문제는 조직의 전략적 선택의 문제일 수도 있음을 알 수 있다. 스태프의 자율성에 무게중심을 두느냐, 아니면 관리자의 통제를 강조하느냐에 따라 커뮤니케이션기술의 발전은 전혀 다른 쪽으로 조직을 변화시킬 수 있는 것이다. 인터넷뉴스조직의 생산과정에 대한 이해는 스태프에 해당하는 취재기자의 자율성과 뉴스조직을 대신하는 간부의 통제기능 변화를 중심으로 접근할 수 있다는 것을 알 수 있다.

IV 뉴스조직의 관리 및 통제

뉴스생산과정에서 일선기자들이 가장 많이 접촉하는 관리자는 부서단위를 책임지는 부서장들이다. 이들은 취재의 계획, 기자들의 현장취재, 기사작성, 편집, 동원 및 조직, 기자충원, 기사품질관리, 마감시간 등을 통한 통제를 주임무로 삼는다(Giles, 1991). 부서장급의 간부들은 전체 뉴스생산과정에 개입하면서 통제력을 행사한다. 간부의 기자통제는 간부의 권위와 권력행사를 기준으로 크게 전제적 통제, 참여적 통제, 자유방임적 통제 등 세 가지로 나눌 수 있다. 전제적 간부는 의사를 결정하고 이를 발표하고 자신의 아이디어를 제시하고 질문을 받는다. 참여적 간부는 변화의 가능성을 전제로 한 잠정적인 결정사항을 제시하고 문제점을 적시한다. 또 한계를 설정해놓고 부서원들에게 결정할 것을 요구하거나 집단적 결정을 택한다. 자유방임적 간부는 기자들에게 범위만 설정해 준다. 이런 구분은 간부의 권위와 권력사용이 줄어들수록 기자들의 자유는 커진다는 것을 보여준다. 간부의 뉴스조직관리는 기자에 대한 통제와 기자에 대한 지원의 함수관계로 설명될 수 있는 것이다.

브리드(Breed, 1995)는 뉴스조직간부의 통제를 제도적 권위와 금지, 상급자에 대한 존경과 복종, 승진통제, 조직에 대한 충성, 취재활동, 뉴스가치 등 6가지 기제를 제시했다. 기자들은 이런 요인들을 통해 간부들과의 관계를 형성하고 그로부터 자신의 정체성을 확인한다고 보았다. 기자는 자신을 통제하고자 하는 뉴스조직의 규범에서 자유로울 수 없는 것이다. 기자의 취재보도활동은 뉴스조직의 통제를 대행하는 간부들과의 상호작용, 타협, 갈등을 전제로 이루어진다고 하겠다. 일반기자보다 자율성이 더 넓은 전문기자의 경우도 데스크들과의 관계에서 가장 높은 긴장감을 느낀다(Tunstall, 1971). 그러나 기자에 대한 간부들의 통제는 뉴스생산의 특성을 감안할 때 불가피한 측면을 갖고 있다. 록(Rock, 1973)의 말처럼 뉴스는 정해진 지면과 시간의 제약에 맞추어 뉴스를 만들어내야 하는 관행적이고 관료적 생산과정에 대한 조직적인 대응을 통해 비로소 생산이 가능하기 때문이다.

기자들의 자율성은 특히 취재보도과정의 불확실성에 의한 작업유연성의 필요성에서 비롯된다. 취재보도행위는 예측이 불가능한 사건을 대상으로 한다. 뉴스 자체가 예측이 불가능한 가변적인 상황에서 발생하기 때문에 이를 취재하는 행위 자체도 일정한 틀에 묶어 놓을 수 없다(Soloski, 1989; Tunstall, 1971). 인터넷환경에서 기자들의 유연성은 더욱 중요해진다. 카스텔스(Castells, 1996)는 인터넷시대 정보생산자들의 노동행태는 유연성에 가장 초점을 두어야 한다고 지적했다. 하반(Habann, 2000) 역시 뉴미디어에 대한 효과적인 대응은 뉴스조직이 기자들에게 얼마나 취재활동의 유연성을 부여하느냐와 밀접한 관계를 갖는다고 보았다. 그는 기존 미디어 비즈니스의 경우 조직의 안정성확보가 중요하지만 뉴미디어 비즈니스 성공의 관건은 비즈니스와 인력운용의 유연성에 달려 있다고 지적했다. 주변환경의 변화가 역동적이기 때문이라는 것이다.

기자들이 인터넷환경에 대응하기 위해 취재행위가 유연성을 발휘할 수 있도록 해주어야 한다는 것은 인터넷이 갖고 있는 시간성이 전통적인 미디어와 다르기 때문이기도 하다. 뉴스는 시간의 종속변수다. 뉴스를 결정하는 요소 중의 하나로 시의성이라는 시간성이 적용되지만 취재와 관련해서도 기자들은 마감시간이라는 시간성의 제약을 받는다. 인터넷의 시간성은 취재의 속도와 연관된다. 비릴리오(Virilio, 1996)는 인터넷뉴스의 관건은 정보 그 자체가 아니라 그 정보를 전달하는 속도라고 지적했다. 이때의 속도는 즉시성 또는 동시성으로 표현된다. 카스텔스는 이런 인터넷의 시간성을 무시간성으로 규정하기도 했다. 신문이나 방송 등 기존 뉴스미디어들의 마감시간이 하루에 2, 3회에 거쳤지만 인터넷의 무시간성은 끊임없이 뉴스를 업데이트하도록 만든다. 이런 끊임없는 업데이트는 결국 기자들의 취재행위가 유연성을 갖지 않으면 대응이 불가능하다. 이 때문에 카스텔스(Castells, 1996)는 정보화시대의 숙련노동자들은 노동과정에서 스스로 시간을 통제하고 일하는 방법을 택할 수 있는 유연성을 갖는 것이 필수적이라고 보았다.

취재보도과정의 유연성이 취재환경에 대한 효율적 적응 수준을 측정할 수 있는 기준이라면 자율성은 뉴스조직, 특히 간부들에 의한 통제와 관련있다. 유연성이란 필요한 기술을 가진 사람이 다른 상황에서 다른 임무를 자신들의 필요에 맞추어 수행할 수 있도록 허용하는 것을 의미한다(Armstrong, 1991). 이에 비해 자율성은 "독립적인 방법으로 일을 할 수 있고 자기 스스로 일을 처리하고 자기통제를 할 수 있는 능력"을 뜻한다(Watson & Hill, 1997: 12). 따라서 자율성은 자신의 직업에 충실하게 적극적으로 헌신할 수 있는 정도를 가늠해준다(Russo, 1998). 루소는 "자율성은 기자가 자신의 직업에 헌신할 수 있는 정도를 말한다는 점에서 기자의 프로페셔널리즘을 가늠하는 주요인 가운데 하나"라고 말했다(Russo, 1998: 75). 기자의 자율성은 기자가 자기가 취재해야 한다고 생각한 사건을 취재할 수 있는 정도, 스스로 뉴스선택을 할 수 있는 정도, 사건의 핵심을 스스로 결정할 수 있는 정도를 의미한다(Johnstone et al., 1976; Weaver & Wilhoit, 1986, 1996). 즉 유연성은 취재과정에서의 행위의 자유를 의미하지만 자율성은 이를 포괄하는 취재 및 보도과정 전체에 걸친 독립성과 관련된 개념이라고 할 수 있다. 물론 취재보도의 유연성과 자율성이 정면으로 배치되는 개념이라고 할 수는 없다. 뉴스생산과정에서 기자가 독립적으로 취재이슈에 대응하려면 불가측적인 상황에 유연하게 대처할 수 있어야 하기 때문이다. 유연성이나 자율성 모두 이에 대한 상대적 개념인 통제로부터의 자유로움을 요구한다. 그러나 유연성에 비해 자율성은 뉴스조직에 의한 통제와 직접적으로 맞부딪치는 개념으로서 통제와 보다 직접적으로 관련성을 갖는다고 할 수 있겠다.

유연성과 자율성에 관한 논의, 특히 자율성이 뉴스조직의 통제와 갈등적 관계를 갖고 있다는 분석은 인터넷뉴스의 취재과정에서 요구되는 유연성만으로 기자의 자율성이 확보되는 것이 아니라는 것을 설명해준다. 취재과정의 유연성에도 불구하고 간부들은 뉴스선택에서부터 뉴스의 중요성을 결정하는 행위에 이르기까지 개입할 수 있는 것이다. 이런 점에서 인터넷뉴스 생산에 있어 뉴스조직의 변화가능성과 간부들의 기자에 대한 통제기제의 변화가 취재과정의 유연성을 넘어선 기자의 자율성으로 이어지는지에 대한 분석은 중요하다고 할 수 있다.

V 인터넷뉴스 생산조직의 구성과 운영

전통적인 저널리즘인 신문이나 방송이 인터넷뉴스를 생산하는 것은 엄밀히 말해 인터넷뉴스만의 생산을 의미하는 것은 아니다. 인터넷뉴스는 물론 기존의 미디어인 신문과 방송의 뉴스도 생산해야 하기 때문이다. 뉴욕타임즈가 목표로 하는 플랫폼 중립(platform neutrality)의 개념이 바로 그것이다. 뉴스기업은 뉴스라는 콘텐츠를 생산하는 것이 핵심이지 어떤 플랫폼으로 뉴스를 내보내느냐는 이제 더 이상 중요하지 않다는 것이다. 이런 점에서 인터넷뉴스 생산조직의 특성을 알아보기 위해서는 멀티플 미디어뉴스를 위한 뉴스조직 형태의 분석을 통해 접근하는 것이 타당하다고 하겠다.

멀티플 미디어뉴스와 멀티미디어뉴스는 서로 다른 개념이다. 멀티미디어뉴스는 뉴스콘텐츠를 텍스트, 이미지, 음성, 데이터 등 멀티미디어적 표현요소들을 동시에 동원해 제작하는 것을 말한다. 인터넷뉴스가 기술적 특성을 기반으로 제공할 수 있는 가장 차별적 뉴스가 멀티미디어뉴스라고 할 수 있다. 이에 비해 멀티플 미디어뉴스는 신문, 방송, 인터넷 등 복수의 미디어 플랫폼에 적용할 수 있는 뉴스를 의미한다. 인터넷뉴스가 창출하는 멀티미디어뉴스는 멀티플 미디어를 통해 제공될 수 있는 뉴스콘텐츠의 하나라고 할 수 있다. 플랫폼 중립의 관점에서 볼 때 인터넷뉴스를 생산하는 뉴스조직의 형태는 멀티플 미디어뉴스의 생산조직이라고 할 수 있을 것이다. 그러나 아직 완벽한 형태의 멀티플 미디어 뉴스를 생산하는 조직이 구체적으로 실현된 적은 없다. 대부분은 기존의 전통 저널리즘의 뉴스조직에서 점진적으로 변해나간다. 아퀴노 등(de Aquino et al., 2002)은 모노미디어에서 멀티플 미디어조직으로의 변화는 뉴스조직의 멀티플 미디어로의 융합 정도를 기준으로 볼 때 4단계로 접근할 수 있다고 보았다.

가장 초보적인 멀티플 미디어뉴스조직으로의 변화는 전통적인 뉴스조직에서 90도 정도의 변화가 이루어진 상태라고 할 수 있다. 멀티플 미디어로의 변화를 위한 준비가 아주 느리며 이로부터 어떤 전략적 이득도 기대하지 않는 단계이다. 기사들은 멀티플 미디어전략을 개인적으로 접근하며 뉴스조직의 지원이나 통제도 없고 나아가 미디어융합을 위한 연구개발도 없다. 1백80도 정도의 멀티플 미디어융합은 경영진이 미디어융합과정에서 개입한다. 그럼에도 아직 전략이나 예산의 배정, 융합의 계획표나 훈련과정 등에 대해 정해진 것은 없다. 기자들은 멀티플 미디어 기사쓰기에 적응하기 위해 노력하고 광고부서도 멀티플 미디어광고 판매방법을 개발하기 시작한다. 또 멀티플 미디어 뉴스조직의 간부를 임명해 기존 뉴스조직의 편집회의에 참석한다. 서로 다른 미디어의 기자들이 한 뉴스조직에서 근무하면서 협력체제를 갖추기도 한다. 2백70도의 융합에서는 멀티플 미디어 뉴스조직의 최고책임자를 모기업의 이사급으로 임명할 정도로 멀티플 미디어전략이 구체화된다. 기자들에 대한 멀티플 미디어 기술교육도 실시된다. 멀티플 미디어뉴스작성을 위해 다양한 기술을 개발해 뉴스를 다른 미디어로 전송할 때 사람의 개입 없이 자동적으로 처리되도록 한다. 기자채용때 멀티플 미디어뉴스 제작가능한 자를 우선고려한다. 3백60도 융합은 멀티플 미디어뉴스의 제작이 자동적으로 가능한 상태다. 기자들은 교육 없이도 멀티플 미디어 뉴스제작이 가능한 수준에 이를 정도가 되며 따라서 멀티플 미디어제작기술은 기자들의 필수조건이다. 뉴스룸은 신문, 방송, 인터넷뉴스제작을 위한 장비들이 완전히 통합되어 있으며 기자들 역시 모든 미디어를 수용할 수 있다. 뉴스의 선택기준도 멀티플 미디어관점에서 이루어진다.

이런 구분에서 보듯이 인터넷뉴스의 성격을 가장 잘 드러내주는 멀티미디어뉴스를 생산할 수 있는 단계는 멀티플 미디어뉴스의 생산이 자동적으로 가능한 360도 멀티플 미디어생산 체제라고 할 수 있다. 인터넷뉴스의 생산관행이 기존의 관행들과 구분되는 특성이 구체적으로 드러나는 것은 결국 모든 플랫폼들을 대상으로 하는 뉴스를 생산할 수 있는 상황에 이르러서야 가능하다는 것을 보여준다. 그 이전의 뉴스생산관행, 또는 뉴스조직의 운영과 통제관행은 전통적인 뉴스조직의 그것과 크게 다르지 않다는 것이다. 이런 점에서 멀티플 미디어 뉴스생산의 실험모델을 개발 중인 미국 사우스 캐롤라이나 대학의 뉴스플랙스(Newsflex) 프로젝트에 주목할 필요가 있다.

이 프로젝트의 책임자이기도 했던 노드럽(Northrup, 2000a)은 멀티플 미디어 뉴스조직의 관건은 유연성이라고 강조하면서 이를 충족하기 위해 필요한 세 가지 조건을 제시했다. 첫째, 보다 많은 기자들이 의사결정과정에 참여할 수 있어야 하며 이들은 모두 자유롭게 정보에 접근하고 공유할 수 있어야 한다. 둘째, 뉴스조직은 특정미디어 중심의 뉴스생산이 아닌 뉴스스토리 중심으로 운영되어야 한다. 셋째, 기자들은 모든 양식의 정보들을 수집해야 하며, 이를 위해 뉴스수집방식의 다양화가 필수적이다. 이런 조건들을 현실화시키는 데 가장 중요한 존재로 노드럽(Northrup, 2000b)은 기존 뉴스조직과 전혀 다른 유형의 다양한 수준의 관리자를 꼽았다. 먼저, 멀티플 미디어 뉴스조직의 최고책임자는 단순한 CIO(Chief information officer, 최고정보 책임자)가 아니라 CEIO(Chief editorial information officer, 최고정보편집 책임자)여야 한다. CEIO는 토털매지니먼트의 관점에서 뉴스조직을 운영해야 한다. 전화응대부터 보도자료정리, 기자가 취재원으로부터 수집해온 파일의 관리, 탐사보도를 위한 조사지원, 인터넷 검색 등을 모두 처리할 수 있어야 한다. 취재수집해온 정보들의 데이터 베이스화 여부를 결정한다. CEIO는 최종 결정권자이기도 하지만 통제에 초점을 두기보다는 뉴스조직의 조직화에 무게를 둔다. 다음은 스토리 매니저다. 이 역시 통제보다는 효율적인 취재와 뉴스게재에 역점을 둔다. 기존 뉴스조직의 데스크급 간부의 역할과 비슷하지만 본질적으로 뉴스취재의 코디네이터역할을 한다. 또 기사의 질에 대한 통제보다는 기사질의 제고에 중점을 두어야 한다. 일종의 스토리 어드바이저역할과 기사작성코치역할을 해야 하는 것이다. 이런 분석들은 멀티플 미디어 뉴스조직의 간부들은 기존 뉴스조직의 간부가 갖는 통제중심의 조직운영방식에서 벗어나야 한다는 것을 보여준다. 나아가 조직을 통제하기보다는 직접적인 뉴스생산주체인 기자들의 뉴스생산활동을 지원하는 쪽에 더 중점을 둔다는 것을 알 수 있다.

이처럼 인터넷뉴스의 생산과정에 있어 뉴스룸 간부에게 요구되는 통제능력은 지시하달이 아니라 구성원들의 작업을 유기적으로 연결해주는 능력이라고 할 수 있다. 이런 점에서 하반은 변화가 심한 멀티미디어환경에서 “관리자는 조직의 유연성을 확대하기 위해 각 기능들을 유기적으로 연결시켜주는 능력이 필요하다”고 지적했다(Habann, 2000: 20). 가일(Gile, 1991)의 분석대로 전제적 간부가 아닌 참여적 간부 또는 자유방임적 간부가 더 적합하다고 할 수 있는 것이다. 노드럽(Northrup, 2000c)은 멀티플 미디어뉴스를 다루는 기자는 생산과정에서 능동적이고 적극적인 역할을 해내야 한다고 지적했다. 뉴스의 어떤 측면이 어떤 플랫폼에 적합할 것인지를 현장에서 즉각적으로 판단해야 한다. 이것이 가능하자면 취재현장에서부터 뉴스조직의 간부의 지시를 벗어나 스스로 뉴스의 가치를 판단하고 어떤 미디어에 적용할 것인지를 결정할 수 있는 관행을 구축하지 않으면 안된다. 결국 간부의 통제기능을 수정해야 한다는 것이다. 다시 말해 멀티플 미디어뉴스의 생산을 위해 뉴스조직의 구성과 운영은 기존의 뉴스조직이 갖고 있는 통제중심의 논리에서 벗어나지 않으면 안된다는 것을 알 수 있다. 간부들은 통제보다 조직의 유기적 통합을 구축하는 작업을 하고 기자들의 생산과정에서의 유연성과 자율성을 부여해야 한다는 것이다.

VI 저널리스트의 기능변화 필요성

이 글은 인터넷뉴스의 생산이 뉴스조직의 성격을 어떻게 변화시킬 것인가에 대해 이론적 논의를 중심으로 접근한 연구이다. 인터넷뉴스가 갖고 있는 뉴스텍스트의 차별적 특성이 뉴스생산의 주체인 뉴스조직의 대응태도를 바꾸어 놓을 것은 분명하지만 이것이 어떤 형태로 나타날 것인가 하는 점은 디지털시대의 뉴스생산전략을 마련 중인 전통적인 뉴스조직에게 중요한 과제라고 할 수 있다. 간부를 중심으로 형성되는 통제기제와 취재현장에서의 취재기자들이 주장하는 자율성이 어떻게 달라지느냐 하는 문제는 특히 중요하다. 이 둘은 전통적인 뉴스생산과정을 결정짓는 핵심적인 관행이기 때문이다. 분석에 의하면 멀티플 미디어뉴스 생산조직은 간부의 통제기능의 변화를 강조한다. 통제가 아니라 조정자로서의 기능변화를 요구한다. 취재현장에서의 불확실성 및 유동성, 그리고 멀티플 플랫폼에의 적응성을 강화하기 위해 현장에서의 의사결정이 보다 중요해지기 때문이다. 이는 뉴스조직 내부의 커뮤니케이션 체제를 비롯해 뉴스조직의 운영과 관련된 많은 요소들, 다시 말해 뉴스조직문화의 전반적인 변화를 초래할 수 있는 중요한 의미를 갖는다. 향후 인터넷뉴스 생산을 위한 조직적 변화를 실증적으로 분석할 때 이런 점에 초점을 맞추는 것이 필요하다고 본다.

참고문헌

Armstrong, M.(1991), *A Handbook of Personnel Management Practice* (4th Ed.), London: Kogan Page.

de Aquino, R., Bierhoff, J., Orchard, T. & Stone, M.(2002), *The European Multimedia News Landscape*, Brussels: MUDIA.

Breed, W. (eds.). (1955), Social control in the newsroom: a functional analysis, In O. Boyd-Barrett and C. Newbold, "*Approaches to Media-A Reader*": 277–282, London: Arnold.

Castells, M.(1996), *The Rise of the Network Society*, Oxford: Blackwell.

The EC.(1997), *Interactive Digital Media-The Impact of Technology to 2003*, Brussels: The EC.

Evans, P. & Wurster, T.(1997), "trategy and the New Economics of Information", *Harvard Business Review*, September-October: 71–82.

Fulk, J. & DeSanctis, G.(1995), "Electronic Communication and Changing Organizational Forms", *Organizational Science* 6(1): 337–349.

Giles, R. H.(1991), *Newsroom Management-A Guide to Theory and Practice.* Detroit, MI: Media Management Books, Inc..

Guay, T.(1995), *WEB Publishing Paradigms*, http://hoshi.cic.sfu.ca/–guay/paradigm/Paradigm.html

Habann, F.(2000), "Management of Core Resources: The Case of Media Enterprises", *Journal of Media Management* 2(1): 14–24.

Hendricks, P.(1999), *Newspapers: A Lost Cause*, Amsterdam: Kluwer Academy Publishers.

Johnstone, J. W. C., Slawski, E. J., & Bowman, W. W.(1976), *The news people: A sociological portrait of American journalists and their work*, Urbana: University of Illinois Press.

Napoli, P. M.(1997), "A Principal-Agent Approach to the Study of Media

Organizations: Toward a Theory of the Media Firm", *Political Communication* 14: 207–219.

Northrup, K. J.(2000a), "*Smart newsrooms*", Newsplex: Knowledgebase, http://www.newsplex.org/knowledgebase/concepts4.shtml

Northrup, K. J.(2000b), "*New Journalists*", Newsplex: Knowledgebase, http://www.newsplex.org/knowledgebase/concepts3.shtml

Northrup, K. J.(2000c), "*Whats the Story?*", Newsplex: Knowledgebase, http://www.newsplex.org/ knowledgebase/concepts2.shtml

Palmer, J. & Eriksen, L.(1999), "Digital News-Paper, Broadcast and More Converge on the Internet", *Journal of Media Management* 1(1): 31–34.

Pavlik, J. V.(2001), *journalism and new media*, New York: Columbia University Press.

Rock, P.(1973), "News as eternal recurrence", In S. Cohen & J. Young (Eds.), *The manufacture of News*: 73–83. London: Constable.

Russo, T. C.(1998), "Organizational and Professional Identification: A Case Newspaper Journalists", *Management Communication Quarterly* 12(1): 72–111.

Shoemaker, P. J. & Reese, S. D.(1996), "*Mediating the Message*" (2nd Ed.), New York: Longman Publisher.

Soloski, J. B.(1989), "News reporting and professionalism: some constraints on the reporting of the news", *Media, Culture and Society* 11(2): 2–18.

Tjernstrom, S.(2000), "Public Service Management: Toward a Theory of the Media Firm", *Journal of Media Management* 2(3–4): 153–164.

Tunstall, J.(1971), "*Journalists at Work*", London: Constable.

Virilio, P.(1996), "Speed and Information: Cyberspace Alarm", *Ctheory*, http://www.freedonia.com/ctheory/a30-cyberspace ararm.html

Watson, J. & Hill, A.(1997), "*A Dictionary of Communication and Media Studics*" (4th Ed.), London: Arnold.

Weaver, D. H. & Wilhoit, G. D.(1986), *The American Journalist*. Bloomington, IN.: Indiana University Press.

Weaver, D. H. & Wilhoit, G. D.(1996), *The American Journalist in the 1990s: U. S. newspeople at the end of an era*, Mahwah, NJ: Lawrence Erlbaum.

Wirtz, B. W.(1999), "Convergence Processes, Value Constellations and Integration Strategies in the Multimedia Business", *Journal of Media Management* 1(1): 14–22.

사이버공간의 사회적 관계와 자율성

박창호

I 사회적 공간으로서의 사이버공간

1. 사이버공간의 출현과 의미

오늘날 엄청난 변화의 핵심에는 기술이 자리하고 있다. 기술로부터 모든 변화는 시작되고 있다. 그러기에 우리는 기술로부터 사회를, 그 사회적 결과를 설명할 필요가 있다. 그러나 이러한 방법은 항상 기술주의라는 비판을 받아왔다. 모든 사회의 변화를 기술을 통해 설명하다 보면 기술의 사회적 채택과정과 활용에서 나타난 기술 외적인 측면을 무시하는 결과를 초래할 수 있다. 그러나 기술주의에 대한 비판에서 벗어날 필요가 있다. 그 이유는 기술이 낳는 사회적 결과를 무시한다는 데 기술주의의 함정이 있는 것이지, 기술을 분석하는 그 자체를 기술주의라고 폄하해서는 안 되기 때문이다. 또한 오늘날의 기술은 과거의 기술과 다르게 나타나는데, 그것은 곧 커뮤니케이션 테크놀로지를 중심으로 확장되고 있다. 기술의 양상은 지금껏 인간의 외적 능력 — 자연에 가하는 힘 — 을 확장시켰던 기계중심의 기술인데 비해, 오늘날의 기술 핵심은 커뮤니케이션 기술로서 인간의 내적 능력을 확장시켜 또 다른 사회변화를 야기하고 있다. 그래서 기술은 이제 외적인 현상이 아닌 내적인 동력인 것이다(라도삼, 1999: 24~25).

엄청난 속도로 변화하는 기술과 그에 적응해야 하는 사회는 위기에 내몰리기 쉽다. 총체적인 변화에 대해 사회과학으로 설명하지 못하게 된다면 이 또한 위기이다. 이러한 위기는 변화에 의해 초래되는 것이 아니라 변화를 바라보지 못하는 현실에 있다. 오늘날의 인간 내적 능력의 확대를 가져온 커뮤니케이션 기술은 그 이전의 기술과 달리 쌍방향과 탈중심화의 형태를 신장시켜 인간의 자율권 확장이라는 분명한 특징을 보여주고 있다. 따라서 사회는 지배 구조 자체에 관심을 두는 것이 아니라, 조건을 변화시키는 매개체들의 능력에 관심을 둔다(Poster, 1998: 34~40). 사회는 구조에서 개인으로, 중심에서 주변으로 확장 이전하고 있다. 이러한 이전은 현실 공간뿐만 아니라 컴퓨터기술이 만들어낸 사회적 결과인 사이버공간에서 더욱 뚜렷하다. 컴퓨터라는 미디어는 가상과 현실의 구분을 모호하게 하며 나아가 가상이 현실을 지배하는 새로운 변화를 우리에게 경험하게 한다. 이러한 이유에서 정보사회의 사회학이 현실(real world)에만 그 영역을 고집한다면 새로운 공간인 가상세계에서 나타나는 수많은 인간들의 현상을 제대로 바라보지 못하는 위기에 놓이게 될 것이다. 이제 우리는 디지털 혁명과 함께 우리의 관심을 가상세계(virtual world)에서의 인간 관계망과 상호작용에 두어야 한다. 그래서 디지털 혁명은 사회학의 연구영역을 더욱 확대하고 있는 것이다. 사회학은 현실과 가상세계를 넘나들면서 근대성의 한계를 현실의 저쪽인 사이버공간에서 극복할 수 있는지 조망하는 것이 필요하다.

컴퓨터의 사이버공간은 실재하지 않는 허구인가? 사이버공간에 대한 평가는 사이버공간에 대한 인간의 인지경험과 관계있다. 즉 사이버공간은 인간세계와 연결된 것인지 아니면 인간세계와 구분되는 또 다른 세계인지 나름대로 경험을 가지고 평가될 수 있다. 다시 말해 사이버공간이 환영인지 아니면 실제세계와 다르지 않은 현실의 연장인지에 대한 물음이다. 사이버공간에서 일어나는 인간의 인지경험은 다른 말로 가상현실(virtual reality)이다. 이러한 가상현실에 대한 실제성 여부가 사이버공간에 대한 허구성 논의를 보다 분명하게 해 줄 수 있다. 가상현실은 CAD 소프트웨어 회사인 오토데스크(Autodesk)사와 컴퓨터 회사인 VPL사가 1989년 '가상현실' (Virtual Reality)이란 새로운 기술을 발표하면서 알려졌다. 이 기술에 대해 홍보한 내용은 다음과 같다. "가상현실은 예술작품처럼 구성할 수 있고, 무리세계처럼 공유되고 객관적으로 존재하면서, 꿈처럼 무제한적이며 무해하다. 금세기가 지날 때쯤 가상현실이 폭넓게 이용될 때, 그것은 물리적 현실 내에서만 사용되는 미디어가 아닌 부가적 현실로 간주될 수 있다. 가상현실은 새로운 이념과 가능성의 대륙을 펼쳐 보일 것이다" (Rhingold, 1991: 154). 가상현실은 부가적 현실이라고 함으로써 인간에게 덤으로 주어진 또 다른 현실이며, 궁극적으로 현실에서 불가능한 것을 한껏 펼쳐 보이는 공간인 것이다.

가상(Virtual)이란 단어는 '논리적으로 또는 결과적으로 존재하지만, 실제적으로 존재하지 않은 것' (being in essence or effect, but not in fact)이라는 사전적 의미를 따를 때, 가상현실은 본질적으로 존재하는 사건이지만 실제적으로 존재하지 않는 것이라고 말할 수 있다. 하지만 분명한 것은 가상현실은 인간과 컴퓨터가 연결하는 일종의 인터페이스를 통해 경험되는 사건이다. 이러한 인터페이스는 크게 세 단계로 분류된다. 첫 번째 단계는 컴퓨터는 명령만 내리면 수행하는 도구로서 모든 통제권이 인간에 있던 시기였다. 두 번째 단계는 인간과 컴퓨터가 대화하는 단계로서 시스템 내의 설계를 통해 어느 정도 컴퓨터에 통제권을 줌으로써 인간과 컴퓨터가 통제권을 공유하는 시기이다. 어떤 경우는 컴퓨터가 인간보다 더 많은 지식을 가지고 있어 인간을 통제하는 경우도 있다. 세 번째 단계는 시스템이 특정한 환경을 그대로 모방하는 수준의 시기이다. 사용자인 인간의 명령을 따르지 않고 인간은 컴퓨터에 의해 그저 데이터원으로 취급되는 단계이다(Spring, 1994: 26~28). 세 단계의 과정에서 현재의 사회적 환경이 어느 수준에 있는가 하는 논의는 여기서 중요하지 않다.

우리가 주목하는 것은 가상현실은 현실공간이 아닌 사이버공간에서 일어나는 것이다. 윌리엄 깁슨은 이러한 사이버공간에서 인간의 신경과 컴퓨터가 연결되어 '공감적 환상'(consensual hallucination)이 일어난다고 묘사했다. 가상현실과 사이버공간에 대한 논의는 어쩌면 공감적 환상에 대한 것이다. 여기서 공감은 세상의 수많은 사람들이 컴퓨터통신망으로 연결됨으로써 이루어진다. 공감적 환상이란 모든 사람들에게 공감을 불러일으키는 환상을 뜻한다. 단순히 인간의 주관적 환상이 아니라 모든 사람들이 동시적으로 경험하는 간주관적 환상이다. 결국 공유하는 환상은 개별적 환상이 아닌 사회적 환상이고 사이버공간은 사회적 공간이다. 그리고 사이버공간은 실제로 현존하지 않은 컴퓨터에 의한 은유적 공간이기 하지만 그 이면에는 새로운 사회관계와 인지능력의 변화를 경험하는 공간이며, 이러한 것들이 가능하게 하는 것은 기술과 산업의 발달이다. 컴퓨터통신은 기계를 매개로 하지만 그 핵심은 인간과 인간의 관계이다.

2. 사이버공간의 특징

컴퓨터통신을 통해 만들어지는 사이버공간(cyber-space)은 인간들의 상호작용이 활발한 사회적 공간으로 자리 잡고 있다. 사이버공간은 컴퓨터 사용자라면 누구나 경험하는 공간이며 상호작용할 수 있는 수단으로서의 기술적 공간이기도 하다. 컴퓨터통신은 비트와 네트의 결합으로서만이 그 의미를 가진다. 컴퓨터통신은 1969년에 미 국방성에서 핵전쟁에 대비하여 만든 ARPANET에서 시작되었다. 컴퓨터통신이 의미를 가지기 위해서는 비트와 네트의 결합이 이루어져야 한다. 이러한 비트와 네트의 결합으로 만들어진 컴퓨터 통신에 의한 공간이 실제인가를 놓고 여러 학자들이 관심을 두고 있다. 물론 물리적 공간은 아니지만, 실제로 컴퓨터 네트워크는 수많은 사회적 공간을 창출해내고 있다. 사이버공간으로서 컴퓨터통신망은 여러 공동체를 만들고, 이러한 가상공동체에서 사람들은 실제 생활에서 하는 것들을 거의 그대로 행한다. 레인 골드의 지적처럼 '우리는 우리의 육체를 뒤에 남겨 두어야 한다'는 게 차이 날 뿐이다(Rheingold, 1993: 3).

사이버공간(cyber-space)은 미국작가인 윌리엄 깁슨(W. Gibson)이 1980년대 초 그의 첫 장편소설 『뉴로맨서』(Neuromancer)에서 처음으로 등장한 용어이다(Gibson, 1984). 캐나다 뱅쿠버의 그랜빌 스트리드의 한 비디오 가게에서 화면에 몰두해 있는 어린이의 모습에서 떠올린 사이버공간은 마치 아이가 비디오 속의 공간에 대해 그 실체를 믿고 있는 듯이 빠져드는 것을 보고 생각해 낸 것이다. 깁슨은 인간은 누구나 자신이 목격한 상상의 영역을 믿고 있다고 생각하고 스크린 뒤의 실제적인 물리적 공간도 존재하는 것으로 믿고 있다는 것이다. 이러한 스크린 뒤의 영역을 사이버공간(cyber-space)이라고 그는 이름을 붙였다. 사이버공간은 '컴퓨터 테크놀로지가 형성하는 감각적 환영의 세계' 혹은 '정보와 의견의 소통환경'을 가리키는 개념이다(라도삼, 1999: 29). 다분히 기술적이고 소설적인 환상에 불과했던 이 개념은 오늘날 와서 매우 중요한 개념으로 받아들여지고 있다.

원래 사이버공간의 사이버(cyber-)는 가짜(virtual)란 의미를 담고 있다. 현실에 존재하지 않고 다만 컴퓨터와 미주하고 있을 때 우리가 경험하는 공간이다. 현실이냐 아니냐를 놓고 본다면 분명히 사이버공간은 허구의 영역이다. 그러나 꼭 그렇게만 볼 수 없는 부분도 있다. 모든 미디어는 현실의 공간을 뛰어넘는 '가상'의 상상공간을 창출하고 있는 셈이고, 모든 미디어는 자신의 사이버공간을 갖고 있는 셈이다. 예를 들어, 칸트의 책을 읽음으로써 우리는 적어도 2백여년 전의 칸트와의 만남이 가능하여 시간적 거리를 없애고, 텔레비젼의 방송은 송신자와 수신자 사이의 공간적 거리를 없애주고, 전화는 멀리 있는 친구와 만나게 해주고, 팩스는 원거리 사이의 텍스트 교환을 가능하게 한다. 모두가 현실의 공간을 뛰어넘는다는 점에서 상상의 가상공간이다. 미디어는 시간과 거리를 뛰어넘어 공간을 지배하고자 하는 인간의 욕망을 실현시키는 수단이라는 설명(Innis, 1964)이나 각각의 미디어가 우리에게 다른 공간을 제공한다는 주장(Bolter, 1991)은 미디어를 통한 만남이 모두 '가상' 공간으로 이루어졌다는 것이다. 그렇게 볼 때 사이버공간이 새롭게 중요하게 취급될 이유는 없는 것이다.

그러나 본질적으로 컴퓨터와 네트워크 환경, 즉 사이버네틱 환경에서 경험하는 사이버공간은 과거의 미디어와 차원을 달리한다. 과거의 미디어가 송신자에 의해 완성된 텍스트를 일방적으로 전달하는 형태를 띠었다면, 고도의 상호작용성을 보장하는 사이버네틱 환경은 송신자와 수신자를 동일한 커뮤니케이션 이용자 혹은 행위자로 만들면서 그들이 함께 참여하여 텍스트를 만들도록 한다. 송수신자들이 물리적 공간에 모여 있지도 않은 채, 모두들 아무런 규제와 간섭 없이 텍스트의 생산과 교환, 소비과정에 참여하면서 자신들만의 사회공동체 질서를 만들어 간다. 그러기에 그들은 송신자의 텍스트, 즉 구조에 갇혀 있던 오래된 근대적 수용자를 텍스트로부터 해방시키고, 텍스트의 참여자이자 이용자로서 탈바꿈시킨다. 이제 모든 텍스트(구조)가 개인을 만드는 것이 아니라, 개인이 텍스트를 만드는 것이다(라도삼, 1999: 28~29). 통신망 자체가 중앙집권적 네트워크에서 자율분산형 네트워크로 발전할 수 있도록 한 인터넷 기술의 발전이 크게 한몫

한 것이다.[1] 그러나 문제는 기술이 아니라 기술이 낳는 사회적 결과이다. 컴퓨터라는 미디어를 통해 가상과 현실의 구분이 이제 없어지고, 나아가 가상이 현실을 지배해 나간다는 사실이다. 우리는 현실과 구분되는 또 다른 세계, 사이버공간에 대해 두 가지 점에서 주목할 만 하다. 그것은 '탈구조화'와 '탈물질화'이다. 우선 탈구조화에 대해선 다음과 같이 설명할 수 있다. 일반적으로 인식되어 온 세계는 아날로그 세계였다. 아날로그 세계란 빛의 흐름과 신호의 강약으로 이루어진 세계로 모든 것은 연속적이 흐름으로 구성된다. 이에 반해 컴퓨터와 네트워크로 형성된 사이버공간은 '디지털의 세계'다. 사이버공간에서 모든 것은 0 과 1 혹은 on 과 off, 흐름과 단절이라는 이진법의 부호로 표현된다. 이진법의 부호를 비트라고 하는데 비트란 곧 현실세계(real world)의 물질을 컴퓨터가 인식할 수 있도록 최소의 정보단위로 전환시킨, 미세한 단위로 분리되어 정보형태로 전환된 물질이다. 그러나 현실세계의 물질과 다르다. 현실세계의 물질은 형체를 가지면서 하나의 구조를 이루고 있고, 구조를 이루고 있어야만 의미가 있다. 그러나 0 혹은 1로 분화된 물질인 비트는 더 이상 구조를 갖지 않는다. 그래서 비트란 물질로부터 벗어난 '탈물질화된'(dematerialized) 기호이다.

또한 사이버공간은 구조에서 속박되지 않은 탈구조화의 세계이다. 현실계의 모든 것은 하나의 결박된 상태로 존재하기 때문에, 이미 존재 이전의 선험적인 질서에 의해 구조화되어 있다. 인간은 국가, 민족, 성, 계급 등에 매여 있고, 거기서 정체성을 갖는다. 그러나 가상계에선 선험적인 질서는 없다. 물질적 결박상태에서 벗어나 자유롭게 떠다니게 된다. 비트는 물질로부터 자

1) 자율분산형이라는 구조는 인터넷이 본래 미국국방성의 연구 프로젝트로, 컴퓨터를 상호 접속하는 광역 통신망 '알파넷'(ARPANET)용으로 만들어졌기 때문이다. 이러한 구조는 만약 핵전쟁이 통신망이 끊어져 전체 통신망을 관리하지 못하더라도 남아있는 일부 통신망으로도 군사적인 명령이나 정보를 전달할 수 있도록 만든 것이다. 일본의 고베 대지진 당시 전화망은 복구가 쉽지 않았지만 인터넷은 무사한 네트워크만으로 재빨리 가동되는 것은 인터넷이 가진 기술적 구조 때문이다(이케다 노부오. 1999).

유롭다. 인간은 그 자체 인간일 뿐이다. 그는 어떤 특정한 중심에 속하지도 않고 어떤 구조에 결박된 종속적 위치도 아니다. 구조와 질서와 체계로부터 벗어난 '탈구조화된'(detructuralized) 세계이다(라도삼, 1999: 30~32).

사이버공간의 탈물질화와 탈구조화는 현실의 양식과 규범마저도 변화하게 만들어 오래된 근대의 문명은 새로운 탈근대의 문명에 도전을 받고 있다. 과학의 이름으로 질서를 부르짖던 근대의 모습은 이제 과학의 발달로 새로운 탈근대의 모습이 출현하고 있다. 이는 컴퓨터 네트워크로 형성된 온라인(on-line)의 세계가 들어서면서 나타난 것이다. 이제 세계는 하나의 네트워크로 연결되는 인터넷으로 물리적 거리를 0으로 만들었다. 누구나 참여할 수 있는 개방형 서버인 인터넷[2)]은 근대적인 국가질서와 법체계로부터도 벗어나 자신들만의 원칙과 체계를 작동시키고 있다. 수많은 비트의 작용은 네트를 통해 현실계를 벗어나 새로운 세계를 만들어가고 있다. 이러한 세계는 영토도 없고 구조도 없는 무한의 공간이다.

인터넷이 만들어낸 사이버공간의 특징을 다음과 같이 정리할 수 있다. 첫째, 사이버공간은 비트의 공간이다. 물질이 아닌 비트로 전환된 물질들이 활동하는 공간이다. 탈물질화된 비트들의 공간이다. 둘째, 사이버공간은 현실계의 원리와 경계로부터 벗어난 공간이다. 현실계의 물리적 한계, 즉 시간과 거리, 정치적인 국경, 인종과 민족, 계급과 성으로부터 벗어나 있다. 셋째, 사이버공간은 특정한 구조와 질서의 체계를 전제하지 않는다. 컴퓨터와의 인터페이스를 통해 컴퓨터를 켜놓고 과정에서 순간적으로 존재할 뿐이다. 그래서 탈구조화된 공간이다. 넷째, 사이버공간은 커뮤니케이

2) 인터넷의 기본구조는 컴퓨터의 다양한 프로토콜을 TCP/IP의 패킷으로 표준화되어 있다. 모든 데이터를 공통 언어인 TPC/IP 패킷으로 변환하여 보내기 때문에 어떤 종류의 컴퓨터라도 인터넷 프로토콜로 변환시키는 프로그램만 있으면 모든 정보를 패킷에 담아 상대를 가리지 않고 보낼 수 있다. 이런 특징 때문에 인터넷을 아무나하고 붙어먹는 창녀 같은 존재로 보는 이도 있다(이케다 노부오, 71-3).

션으로 형성되는 사회이기에 '육체'를 매개로 하지 않는다. 육체적인 직접적인 만남을 대체시키고 새로운 유형의 사이버인간을 만들어낸다. 마지막으로 사이버공간은 가장 핵심적인 사회적 공간을 형성한다. 비트와 네트를 매개로 한 새로운 유형의 공동체를 형성하며, 현실의 경계를 뛰어넘어 새로운 사회적 관계망을 형성하고 있다(라도삼, 1999: 33~37).

위와 같은 특징에서 사이버공간은 근대세계의 한계를 극복하는 변화의 공간이며 동시에 근대사회의 변화를 몰고 올 변화의 수행자이다. 네크로폰테는 이러한 변화를 수행하는 것이 인터넷이라고 말하면서 사회를 지배하는 것은 탈중심화(decentralizing), 세계화(globalizing), 조화력(harmonizing), 분권화(empowering)의 네 가지 특징이라고 주장한다(Negroponte, 1995: 173). 사이버공간은 주체이면서 객체인 행위수행자들이 무수히 역할수행을 하는 탈근대의 공간이다. 지난 근대의 모습에서 구조냐 행위냐의 문제로 벌여온 사회학의 논쟁은 공간의 확대로 국가든, 개인이든, 조직이든 인터넷과 연결해서 생각해야 한다. 인터넷이 만들어내는 공간인 사이버공간은 무수한 변화를 경험할 수 있는 공간이며 구조와 행위가 함께 어우러져, 주체이면서 동시에 객체인 행위수행자들의 상호작용의 공간이다. 사회학은 이러한 변화에 근대의 논리로 접근한다면, 진정한 현실과학으로서의 자리를 보존하는 데 어려움을 가지게 될 것이다. 따라서 우리가 경험하는 변화가 실제세계뿐만 아니라 가상세계에서 더욱 활발한 정보화 사회에서는 사회학도 가상세계, 즉 사이버공간의 사회학이 되어야 한다.

II 자유의지의 실현으로서의 사이버공간

"모든 인간은 자유로운가?" 우리는 이 물음에 답하기 이전에 자유란 말의 전제에는 논리적으로 가능한 행위방식이 적어도 하나 이상 존재한다는 것을 의미한다. 바우먼의 경우 자유는 하나의 역사적 과정을 담고 있다고 보았다(Bauman, 1988: 2장). 고대에서는 자유란 어떤 조건보다는 법령을 가리킨다. 말하자면 권력을 가진 자들이 자기에게 종속된 사람을 노예상태나 포로상태에서 풀어주는 결정에서 나온다. 그 결정은 인간화의 법령이었다. 중세의 자유는 권력투쟁과 연계되어 있다. 상류계급이 갖는 권력의 일부 영역에서 벗어나는 것이 자유였다. 자유라는 신분은 따라서 강함을 보여주는 상징이었다. 상대적으로 얼마 되지 않는 부유하고 힘 있는 신하들이 왕에게서 얻어낸 특권인 것이다. 중세 후기에 들어오게 되면 자유란 도시의 발전과 함께 봉건영주의 사법적인 통제를 받지 않고 재산권을 행사하는 자유로 변형되게 된다. 이러한 자유는 사실 인간의 자유를 인공적인 것으로 만드는 중요한 전환점에서 나온 것으로 본다. 도시의 자유는 근대적 인공주의의 토대 속에서 자연적 조건의 산물이 아닌 인간의 이성에 의한 질서 지움에서 나오는 인공적 산물이라는 것이다. 이러한 자유가 근대에 들어오게 되면 고대나 중세의 자유와 달리 개인주의와 시장경제에 밀접한 관련을 맺게 된다. 시장경제의 발달과 함께 나타나는 개인주의는 내 존재와 다른 존재를 구별하는 감각으로서 자기의식성의 경험이다. 그러나 근대의 개인주의에서 나오는 자유는 다른 사람과 이해관계에 놓이게 되는 시장질서에서 모호하게 되는데 결국 이것은 근대의 자유가 갖는 반사회적 속성을 드러내는 것으로 자유는 사회질서와는 대립적 위치에 있게 된다.[3)]

인간의 자유는 인간 존재의 자연적이고 양도 불가능한 천부적 권리의 실현을 위한 토대인 것처럼 생각되다가도 사회 전체의 공공복리를 추구하

3) 근대사회에서 자유에 대한 이해는 자유에 대한 요구와 자유에 대한 통제가 서로 모순적으로 작용한다. 이것은 자유를 구가하는 개인주의와 공동체의 연대를 강조하는 공동체주의 사이의 균형문제이다. 바우먼의 경우 이러한 문제를 우리가 원하는 것이 자유인가 아니면 공동체의 공동성인가를 분명히 제기되어야 한다고 주장한다(Bauman, 1998: 54). 공동체주의에 대한 강조는 강대기(2004)와 송재룡(2001)을 볼 것.

는 권위에 의해 인간이 훈련되고 길들여지는 근대사회에서는 제한되게 되는 것이다. 자유의 제한은 결국 질서와 규칙을 위해 제한받게 되고 이러한 제한은 공동체 내의 상호작용에서 관계맺음에 영향을 미친다. 일정한 방식으로 인간이 상호작용하는 것은 나름대로의 규칙과 질서에 따른 것이다. 질서와 규칙은 상호작용을 위해 늘 중요한 요긴들이었다. 어떠한 형태의 상호작용이냐가 문제이긴 하지만 인간은 혼자 살 수 없다는 사회적 동물이란 대전제의 출발은 질서와 규칙을 담보로 하는 것이었고, 그래서 사회학 이론의 대부분은 질서와 규칙을 중심에 놓고 있는 것이다. 파슨즈의 AGIL 도식은 체계를 위한 필요한 요건이었지만 궁극적으로 체계의 기능을 위해 중요한 것이었음은 이와 같은 맥락에서 이해할 수 있다. 근대라는 것은 바로 이러한 사회의 질서를 전제로 출발하였고, 이것이 사회학이라는 학문을 낳게 되었다.

근대성의 사회에서 견지한 '질서'와 '규칙'은 계몽의 이름 아래 과학을 신봉하는 많은 지식인들이 추구해 온 절대 절명의 과제였다. 그러나 근대의 질서와 규칙은 모든 사회현상을 통제하거나 조정할 수 있는 능력을 보여주지 못함으로써 새로운 질서를 기대하지 않을 수 없었고, 일부 통제와 조정의 힘을 보여준 사회에서도 그 이면에는 혼란과 무질서가 자행되고 있었다. 근대성에서 절대 절명의 과제였던 질서와 규칙이 오히려 이율배반적인 혼란을 동반하고 있다는 사실은 곧 근대성의 한계였다.[4] 강제적인 규칙과 계몽의 과제인 정신적인 장애물을 해체하는 것이 근대사회의 과제였다. 근대는 우발적으로 일어날 수 있는 사건들을 질서란 이름으로 모두 배척해 버렸다(Bauman, 1992). 이러한 근대성이 갖는 한계는 정보화 사회

4) 이러한 근대성과 탈근대성에 대한 예리한 통찰력을 보여주는 학자로는 영국의 바우먼이 있다. 그는 금세기의 인종학살인 홀로코스트가 대표적인 근대성의 혼란이라고 주장한다(Bauman, 1989).

속에서 극복할 수 있는 여지를 찾아 볼 수 있다.

인간의 생활은 늘 우발성이 지배하는 세계이다. 정보화 사회는 바로 우발성을 인정하면서도 이를 대비하는 사회이다. 우선 이러한 우발성과 그에 대한 대비를 반세기 전 노버트 위너가 예리하게 지적한 바 있다. 그는 우발성에 대비하기 위해 필요한 것이 정보라고 주장한다. "정보라는 것은 우리가 외계에 적응하고 또 우리가 적응한 것을 외계로 하여금 감지하게 할 때 외계와 교환되는 내용에 붙인 이름이다. 정보를 받고 또 사용하는 과정은 외부환경의 우발성에 대비해서 우리가 적응하고 또 그 환경 속에서 효과적으로 우리의 생을 영위하는 과정이다"(Wiener, 1978: 20). 따라서 우발성을 줄이는 정보는 정보화 사회에 근간이 되고 있다.

여기서 또 다른 한 가지를 생각해야 한다. 우발성을 줄인다 하더라도 완벽하지 못하다는 것이다. 그러면 이러한 우발성의 결과는 무엇인가. 우발성의 세계는 궁극적으로 모든 것을 붕괴시키고 분해하는 우주적인 경향인 엔트로피이다. 근대의 세계에서 일어나는 모든 확정적인 사건이 확률적으로 발생한다는 것은 물질과 에너지의 흐름이 결정론적 인과율에 따르는 것이 아니라는 것을 의미한다. 다시 말해 항상 우발성이 따른다는 것이다. 물론 인과법칙이 작용한다는 점에서 결정론을 어느 정도 인정할 수는 있지만 구체적인 상호작용에서는 언제나 우발성이 작용한다. 우리가 살아가는 세계에서 우연히 조우하는 현상과 사건에 대비하는 최선은 정보와 지식이다. 오래 전에 외부환경의 우발성을 통제하고 체계의 유지, 존속을 위해 항상성을 추구하기 위한 노력이 있었는데 그것이 실상은 사이버네틱스였다(Wiener, 1948). 우리가 사이버스페이스나 사이버라는 접두어를 붙여 사용하는 오늘날의 유행어들도 위너의 반세기 전 사이버네틱스에서 시작되었다고 볼 수 있다. 세상은 불확정적이며 사건의 발생은 확률적이라는 것 그리고 이 확률의 척도인 엔트로피는 증가한다는 것이다. 그러나 위너의 사이버네틱스는 광범위한 분야를 포괄하는 메시지이론을 정립하기 위한 것으로 소통과 통제를 동시적 과정에 놓음으로써 메시지의 교환을 뜻하기 위해 사용한 용어이다(Wiener, 1978: 17~8). 여기서 메시지는 정보이다. 따라서 정보를 통해 우발성에 맞서고 모든 것을 분해하는 우주적 경향인 엔트로피에 맞서고자 한 것이다. 다시 말해 정보는 우발성과 엔트로피를 저지할 수 있어야 한다. 근대사회가 가진 우발성과 엔트로피의 한계를 정보로 극복하고자 하는 것이 정보화 사회이다.

정보의 가치가 정보화 사회에서 왜 중요한가. 근대사회에서 정보를 담는 매체는 활자 발명에 힘입어 등장한 책이었다. 책의 가치는 종이에 적힌 정보에 있는 것이지 종이라는 물질 그 자체에 있는 것은 아니다. 정보가 책이라는 물질적인 상품으로 유통되는 것은 손으로 직접 그 정보내용을 옮겨 적는 비용이 너무 비싸서 책을 구매하는 편이 낫기 때문이다. 따라서 책을 구매하는 것은 정보를 구매하는 것이다. 이러한 정보를 담는 매체는 기술혁명을 통해 유형화된다. 다니엘 벨은 탈산업사회에서 기술혁명의 유형적인 것이란 바로 컴퓨터라고 하였다(Bell, 1984, 22). 벨은 산업사회에서는 인간 간의 사회적 결합이나 상호작용의 범위가 확대되어 대중사회가 출현했고, 이러한 대중사회를 탈산업사회에서는 컴퓨터가 관리한다고 함으로써 컴퓨터를 '대중사회를 관리하는 도구' 라고 했다. 그러나 도구적 차원을 넘어 컴퓨터는 모든 정보의 중추적인 기술이며, 이러한 기술이 가지는 의미는 단순히 책을 사고파는 정도를 넘고 있다. 컴퓨터는 정보를 복제하는 비용이 거의 제로에 가깝기 때문에 책이라는 매체를 사고파는 근대사회의 모습과 근본적으로 다르다. 나아가 컴퓨터는 인간을 정보의 주체이면서 객체로 취급하여, 때로는 컴퓨터 사용 과정에서 인간존재 자체를 동요시키기도 한다. 즉 컴퓨터의 도구적 차원을 넘고 있다. 근대의 책이 지닌 정보의 의미와 탈근대의 컴퓨터가 지닌 정보의 의미는 다를 수밖에 없다. 대상으로서의 정보와 주체로서의 정보라는 이중적인 의미를 컴퓨터는 남고 있다. 이는 컴퓨터가 만들어내는 정보가 하나의 사회구조를 만들어내면서 동시에 그 정보를 이용하는 인간행위에 주목하게 만든다. 우리는 여기서 두 가지 면에 주목하게 된다. 하나는 컴퓨터 내의 인간 활동의 공간, 즉 사이버공간이며 다른 하나는 그 공간에서 때론 주체적으로 때론 객체적으로 활동하는 인간에 대한 접근이다. 사이버공간은 인간의 무대를 현실공간을 뛰어넘어 훨씬 확장시켜주었고 인간행위 역시 사이버공간이라는 확대된 무대에서 보다 탈맥락적으로 이루어진다는 점에서 더욱 자유로운 것이다. 따라서 사이버공간은 보다 많은 지식 정보를 제공해 주는 무대로 인간이 마주치게 될 우발성에 대비할 수 있는 무한한 정보공간이며 여기서 인간은 확대된 자유를 구가할 수 있는 것이다.

III 사이버공간의 익명성과 사회관계

1. 컴퓨터사회의 익명성과 관계맺음

컴퓨터는 스크린이다. 이 말은 컴퓨터를 통해 경험하는 우리들에게 오히려 혼란을 주게 된다. 컴퓨터 스크린은 영화화면의 스크린과는 다르다. 컴퓨터 스크린으로 우리는 대화를 하고 감정을 전달하고 정보를 주고받는다. 쌍방형의 상호작용이 가능한 참여자들의 인지적 경험과 합의가 이루어지는 장소이다. 컴퓨터가 만들어낸 이러한 가상공간은 분명 물리적 공간은 아니다. 그러나 물리적 공간은 아니지만 얼마든지 사회적 공간이 가능한 곳으로 실제 새로운 사회적 관계의 형성과 인지적 경험을 가능하게 하는 무대이다. 그래서 사이버공간을 실제가 아닌 듯 하면서 현실감을 갖는다는 점에서 하나의 공간적 은유라는 말로 나타내기도 한다(홍성태, 2000: 32~38). 왜 공간이 아닌 공간의 은유인가. 정보공간이기 때문이다. 다른 말로 물체가 없는 정보공간이기 때문이다. 현실 속의 사회적 공간은 물체와 정보가 함께 어우러져 있지만, 컴퓨터 네트워크 상의 공간에는 정보만이 존재한다. "컴퓨터의 기억장치에는 물체는 들어갈 수 없고 오직 비트로 바뀐 정보만이 존재한다. 따라서 컴퓨터 네트워크가 만들어내는 공간은 정보공간이라고 할 수 있다"(윤영민, 1996: 21).

컴퓨터가 공간을 만드는 것이 아니다. 가상공간을 통해 가상현실(Virtual Reality)을 경험하게 되면서 도구로 인식되던 컴퓨터는 한계를 벗어날 수 있었다. 가상현실의 경험은 철저히 정보가 중요한 내용이었다. 정보는 어디까지나 정보이지 물질이 아니다. 벨은 물리적 실체도 아닌 정보는 특정목적에 따른 패턴인식이라고 한다(Bell, 1984). 따라서 인간들의 경험을 통해 인지되는 가상공간은 경험을 공유하는 인간들끼리는 일정한 경계를 이루는 사회적 공간으로 발전하게 되는 것이다.

여기서 컴퓨터가 만든 사이버공간이 진짜냐 가짜냐는 중요한 것이 아니다. 허구를 실제로 받아들이는 인간의 인지경험을 공유하는 점에서 하나의 심리적 사실로 분명히 인정해야 한다는 것이다. 이러한 인지적 경험은 컴퓨터통신이란 매체에 의해 발생하기 때문에 거리가 떨어져 있어도 공유하게 된다. 1990년대 중반 이후 컴퓨터와 인터넷의 대중화로 새로운 공간적 경험도 보편화되었다. 이러한 새로운 공간을 지칭하기 위해 사이버공간이란 용어가 널리 사용되었다. 사이버공간은 현실의 기술이 발전하여 만들어낸 결과이다. 컴퓨터와 네트워크와 같은 현실의 기술은 인간들의 육체를 공간적으로 확장시킨 기술이다. 이러한 육체의 확장은 전 지구를 하나의 촌락으로 연결시키는 새로운 매체의 등장을 염두한 것이다.[5] 기술문화로서의 발생한 사이버공간은 새로운 문화를 만들어낸다. 기술문화로서의 사

5) 맥루한은 "기계시대에 우리는 우리의 육체를 공간적으로 확장하였다. 전기기술의 1세기를 지나온 오늘날 이 지구에 관한 한 공간의 시간의 쌍방을 배제하여 우리는 중추신경 그 자체를 지구 일원으로 확장하였다"고 주장하며 지구가 결국 하나의 촌락이 되었다고 지적한다. 지구가 하나의 촌락이라는 이른바 지구촌화는 그의 스승 이니스가 새로운 매체의 집권화의 확대를 불러올 것이라는 우려를 새로운 매체를 통해 분권화와 참여의식을 촉진할 것이라는 생각에서 제기한 주장이다(McLuhan, 1976: 12~13).

이버문화는 두 가지 면에서 생각할 수 있다. 하나는 인간과 기계의 관계이고 다른 하나는 기계를 통한 인간과 인간의 관계이다. 그렇지만 어떻게 보면 인간과 기계의 관계이든 인간과 인간의 관계이든 모두 인간이 기계의 구속성으로부터 얼마나 자유로울 수 있는가에 대한 논의이다. 사이버문화에서 인간이 자유롭다고 하는 것은 바로 익명성에서 나온다.

사이버공간은 어떠한 형태로든 인간의 상호작용이 활발한 곳이다. 달리 말해 여러 형태의 만남이 발생하게 된다는 것이다. 사이버공간은 정보소통의 형태보다는 실제로 만남의 사회적 형식을 발견할 수 있는 곳이다. 각자 비대면성으로 요약될 수 있는 사이버공간의 참여자들은 그 만남의 형식이 단순히 서로 얼굴을 모른다는 차원을 훨씬 뛰어넘는다. 탈맥락성이 작용한다는 것이다. 서로에 대한 정보도 모르고 만나는 비대면성과 탈맥락성이 바로 컴퓨터사회가 만들어낸 익명성이다. 대면적인 만남은 사실상 주체와 객체의 의사소통과정에서 서로 간의 정체성이 드러나면서 상호작용에 구속적 원리가 작동한다. 그렇지만 익명적일 때는 상대적으로 정체성이 우주의 무중력처럼 떠다니는 자유로운 존재로서 해방감을 갖게 된다. 여기서 자아는 유연한 모습으로 변형되고 상대에 따라 맺는 사회적 관계는 바로 이러한 익명성이 만들어낸 자아에서 틀 지워진다. 어떤 사회적 관계를 맺느냐는 자아의 정체성마저도 변형하게 되는 것이다.

사이버공간에서의 자아정체성은 자유와 선택의 문제이다. 사이버공간에서의 정체성은 얼마든지 조작적일 수 있다.[6] 자유와 선택을 통해 자신

6) 크루거는 새로운 기술이 만들어낸 현실이 빚어낸 정체성에 대해 다음과 같이 묘사한다. "궁극적인 인공현실에서, 육체적 모습은 완전히 조작할 수 있다. 어떤 경우에는 키가 크고 예쁘게, 어떤 경우에는 키가 작고 못생기게 자신을 꾸밀 수 있다. 자신의 외모를 상대에 따라 얼마든지 변형할 수 있다는 것은 편리하다. 상대는 자신을 달리 대우해 줄 뿐만 아니라, 자기 자신도 상대에 맞게 다르게 대우해 줄 것이다" (Krueger, 256) – M. Featherstone and R. Burrows, p. 138에서 재인용. 크루거의 말은 사이버공간에서의 자아정체성은 얼마든지 조작적이라는 것이다.

의 욕망을 충분히 실현시킬 수 있는 공간이다. 사이버공간에서 스스로 아이디를 만들고 여러 개의 가명을 사용하는 것은 부모가 만들어준 실명의 구속에서 벗어날 수 있다는 점에서 자유롭다. 이를 타인의 욕망을 눌러 자신의 욕망을 실현하는 것이라고 보기도 한다(홍성태, 2000: 52~3). 자유와 선택 속에서 상대에 대해 일관된 자신의 정체성을 보여주지 못하지만, 오히려 자신 스스로가 만든 이름을 사용함으로써 보다 진실한 정체성을 보여주는지도 모른다. 여러 개의 아이디를 통해 여러 개의 정체성을 가지게 되면서 일관성이 사라지고 실제로 남이 알아보지 못하는 위험을 감내하더라도 대부분의 컴퓨터 사용자가 여러 개의 아이디를 갖는 이유는 수동적이고 종속적인 인간의 모습을 탈피해서 제약된 현실의 구속에서 벗어난 자신을 만들어 가고자 하는 욕망 때문이다.

물론 여기에 나타나는 모든 정체성은 자신을 여러 개로 감추는 익명적 성격을 보인다. 인간의 자아정체성이 대면적 관계에 얽매여 구속적인 모습에서 탈피하여 사이버 공간에서는 자신이 만든 여러 개의 아이디나 이름을 사용하여 익명적인 만남을 통해 자신의 가능한 정체성을 모두 실현할 수 있다. 현실공간과 가상공간에서의 자아(self)가 차이 나는 점이 바로 이러한 것이다. 물리적 세계에서는 자아에 일관된 통일성을 보이나 가상세계는 다르다. 그것은 물질이 아니라 정보로 구성되어 있다. 정보는 형체가 없이 널리 퍼져 나가고 법칙도 없다. 이러한 형체가 없는 공간의 거주자들은 육체에서 분리되어 자유롭게 흩어지게 된다. 따라서 시간과 상황에 따라 자아는 변형될 수 있는 복잡한 것이 된다.

가상공동체에서는 자아가 육체에서 분리되어 탈구조적이며, 만남도 비대면적이어서 익명성에 기초하고 있다. 그래서 자아정체성은 모호해진다. 그러나 자아정체성은 자신에 대한 주관적 인식이 일관성을 갖는 성격이지만 가상공간에서는 이러한 성격이 여럿으로 분리된다. 그 이유는 가상공간의 성격과도 무관하지 않다. 가상공간은 수많은 공동체를 형성하고 있고 이들 공동체의 성격이 동질적이지 않기에 이에 대한 적응을 위해서 다양한 정체성을 분리 개발하지 않을 수 없다. 여러 성격으로 분리된 정체성을 갖는 개인의 모습은 다중인격체이다.

20세기에 발달된 대중 미디어는 일관성 없는 대량의 정보를 마구 우리의 두뇌에 집어넣어 우리를 변화시켰다. 특히 텔레비전은 여러 개의 채널에서 다양한 내용이 전달되면서 순간 순간 채널을 돌리면 그 내용에 적응해야 했다. 텔레비전에서 눈시울을 적시던 슬픈 드라마가 끝날 때 슬픈 감정을 추스리기도 전에 익살스런 광고가 쏟아져 나온다. 눈시울도 잠시, 아이들은 채널을 돌려 코미디를 보면서 깔깔대고 있다. 슬픈 일이 생기면 온 식구가 함께 감정을 나누고 즐거운 일이 생기면 온 동네가 함께 기뻐하던 일은 정말 오래 전 시절의 이야기다. 인터넷이라는 새로운 미디어는 텔레비전 채널에 적응하던 감정의 변화를 진부한 것으로 만들었다. 멀티미디어의 신세대들은 즐거운 댄스음악을 스피커로 들으면서 동시에 비행기 추락사고 뉴스를 마우스로 클릭하면서 보고, 한 손으로는 자판을 두드리면서 친구들과 채팅을 즐긴다. 새로운 미디어에 적응하는 신세대의 자아정체성은 문명은 '분열적' 이다. "난 정말로 비행기 사고가 끔찍해. 댄스 음악을 들으니 멋진 춤을 추고 싶네. 친구와의 채팅은 정말 즐거워...." 이들에게 이러한 사고와 감정의 멀티태스킹(Multi-tasking)은 자유로운 것이다. 그것은 정신의 혼돈이 아니라 사이버공간에서 찾을 수 있는 공간의 이질성과 조화를 감당하는 정신적 역량이다.

사이버공간의 확장으로 인간정신의 분열적 능력은 '사고와 감정의 멀티태스킹' 을 넘어 다중인격의 멀티태스킹을 구현한다. 한 사람이 여러 아이디로 다양한 인격을 바꿔가면서 채팅을 즐기는 일은 흔한 일이고, 이것은 배우가 배역을 바꿔가면서 미리 정해진 인격들로 바꿔가면서 활동하는 것과 다르지 않다. 인터넷의 많은 아이디들은 성별, 나이, 직업 등에 대해 얽매이지 않고 자유롭다. 심지어 인터넷의 아이디나 사이버이름(대화명과 같은 것)을 동물, 축구공, 식물 등 의인화된 다양한 화신으로 변형시킴으로써 신화를 잃은 현대인들에게는 사이버공간은 무척 매력적인 무대이다. 현실의 물리적 제약이 존재하지 않음으로써 인간의 신화적 존재가 가능해진다. 사이버공간에서 인간이 누리는 자유와 선택의 결과로 자아정체성은 무한히 확장된다. 결국 익명적인 것이 그냥 감추는 것이 아니라 다양하게 드러냄을 말하는 것이다.

2. 근대적 판놉티콘의 해체 공간

사이버공간이 익명적이어서 갖는 자유로움은 사회관계를 새롭게 변화시킨다. 자유롭다는 것은 속박에서 풀려나는 것을 의미한다. 속박은 여러 가지로 생각할 수 있다. 책무를 진다는 것, 일종의 면제를 받지 못하고 행해야 한다는 것, 특정한 권리에서 배제된다는 것 등 여러 가지가 근대사회에서 하나의 속박이며 구속이다. 그러나 한마디로 근대사회의 속박은 근대의 질서와 규칙을 사회성원들에게 요구하게 되면서 갖는 책임인 것이다. 따라서 근대의 자유에 대한 담론은 본질적으로 부담스러운 것이다. 근대사회에서는 어떤 일이 사회질서에 해가 된다고 생각하면 그 일을 못하게 억압하며, 또 어떤 일이 사회질서에 득이 된다고 생각하면 그 일을 하고 싶지 않아도 행하도록 하는 통제가 발달하게 된다. 이러한 과정에서 지배와 자유, 통제와 자기통제, 타율과 자율이 대립구도를 그리게 된다. 푸코의 경우 제레미 벤담의 판놉티콘을 통해 근대 권력의 규율적 본성을 잘 설명하고 있다. 벤담이 말하는 판놉티콘, 즉 원형감옥은 반원형의 모습으로 중앙에 감시자와 그 주변을 둘러싸고 있는 여러 방을 둔 건물이었다. 원형감옥은 감시자가 중앙의 감시탑에서 죄수들을 감시하게 되는데 중요한 것은 죄수들이 통세자의 눈을 피할 수 없다는 것이며, 죄수들은 자신들이 감시당하고 있는지 정확히 알 수 없지만 당연히 감시당하고 있다고 가정해야 하는 체계 속에 놓이게 된다는 것이다. 따라서 그들이 선택할 수 있는 것은 복종밖에 없었으며 그것이 가장 합리적인 것이었다. 벤담이 만들어낸 원형감옥은 그리스어를 토대로 만든 신조어로서 '한눈에 볼 수 있는 곳' 이란 의미이다 (Bentham, 1843).

벤담의 원형감옥은 근대의 권력이 신체의 지배를 목적으로 하고 있으며 감시를 기초 기술로 삼고 있다는 점을 부각시켰다. 감시자의 감시가 없어도 피감시자는 마치 감시자가 감시하는 것으로 생각하고 감시자가 정해놓은 규칙에 따라 자연스럽게 행동하게 되는 것이다. 피감시자가 모든 순간 감시당하고 수용자로서의 규칙을 지켜야 한다는 것을 주입시키고 그것을 감시당한다고 믿을 이유를 보게끔 하여 그 반대를 확인할 수 없도록 함으로써 스스로 감시당하고 있다고 생각하게 하는 것이다. 따라서 벤담이 지적한 피감시자의 조건배후에는 사람들이 자신이 아닌 어떤 다른 인간으로 변형되어가고 있으며, 자신의 의지가 박탈당하게 되는 것이 중요한 수용조건이 된다. 여기서 사람들은 사회구조 내부의 상호 규정적 위치들 사이의 사회관계가 설정이 된다. 이러한 사회관계는 사실상 부자연스러운 것이다. 왜냐하면 감시자의 자유만 자유가 보장되며, 피감시자의 자유는 사실상 보장되지 못하는 것이다. 따라서 이러한 자유는 수용자와 맺은 관계의 한 측면에서 나온 자유이다. 바우먼은 이러한 자유가 나오는 배경에는 감시자가 실제로 감시하지 않으면서 감시하는 것처럼 작용하는 시스템에서 피감시자들과 특정의 관계를 갖게 되는데 여기서 자유가 감시자의 자유만 보장된다고 보고 있다(Bauman, 1988: 15~16).

따라서 피감시자의 자유는 보장되지 않는 자유란 사회관계의 측면에서 불안정적인 것이 된다. 다시 말해 감시자의 자유란 결국 수용자와의 관계 속에서 나타난다. 그러나 감시자 역시 그 자유가 특정한 일을 수행하면서 나온 자유여서 완전한 자유라고 볼 수는 없다. 일시적으로 감시를 하지 않아도 피감시자들이 감시하고 있다고 느끼면서 갖는 그 순간 자신의 본연의 의무에서 해방되어 있다는 의미에서 자유롭다는 것이다. 감시자는 고위 감시자와의 관계 속에서는 여전히 부자유스러운 것이다. 뿐만 아니라 감시자들이 자유롭다고 하더라도 피감시자들의 자유를 허용할 자유는 없는 것이다. 이러한 측면에서 감시자의 자유는 어차피 완전하게 될 수는 없는 것이다. 근대의 자유란 관계적 자유이다. 사회관계가 어떻게 형성되는가에 따라서 자유의 편과 부자유의 편으로 나뉘게 된다. 근대사회의 판놉티콘은 사회관계를 형성하는 주요한 틀이었다. 모든 사회제도는 이러한 원형감옥의 전형에 비추어 작동한다고 푸코는 보았다(Foucault, 1977). 판놉티콘이 원래 어떤 부류이든 감시되어야 할 사람들의 수용시설에서 시작되었지만, 여기는 단순히 감옥뿐만 아니라 공장, 구빈원, 정신병원, 학교 군대 등 여러 조직을 모두 원형감옥과 같은 원리에서 적합한 운영에 들어간다고 본 것이다. 그렇게 될 때 근대의 부자유스러운 사회관계가 나타나면서 자유의 편재 현상으로 근대규율의 갖는 권력의 본성이 드러난다는 것이다. 판놉티콘은 전체 사회를 묘사하는 한 모델로 반난할 수 있다.

물론 이러한 푸코가 보는 자유의 제한에 대한 시각을 비판하는 학자도 있다. 근대 사회가 갖는 역동적 사회변화를 읽지 못하고 있다는 비판으로서 근대사회는 결사의 자유만이 아닌 계약의 자유도 있기 때문에 감옥과 다른 시설의 비교에 대해서는 옳지 않다는 입장이다. 감옥이 아닌 다른 사회제도는 그만큼 다양한 사회관계가 복합적으로 형성되어 자유도보다 많은 활동에서 이루어진다고 본다. 피감시자들이 수용되는 감옥은 하나의 주체 없는 사회였지만, 실제로 사회행위자들은 주체적인 행위를 적극적으로 하게 되면서 사회관계를 능동적으로 재생산하고 있다고 기든스는 본다(Giddens, 1985: 182~185). 보다 다양한 사회관계는 보다 많은 활동의 자유가 존재하게 되고 푸코가 본 비관론적인 전망과는 다른 것이다. 따라서 사이버공간의 다양한 사회관계는 근대적 판놉티콘의 해체를 가속화한다고 볼 수 있다. 수많은 관계가 얽혀있고 다양한 공동체가 발생하는 가운데 각자의 역할 역시 탈맥락적 탈중심적으로 분할되어 전개되면서 자유란 근대적 자유의 한계를 넘는 것이다. 역할의 분할은 무제한의 선택을 가능하게 하면서 다양한 자유를 실행하게 된다. 바로 사이버공간이 그러한 무대가 되는 곳이다. 근대의 판놉티콘이 정보사회의 사이버공간에서는 용해되어버리는 새로운 변화가 일어난다. 감시자도 피감시자도 용해되어 누가 누구를 감시하는지 알 수 없는 사회관계가 바로 사이버공간에서 발생하는 것이다.

IV 사회적 관계의 변화와 자율성의 확대

1. 관계 맺음의 변화

전통적으로 사회학적 입장에서 근대성은 여러 가지 용어로 표현되기도 하지만 '사회관계의 확장' (stretching of social relationship)이었다(Lyon, 1997: 24). 전근대사회와 근대사회의 관계는 사회관계가 어떻게 발전했는가 하는 것을 보여준다. 퇴니스나 뒤르껭 같은 사회학자들이 설명한 커뮤니티의 속성은 어떤 의미에서 사회적 관계의 차이를 보여주는 것이다. 정서적이고 감상적이고 대면적인 관계의 게마인샤프트(gemeinschaft)와 비정서적이고 이성적이고 비대면적인 관계의 게젤샤프트(gesellschaft)는 사회관계의 차이를 보여준다. 마찬가지로 동일한 신념과 감정에 근거해서 갖게 되는 동질적인 공유관계를 보여주는 기계적 연대(mechanical solidarity)와 분업과 전문화로 인해 이질적인 의존관계를 이루는 유기적 연대(organic solidarity)는 사회적 관계에 분명한 차이를 보인다. 사회관계는 다른 요소들이 변화할 때 분명히 뒤따르는 변화이다. 퇴니스의 게젤샤프트는 근대화의 길목에 나온 사회관계의 변화였으며, 뒤르껭의 유기적 연대는 산업사회에서 등장한 사회관계의 변화이다. 다시 말해, 정치적 경제적 종교적 기술적 변화는 사회관계에 어떤 변화를 가져온다.

인쇄술, 교통통신과 같은 기술은 상호통합을 가능하게 하고, 관료제를 발달시켰으며, 민족국가의 경계보다는 세계를 지구촌화하는 데 한몫하였다. 그래서 사회관계를 시간적으로 공간적으로 확대할 수 있었다. 인쇄술을 통해 시간적으로 아득한 먼 고전철학가를 만날 수 있게 해주었고, 통신기술을 통해 지구반대편 나라의 소식을 마치 이웃마을의 소식을 알듯 함께 공유할 수 있게 해주었다. 과거를 현재와 연결시켜주면서 시간적 거리를 줄여주었고, 지구편 반대의 사회에서 벌어지는 일을 눈앞에서 일어난 일인 것처럼 알 수 있도록 한 것은 공간적 거리를 줄여주었다는 것이다. 사회관계는 시간적 공간적 거리라는 장애를 쉽게 허물면서 확장하였다.

크레이스 캘혼(Craig Calhoun)은 사회적 관계를 근대성에서 보여준 사회적 관계와 얼마나 유사한지 또는 얼마나 차이 나는지에 따라 네 가지로 구분한다. 우선 사회적 관계를 크게 직접적이고 대면적인 관계인 1차적 관계와 간접적이고 비대면적인 관계인 2차적 관계로 나눈다. 이러한 2차적 관계를 그는 다시 구분하여 3차적 관계와 4차적 관계로 나눈다. 3차적 관계는 신체적 공존(physical copresence)이 불필요한 간접적 관계이다. 예를 들면, 투표자와 국회의원, 은행고객과 멀리 떨어진 은행본점의 직원과의 관계이다. 이러한 관계는 상대를 만나지 않아도 상대에 대해 인식하고 있는 관계이다. 4차적 관계는 적어도 한쪽 당사자의 주의나 인식 없이 발생하는 간접적 관계이다. 예를 들면, 도청, 해킹, 백화점 고객 정보의 상업적 이용 등을 말한다. 따라서 기술적인 수준이 어느 정도 요구되는 상황에서 발생하는 관계이다(Calhoun, 1992: 218~219). 결국 그가 제시하는 네 가지 이념형적 사회관계에서 1차적 관계는 직접적 대면적 관계이다. 전통적인 사회나 초기 근대사회에서 찾아볼 수 있는 관계이다. 반대로 2, 3, 4차적 관계는 간접적 관계이다. 특히 3, 4차적 관계는 일상적으로 오늘날 경험하고 있는 간접적 관계를 말한다.

캘혼의 사회적 관계에 대한 분석으로는 사이버공간에서의 사회적 관계를 분석하지 못하는 부분이 있다. 실제로 사이버공간의 속성은 근대성에서 보여준 사회적 관계의 확장을 가속화한다는 점은 분명하다. 그러나 사회적 관계는 의미 있는 행동의 주체인 자아의 구성과 의미 있는 행동의 무대가 되는 사이버공동체의 특징에 대한 명확한 분석이 선행되어야 한다. 왜냐하면 사이버공간의 주체와 환경은 캘혼이 분석한 근대의 주체나 환경과는 다르기 때문이다. 이에 대한 분석으로는 마크 포스터의 분석에 눈돌릴 필요가 있다.

마크 포스터는 근대적 맥락에서 주체는 합리적이고 중심적이며 자율적이었으나, 탈근대적 맥락에서는 복수이며 분산적이고 탈중심적인 하나의 불안정한 정체성으로 설명한다. 합리적으로 행동하는 주체(rational subject), 그리고 사회질서라는 보편적 원리가 받아들이도록 작용하는 사회적 관계는 더 이상 유지되지 않는다. 포스터는 사회학의 이론 전개는 커뮤니케이션 모형을 전제로 이루어져야 한다고 보고 미디어의 기술에 맞추어 설명할 것을 주장한다. 그는 정보통신기술의 발달로 제2미디어 시대에 접어들었다고 한다. 제2미디어의 특징은 정보의 생산자, 분배자, 소비자의 구분이 모호하다는 것이다(Poster, 1998). 이는 모든 사람들이 정보의 흐름에 유형화지워져 있던 위치를 허무는 것으로 새로운 사회질서 구조와 동시에 새로운 사회적 관계의 출현을 의미한다. 사회질서는 위계적인 피라미드형 구조에서 네트워크형으로 전환되어가고, 사회적 관계도 수직적 구조에서 수평적 구조로 재편되는 것을 말한다.

네트워크형 사회질서와 수평적 사회관계가 갖는 의미는 여기서 중요하다. 왜냐하면 근대사회에서 배제되고 주변화된 사람들이 사회제도에 참여하게 되고, 저항할 수 있는 가능성을 열어놓은 것이다. 물론 리욘은 사회를 개혁하려는 활동가(activist)의 노력 없이 참여와 저항이 어떻게 조직될 것인가 의문을 제기하기도 한다. 인간과 기계 사이에 경계가 모호해지면서 변화무쌍한 가상공동체들이 무수하게 나타난다고 해서 주류사회학의 중심적 위치를 차지하던 의미 있는 행동(meaningful action)들이 순식간에 사라지지는 않을 것이라는 게 그의 설명이다. 그러나 정보화시대의 많은 사람들은 참여할 수 있는 통로가 확대되어 있음은 분명한 사실이다. 이러한 참여는 구조와 맥락에서 벗어난 자율적인 참여이다.

2. 자율성의 확대

사이버공간이라는 새로운 인간 활동 영역의 확대로 인한 놀라운 변화 가운데 하나는 참여의 기회가 열렸다는 것이다. 그래서 참여적 공간이라고 할 수 있다. 사이버공간이 갖는 참여는 정치영역, 경제영역, 문화영역 등 여러 분야에서 나타난다. 우선, 정치적 영역에서의 자율성이라는 것은 정치적 참가의 기회가 보다 자유롭게 열림으로써 직접민주주의 가능성을 확대시켜 주고 있다는 점이다. 즉 민주적 절차에 대한 참여가 보장될 수 있다는 기대를 갖게 한다는 것이다. 아직 현 단계에서 논의의 수준이긴 하지만 '사이버민주주의' 라는 이름은 결국 자율성에 바탕을 둔 정치과정에 대한 직접적인 참여의 희망을 보여주고 있는 것이다. 첨단정보통신기술의 활용이 대의민주주의의 결함을 해결하고 이상적인 민주주의를 실현할 수 있는 수단을 제공한다고 보고 있다. 이들은 사이버민주주의가 갖는 직접민주주의의 특징을 통해 정치에 대한 불신, 정치에 대한 냉소주의적 태도를 종식시킬 수 있다는 것이다. 예컨대 인터넷이나 통신망에 정치적 쟁점사항에 직접 개입하여 다양한 정책대안을 제시하고 의사표시를 함으로써 그들은 주권행사는 물론 참여민주주의를 이루려는 태도를 포기하지 않게 된다. 그러나 한편에서는 사이버민주주의가 직접민주주의의 위험요소를 오히려 증폭할 것으로 본다. 정보통신망을 통하여 정치과정에서 일반국민에게 너무 쉽게 즉각적으로 의견을 물을 수 있게 되면서 즉흥적이고 비윤리적인 유권자들은 특정 이익을 주장하거나 감정적으로 의사결정을 하게 된다는 것이다. 사이버민주주의는 독단적이고 무책임한 다수의 횡포로 전락할 가능성과 불필요한 소모적 쟁점에 지나치게 집착할 가능성을 배제할 수 없다는 것이다. 자율성이 보장된 사이버정치의 한계인 것이다(이유진, 1997).[7]

정치영역에서 자율성이란 측면에서 볼 때, 사이버민주주의가 보다 현실공간에서 더욱 민주적이 될 수 있다고 기대하는 것은 적어도 타인의 권리를 인정한다는 점에서 공평하다는 점에 있다. 개인, 정부 그리고 사회제도 사이에 존재하는 위계나 권력관계의 위상이 사이버공간의 통치 질서에서는 패러다임적 변화를 전제로 하기 때문에 권력구조에서 주변적인 사람들도 자신의 권리를 공평하게 인정받을 수 있는 곳이 바로 사이버공간이다. 이는 사이버공간의 독립성을 폭넓게 주장하는 사이버자유지상주의자들(cyber-libertarians)의 주장으로 사이버공간은 현실의 정치권력으로부터 해방공간으로 간주하거나 해방공간으로 만들 수 있다고 믿는 데서 출발한다. 전자프론티어재단(Electronic Frontier Foundation)의 창립자 중 한 명인 존 페리 발로우(John Perry Barlow)는 사이버공간에서는 누구나 어디서건 자신이 믿고 있는 것을 두려움 없이 표현할 수 있는 곳이라고 주장한다.[8] 그에 의하면 사이버공간은 세속적 의미의 정치는 존재할 수 없는 완전히 새로운 공간으로 어느 누구에게도 제약을 받지 않고 자유지상주의적 세계인 디지털 에덴동산이라고 생각한다.

사이버공간에서의 자율성은 인종에 따른, 지위고하에 따른, 빈부차에 따른 어떤 제약도 없이 공평해야 함을 천명하고 있다. 현실사회의 질서가 사이버공간을 규제하려 든다면 사이버공간의 자율적 공간은 질식되고 현실세계에 대한 사이버공간의 식민화가 일어날지도 모른다. 그러나 사이버공간의 자율성은 외압적인 강압에 의해서가 아니라 사용자의 자발적 순응

---

7) 이렇게 된다면 전자민주주의는 무책임한 다수의 횡포로 오히려 정치발전에 역행하는 결과를 가져오게 된다. 이러한 우려를 소위 과다민주주의(hyper-democracy)로 표현되기도 한다.

8) 그가 생각하는 사이버공간의 자율성은 사이버스페이스 독립선언서에서 잘 드러난다. http://www.cyberspacei.com/csi/csi.htm

을 유도하는 심리적 지배에서 나온다. 이것은 사이버공간의 자율적 통치 질서이다.

또한 우리는 경제영역이나 문화영역에 대한 자율성도 사이버공간에서는 변화하고 있다는 것을 알 수 있다. 경제활동은 사회적 연대나 차이를 창출하기 위해 소비하는 행위양식의 변화를 기대하는 데서 출발한다. 소비문화의 환상과 욕구, 직접적인 신체적 흥분과 심미적인 즐거움을 다양하게 일반화하는 특정한 소비국면과 관련이 있다. 근대사회에서 자본주의의 팽창으로 개인주의의 영역은 사실 점차 침식당하고 있다. 에버크롬비와 힐과 터너는 개인주의와 자본주의는 서로 도움을 주지 못한다고 보고, 자본주의가 개인주의에 웃자라 버려 자유의 영역은 사적 세계가 남겨진 곳에서만 찾을 수 있다고 주장한다(Abercrombie, Hill & Turner, 1986: 121, 151). 이 말은 근대사회가 자유의 영역을 크게 위축하게 되었음을 말하는 것이다. 그러나 개인의 자유가 신장되는 것은 사실상 소비자의 선택 영역에서 나타나게 되는데 이것은 근대 이후의 사회에서 보게 된다는 것이다. 소비활동이 활발하다는 것은 사실 다른 사람에 대한 이데올로기적 조정능력이 증가했다는 것으로 소비유혹이 발생하여 사회관계의 대안을 봉쇄한 것으로 이해할 수 있다. 이런 현상은 오프라인(off-line)에서의 소비시장을 말하는 것이다.

그러나 온라인(on-line)에서의 소비시장은 사실 주체가 분산되어 있을 뿐 아니라 자기 자신에 대한 소비현상이 발생하게 되면서 보다 주체적인 소비문화를 만든다. 소비생산은 사이버공간에서의 실제적인 소비관행과 소비경험에 밀접히 영향을 받게 되고 개인의 창조성과 소비성향을 통해 소비논리가 작동된다. 따라서 시장에서 구입하는 상품의 유용성 기능은 빛을 잃고 개인의 기호에 따른 분절된 소비행위가 사이버공간에서 활발하게 된다. 자유의 위축이 아닌 확대이다. 특히 정보상품, 교육, 예술, 문화와 여가 등과 관련한 소비에 있어서는 과거에 하층 사회구조에 속하는 빈자들이 제한을 받아왔으나, 사이버공간에서는 여러 다른 형태로 소비가 주체적으로 이끌어진다. 다시 말해 새로운 문화매개자들이 발생하게 된다는 것이다. 사이버공간에서는 선택의 자유가 폭넓게 되어 있으며 더구나 자기 확증적인 삶의 방식이 가능하게 되면서 소비선택이라는 인간행위의 자율성이 보다 확대된다고 할 수 있다.

여기서 선택의 자유와 자기 확증적인 삶의 방식은 경제영역뿐만 아니라 문화영역에까지 영향을 미치게 된다. 자율성이 확대된 주체적 인간은 기존의 질서에 따르지 않으면서도 사회관계를 발생시킨다. 예를 들어 이모티콘이나 외계어를 통한 의사소통으로 이전에 알지 못하는 생면부지의 사람과 대화를 하는 것뿐만 아니라, 같은 무리를 지어 일정한 행위패턴을 오프라인에서 공유하여 나름대로 동질감을 갖는 군중행동도 하게 된다. 사이버공간은 바로 이러한 사회관계를 발생하는 새로운 공간인 것이다. 사이버공간에서의 선택과 자기확증적인 삶의 방식이 오프라인으로 드러나는 경우가 바로 플래쉬몹이다. 플래쉬몹은 불특정한 다수가 인터넷이나 이메일을 이용해 이미 정해진 시간과 장소에 모여 현상에 주어진 행동을 짧은 시간에 하고 곧바로 흩어지는 일시적인 사람들의 무리이다. 이들이 이러한 행동을 하는 것에 대해 사회관계에 얽매인 전통적인 오프라인의 집단에서는 이해할 수 없는 기이한 행동이다. 그렇지만 그들은 자율적인 자기 확증적인 행위로서 하나의 새로운 행위양식을 보여 사회관계를 맺는다. 상호작용하지 않아도 전혀 이상하지 않는 새로운 사회관계인 것이다. 그러한 행동에 참여하는 사람들은 규칙은 있지만 어떠한 사회관계도 거부하는 상대 없는 사회관계를 나타내고 있는 것이다. 각 성원들이 모래알처럼 흩어져 있지만 자기 확증적인 행위를 통한 하나의 현상을 만들어내면서 이전의 사회관계와 다른 분산된 사회관계를 보여준다. 결국 보다 자율적인 인간 행위의 영역이 확대되는 사이버공간은 다양한 사회관계를 만들어내고 이 때문에 정치 경제 문화 등에서 새로운 현상을 우리는 경험하게 된다.

참고문헌

강대기(2004), 『현대사회에서 공동체는 가능한가』, 서울: 아카넷. 2004.

라도삼(1999), 『비트의 문명 네트의사회』, 서울: 커뮤니케이션북스.

백욱인(1998), 『디지털이 세상을 바꾼다』, 서울: 문학과지성사.

송재룡(2001), 『포스트모던 시대와 공동체주의』, 서울: 철학과현실사.

윤영민(1996), 『전자정보공간론: 컴퓨터 네트워크의 사회학적 탐색』, 서울: 전예원.

이유진(1997), "PC통신 인터넷과 한국의 전자민주주의의 가능성에 관한 고찰" 『한국정치학회보』 31 호.

이케다 노부오(1995), 『인터넷 자본주의 혁명』, 이규원 옮김, 서울: 거름.

홍성태(2000), 『사이버사회의 문화와 정치』, 서울: 문화과학사.

Abercrombie, N. Hill, S. & Turner, B. S.(1986), *Sovereign Individuals of Capitalism*, London: Allen & Unwin.

Bauman, Z.(1988), *Freedom*, Minneapolis: University of Minnesota Press.

Bauman, Z.(1989), *Modernity and Holocaust*, London: Polity.

Bauman, Z.(1992), *Intimation of Postmodernity*, London: Routledge.

Bentham, J.(1843), *Collected Works*, John Bowring (ed.). London.

Bell, D.(1981), *The Information Society: the Social Framework of the Information Society*, 이동만 옮김, 『정보화 사회의 사회적 구조』, 1984, 서울: 한울.

Bolter, D. J.(1991), *Writing Space: The Computer, Hypertext and the History of Writing*, Erlbaum Associates.

Calhourn, C.(1992), "The Infrastructure of Modernity: Indirect Social Relationships, Information Technology and Social Integration", *Social Change and Modernity*, edited by H. Haferkamp and N.Smelser. Berkley: University of California Press.

Featherstone, M. and Burrows, R. eds.(1995), *Cyberspace Cyberbodies Cyberpunk: Cultures of Technological Embodiment*, London: SAGE.

Foucault, M.(1977), *Discipline and Punish: The Birth of the Prison*, New York: Vintage.

Gibson, W.(1984), *Neuromancer*, Ace Books.

Giddens, A.(1985), *The Nation-State and Violence*, Berkeley: University of California Press.

Innis, H.(1964), *The Bias of Communication*, Toronto University Press.

Lyon, D.(1997), "Cyberspace Sociality: Controversies over Computer-Mediated Relationships", *The Governance of Cyberspace: Politics, Technology and Global Restructuring*, edited by B. D. Loader. London: Routledge.

McLuhan, M, The Extentions of Man, 김인홍 옮김, 『인간의 확장』, 1976, 서울: 집문당.

Naisbitt, J.(1982), *Megatrends*, 박재두 옮김, 『탈산업사회의 새조류』, 1985, 서울: 법문사.

Negroponte, N.(1995), *Being Digital*. 백욱인 옮김, 『디지탈이다』, 1995, 서울: 박영률출판사.

Poster, M.(1995), *The Second Media Age*. 이미옥 · 김준기 옮김, 『제 2미디어 시대』, 1998, 서울: 민음사.

Rheingold, H.(1991), *Virtual Reality*, Mandarin.

Rheingold, H.(1993), *The Virtual Community - Homesteading on the Electronic Frontier*, Addison Wesley.

Ronfeldt, R.(1991), "Cybercracy is Coming", *The Information Society*, Vol. 8. No. 4.

Rosnay, J. de.(1995), "Digital Revolution", *Overcomming Indifference: 10 Key Challenges in Today's Changing World*, editied by K. Schwabb, 장대환 감역, 『21세기 예측』, 1996, 매일경제신문사.

Spring, M. B.(1991), "가상현실과 종합적 정보전달", *Virtual Reality: Theory, Practice and Promise*, edited by S. Hessel and J. Roth, 노용덕 옮김, 『가상현실과 사이버스페이스』, 1994, 세종대출판부.

Wiener, N.(1948), *Cybernetics: or Control and Communication in the Animal and the Machine*. MIT.

Wiener, N.(1950), *The Human Use of Human Beings: Cybernetics and Society*. 최동철 옮김, 『인간활용: 사이버네틱스와 사회』, 1978, 서울: 전파과학사.

찾아보기

ㅇ

ㅈ

ㅊ

ㅋ

ㅍ

저자약력

(가나다순)

곽신환

숭실대학교 철학과를 졸업하고 성균관대학교 대학원 동양철학과에서 철학 박사학위를 취득하였다. 저서로 『주역의 이해』(서광사, 1990), 『조선유학자의 지향과 갈등』(철학과현실사, 2005)이 있으며, 역서로 『철학에의 초대』(서광사, 1992), 『중국철학의 정신』(서광사, 1993), 『직하철학』(철학과 현실사, 1995), 『주자언론동이고』(소명, 2002), 『태극해의』(소명, 2009) 등이 있고 역학, 이율곡, 송우암 관련 논문 60여 편이 있다.

김대권

독일 자를란트 대학에서 박사학위를 취득하였다. 주요 논문으로는 "18세기 언어이론과 헤르더의 언어철학", "하만의 언어신학", "헤르더의 감각론적 미학", "빙켈만과 헤르더의 고대 그리스관" 등이 있으며, 관심연구분야는 18세기 독일문학(헤르더)이다.

김사승

서강대학교 사학과를 졸업하고, 영국 레스터 대학에서 신문방송학으로 석사와 박사학위를 취득했다. 문화일보 사회부와 문화부 기자를 거쳤으며, 주요관심주제는 디지털저널리즘이다.

김선욱

숭실대학교 철학과를 졸업하고, 미국 뉴욕 주립대(버팔로)에서 철학박사 학위를 취득하였다. 한국철학회 및 세계철학대회 사무총장을 역임했으며, 저서로는 『정치와 진리』(책세상, 2001), 『한나 아렌트 정치판단이론』(푸른숲, 2002) 외 다수가 있으며, 역서로는 『칸트 정치 철학 강의』(푸른숲, 2002), 『예루살렘의 아이히만』(한길사, 2006), 『정치의 약속』(푸른숲, 2007) 외 다수가 있다. 관심연구분야는 윤리학과 정치철학이다.

김인중

서울대학교 서양사학과를 졸업하고, 동대학 대학원에서 석사와 박사학위를 취득하였다. 프랑스사학회 회장을 역임했으며 숭실대 인문대 사학과 교수로 있다. 관심분야는 프랑스 공화주의, 노동운동, 민족주의이다.

박창호

영국 헐(Hull) 대학교에서 사회학 박사학위를 취득하였다. 주요 논문으로는 "사이버공간의 미학화와 양면성"(2005), "사이버세계의 이율배반성과 신뢰성문제"(2003) 등이 있으며, 번역서로 뒤르케임의 『사회학적 방법의 규칙들』(2001)이 있다. 주요관심분야는 사이버문화와 인터넷미디어의 문화변용이다.

배영

연세대학교 사회학과를 졸업하고 동대학원에서 석사와 박사학위를 취득하였다. 한국정보사회학회 및 한국사회학회 이사를 역임했고, 현재 숭실대학교 정보사회학과 교수로 재직 중이다. 주요 저서로는 『인터넷 권력의 해부』, 『한국의 인터넷을 논하다』 등이 있고, 주요 논문으로는 "사이버 커뮤니티의 내부 동학과 관계구조", "개인 미디어 이용자의 친구 맺기 유사성

에 대한 연구: 네트워크, 사이버 커뮤니티, 클릭 패턴", "새로운 커뮤니케이션 환경과 사회자본의 증진" 외 다수가 있다.

서병훈

미국 라이스(Rice) 대학교에서 정치학 박사학위를 취득하였다. 『포퓰리즘』 등 저서가 다수 있다. 현재 '민주주의와 인간 구원'이라는 주제로 연작을 집필 중이고, 궁극적으로는 '인간존재'에 관한 연구에 집중하려고 하고 있다.

우윤석

서울대학교에서 미학과 법학을, 동 행정대학원에서 정책학을 전공하고, 영국 웨일즈대학교(카디프)에서 사회과학연구방법론 디플로마와 도시및지역학 박사학위를 취득했다. 제36회 행정고등고시를 거쳐 건설교통부(현 국토해양부) 서기관, 대통령자문 국가균형발전위원회 과장을 역임했으며, 현재 숭실대학교 행정학부 조교수로 재직하고 있다.

이상은

미국 위스콘신대학교(University of Wisconsin-Madison)에서 사회복지학으로 박사학위를 취득하였다. 주요 논문은 "한국에서의 빈곤의 세대간 이전" 한국사회복지학 (2008) "근로장려세제의 평가와 정책과제" 사회보장연구 (2007), "우리나라에서의 경제성장과 빈곤의 관계: 1982-2004년 도시가구를 중심으로" 한국사회복지학 (2006)이 있다. 관심연구분야는 빈곤 및 연금정책, 사회보장의 국제비교, 정책효과평가방법론이다.

조홍식

파리정치대학 정치학 박사학위를 취득하였다. 주요 저서는 『유럽 통합과 '민족'의 미래』(2006), 『유럽의 부활: EU의 발전과 전망』(1999), 『유럽의 대일본정책』(1995) 등이 있고, 주요 논문은 "한국의 민족 정체성과 한미

자유무역협정”(2007), “1981년 이후 프랑스 사회당 정체성 위기에 관한 연구”(2001), “유럽통합의 사상과 정치세력”(1995) 등이 있다. 관심연구분야는 정체성의 정치, 민족과 민족주의, 세계화와 민족국가 등이다.

이제 문명의 조우이다

– 인문학과 사회과학의 대화 –

제1판 1쇄 인쇄 | 2009년 5월 29일
제1판 1쇄 발행 | 2009년 6월 4일

지 은 이 | 김인중 · 박창호외 공저
발 행 인 | 김은중
발 행 처 | 서울경제경영출판사
북디자인 | 우일미디어

주 소 | 120-808 서울특별시 서대문구 대현동 67-5 대현빌딩 6층
전 화 | 02) 313-2682
팩 스 | 02) 313-8860

등 록 | 1998년 1월 22일 제5-63호

ISBN 978-89-88106-57-0 (93300) 정가 18,000원